Norman Vincent Peale

Lebe positiv!

Was die aktive Vorstellungskraft bewirkt

Aus dem Amerikanischen übertragen
von Margrit Elisabeth Wettstein

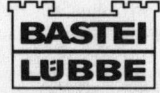

BASTEI
LÜBBE

BASTEI-LÜBBE-TASCHENBUCH
Band 66 168

Original English edition published by
Fleming H. Revell Company, Old Tappan, New Jersey
© 1983 in the United States of America by
Fleming H. Revell Company
Titel des Originals POSITIVE IMAGING
Aus dem Amerikanischen übertragen von
Margrit Elisabeth Wettstein
Gesamtdeutsche Rechte © 1984 by Leonis Verlag AG, Zürich
Alle Rechte, einschließlich derjenigen des auszugsweisen Abdrucks
und der photomechanischen Wiedergabe, der Übertragung auf Ton-
oder Bildträger jeder Art, vorbehalten.
Herausgeber: Dr. Wolfgang M. Metz
Lizenzausgabe: Gustav Lübbe Verlag GmbH, Bergisch Gladbach
Printed in West Germany, Dezember 1989
Einbandgestaltung: Adolf Bachmann
Titelbild: ZEFA
Satz: KCS GmbH, 2110 Buchholz/Hamburg
Druck und Bindung: Ebner Ulm
ISBN 3-404-66168-0

Der Preis dieses Bandes versteht sich einschließlich der gesetzlichen Mehrwertsteuer

Inhaltsverzeichnis

Vorwort

Angenommen, ein guter Freund würde zu Ihnen sagen: »Es gibt da eine machtvolle alt-neue Idee, über welche die Leute reden und von der du wissen solltest. Es handelt sich um einen Gedanken, der uns allen offensteht und der das menschliche Leben auf erstaunliche Weise zu gestalten und zu verbessern vermag.« Was würden Sie sagen?

Sie würden sicher sagen: »Erzähl mir davon!« Oder etwa nicht? Und genau dies ist es, was ich mit diesem Buch will: Ihnen von dieser Idee erzählen.

Es geht bei dieser Idee um eine Form geistiger Tätigkeit, die sich aktive Vorstellungskraft, auch positive Phantasie, nennt. Sie besteht darin, daß man sich bewußt im Geiste ein erstrebtes Ziel lebhaft ausmalt und dieses Bild so lange festhält, bis es sich im Unbewußten verankert, wo es große, unerschlossene Energien freilegt. Am besten funktioniert diese Methode, wenn sie verbunden ist mit einem starken religiösen Glauben und vom Gebet und vom scheinbar unlogischen Vorgehen unterstützt wird, für Wohltaten zu danken, bevor man sie erhalten hat. Wird das Vorstellungsprinzip regelmäßig und systematisch angewandt, so löst es Probleme, stärkt die Persönlichkeit, fördert die Gesundheit und vergrößert in entscheidendem Maße die Erfolgsmöglichkeiten in jeglichem Bemühen.

Den Gedanken der positiven Phantasie und aktiven Vorstellungskraft gibt es schon lange, und er ist in allem, was ich in der Vergangenheit gesagt und geschrieben habe, enthalten. Doch erst in jüngster Zeit ist er klar hervorgetreten und von Wissenschaftlern und Fachleuten der Medizin als zusätzlicher Beweis anerkannt worden, daß Geist, Körper und Seele eine untrennbare Einheit bilden, wie es uns die Bibel schon immer gelehrt hat.

Jesus selbst hat gesagt: »Alles, um was ihr betet und bittet, glaubet nur, daß ihr es empfangen habt, und es wird euch zuteil werden« (Markus 11,24). Das ist die große Versprechung, die hinter dem Thema dieses Buches steht. Behalten Sie diese Verheißung im Gedächtnis, wenn Sie nun umblättern zur ersten Seite von »So hilft positive Phantasie«.

Eure Söhne und Töchter werden weissagen,
eure Greise werden Träume träumen,
eure Jünglinge werden Gesichte sehen.
                                        Joel 2,28

1

Positive Phantasie
worum es geht und wie man
sie anwendet

Der menschlichen Natur wohnt eine macht- und geheimnisvolle Kraft inne, die in unserem Leben spektakuläre Verbesserungen zu schaffen vermag. Es ist eine Art geistiger Technik, die am besten funktioniert, wenn sie von einem starken religiösen Glauben unterstützt wird. Sie ist nicht schwer anzuwenden; jedermann kann es. In letzter Zeit hat sie allenthalben die Aufmerksamkeit von Ärzten, Psychologen und Denkern erregt, und es wurde ein neuer Begriff zu ihrer Bezeichnung geprägt. Der Ausdruck heißt *aktive Vorstellungskraft* oder *positive Phantasie*.

Aktive Vorstellungskraft, das Ausmalen geistiger Bilder, beruht auf dem Grundsatz, daß dem Menschen ein ausgeprägtes Streben innewohnt, letztlich genau das zu werden, was er sich zu sein vorstellt. Ein Bild, das man sich im Bewußtsein erschafft und dort beharrlich festhält, wird, durch einen Vorgang geistiger Durchdringung, alsbald ins Unbewußte übergehen. Ist es im Unbewußten einmal fest verankert, so wird der betreffende Mensch intensiv danach trachten, es zu verwirklichen. Aktive Vorstellungskraft hat auf das Denken und Handeln eine derart starke Wirkung, daß ein Bild, das man sich über lange Zeit im Geiste vergegenwärtigt, zukunftsbestimmend werden kann.

Aktive Vorstellungskraft führt positives Denken einen Schritt weiter. Bei der aktiven Vorstellungskraft denkt man nicht nur an ein ersehntes Ziel; man *sieht* oder *vergegenwärtigt* es sich mit ungeheurer Intensität, die durch Gebet noch verstärkt wird.

Aktive Vorstellungskraft ist wie ein Strahl geistiger Energie, mit dem das erstrebte Ziel oder Ergebnis vom Bewußtsein so lebhaft dargestellt wird, daß es das Unbewußte übernimmt und dadurch bestimmend wird. Dies setzt mächtige innere Kräfte frei, die dem Leben aller, die aktive Vorstellungskraft betreiben, eine erstaunliche Wendung zu geben vermögen.

Um dies gleich hier zu Beginn dieses Buches zu veranschaulichen, möchte ich vier wahre Geschichten erzählen. Ich glaube, sie zeigen ganz deutlich, wie das Prinzip der positiven Phantasie in die Tat umgesetzt aussieht.

Der Jugendtraum

Es ist Winter in Cincinnati vor ungefähr dreißig Jahren. Ein kalter Wind bläst den vielen Leuten entgegen, die durch die belebte Straße hasten. Ein Knabe — vielleicht elf, zwölf Jahre alt — ist vor dem Gebäude stillgestanden, in dem die Büros der Stadtzeitung, des einflußreichen und angesehenen *Cincinnati Enquirer,* untergebracht sind. Der Junge ist nicht gerade warm angezogen; was er trägt, sind offensichtlich gebrauchte Kleidungsstücke. Er fröstelt, während er durch das große Fenster starrt und dem fieberhaften Treiben der Zeitungsmacher im Innern zuschaut.

Ganz besonders eine Person hat seine Aufmerksamkeit gefesselt: ein stämmiger Mann in Hemdsärmeln, der an einem Pult in der Mitte sitzt. Ein grüner Augenschirm schützt seine Augen vor dem grellen Licht einer Glühlampe, die über seinem Kopfe hängt. Eine noch nicht angezündete Zigarre klemmt zwischen seinen Zähnen. Sein Pult strotzt vor Fetzen mit Maschinengeschriebenem, die auf lange Metalldorne aufgespießt sind. Papierstücke quellen aus Drahtkörben. Die schwarzen Schlagzeilen verschiedener Ausgaben ergießen sich auf den Boden um ihn. Hektik. Durcheinander. Chaos. Doch von jenem Pult geht

Macht aus, und der Knabe am Fenster kann sie fühlen. Er weiß, daß dieser Mann das Ruder in der Hand hat.

Der Mann wirbelt auf seinem Drehstuhl herum, spannt ein Blatt gelbliches Papier in eine alte Schreibmaschine, hämmert ein paar abgehackte Zeilen hinein. Er reißt das Manuskript heraus, starrt es an, nimmt einen schwarzen Tintenstift hinter dem Ohr hervor, macht blitzschnell ein paar Korrekturen. Er hebt seinen Kopf, bellt einen Befehl. Ein Laufjunge stürzt herbei, reißt das Papier an sich, verschwindet. Der fröstelnde Zeuge in der Straße schaut zu, erstarrt.

Ein hünenhafter Polizist schlendert vorbei und wirbelt dazu seinen Knüppel herum. Lebhaft wendet sich der Knabe an ihn. »Entschuldigen Sie, wer ist jener Mann — der mit dem Augenschirm und der Zigarre?«

»Der?« Der blaue Riese blickt nachsichtig herab. »Das ist der Chefredakteur, mein Junge. Der Chefredakteur des *Cincinnati Enquirer,* das ist er.«

Der Polizist spaziert weiter. Schließlich geht der Knabe die Straße hinab; er sieht dabei genau aus wie zuvor. Aber er ist nicht derselbe wie zuvor. Er hat sich verändert. Er nimmt den kalten Wind und die vorbeieilenden Leute nicht mehr wahr. In seinem Kopfe nimmt eine Szene Gestalt an — nicht bloß ein vager, zufälliger Tagtraum, sondern eine Zukunftsvision, welche die ganze Wirklichkeit, die ganze Intensität der Gegenwart hat. Intuitiv weiß der Knabe, daß alles, was er im Geiste vor sich sieht, früher oder später auch geschehen wird. Er ist sich dessen ganz sicher. Die Szene in seinem Kopfe ist eine Kopie derjenigen, die er soeben durch das Fenster gesehen hat — mit einem ganz entscheidenden Unterschied: Auf dem Stuhl des Chefredakteurs sitzt, dreißig Jahre später, er selbst. Er selbst, Roger Ferger, ein armer Junge mit keinerlei Beziehungen, keinerlei Vorteilen, mit nichts außer einem Bild vor Augen, das so mächtig ist, daß es sämtliche Wahrscheinlichkeitsgesetze bezwingen wird, bis sie einem noch stärkeren, wenn auch verborgenen Gesetz gehorchen.

Mit diesem Bild fest in seinem Kopfe geht er nach Hause. Wie er an diesem Abend seine Gebete sagt, durchlebt er seinen Traum noch einmal und bittet um Hilfe, ihn verwirklichen zu können. Abend für Abend tut er dies, ohne sich bewußt zu sein, daß er, indem er sich so intensiv sich selbst auf jenem Stuhl vorstellt und dieses Bild mit Beten verstärkt, Gottes Reich in ihm selbst berührt und Kräfte freisetzt, die stärker sind, als er ahnt.

Wieso ich diese Geschichte kenne? Ich kenne sie, weil Roger Ferger sie mir Jahre nach jenem denkwürdigen Tag seiner Kindheit erzählte. Er erzählte sie mir, als er nicht nur Chefredakteur, sondern auch Herausgeber und Besitzer des *Cincinnati Enquirer* war.

Das Bild der eigenen Zukunft

Nun zur zweiten Geschichte. Auch ihr Anfang liegt Jahre zurück. Wir befinden uns in einem der ärmeren Viertel einer Kleinstadt von Ohio. Ein junges Mädchen beugt sich über einen metallenen Waschzuber. Es ist eines von acht Kindern, Tochter eines Bergmannes. Sie wäscht eben das Überkleid ihres Vaters.

Wie sie so am Waschen ist und ab und zu durch das rußige Fenster die trüben, vertrauten Zeichen der Armut anstarrt, die sie umgeben, sieht sie im Geiste ein Bild vor sich. Tagträume von ihrer Zukunft hat sie schon vorher gehabt, doch dies hier ist mehr als ein Tagtraum. Glasklar sieht sie das Bild eines College-Geländes, ebener grüner Rasenflächen, efeubewachsener Gebäude vor sich. Eine Promotionsfeier ist im Gange, und sie sieht sich selbst in Doktorhut und -robe eine Pergamentrolle entgegennehmen. Sie erlebt den Höhenflug des Glücks, das Gefühl, eine Leistung vollbracht zu haben, den Stolz.

Doch was für ein unmöglicher Traum ist das? Kein Mitglied ihrer Familie ist jemals aufs College gegangen. Mary Crowe hat wohl dafür gebetet, studieren zu können, aber für so etwas ist kein Geld vorhanden. Die Weltwirtschaftskrise bedrängt das Land. In der Familie Crowe gibt es bei Tisch kaum genug zu essen. Marys seltsame Vision kann nichts als ein Hirngespinst sein, das der sehnsüchtigen Phantasie eines jungen Mädchens entsprang. Und doch, das Bild ihrer selbst, wie sie die Pergamentrolle entgegennimmt, ist so lebendig, so wirklich . . .

Beachten Sie nun, was als nächstes geschieht. Mary Crowe wird zum Ortspfarrer beordert. Verwirrt begibt sie sich zum Pfarrhaus, wo der Pfarrer eine Schreibtischschublade öffnet und ihr einen Briefumschlag entnimmt. »Mary«, sagt er, »vor einiger Zeit hat mir ein Mitglied unserer Kirchengemeinde Geld für die Ausbildung eines förderungswürdigen jungen Menschen gegeben. Ich habe dich beobachtet und bin zum Schlusse gekommen, daß du diese Person bist. Dieser Fonds wird dir ein Stipendium von vier Jahren am College von *Saint-Mary-of-the-Springs* ermöglichen. Ich weiß, daß du dort eine großartige Leistung erbringen wirst.«

Wiederum wird ein leidenschaftlicher Traum konkrete Wirklichkeit, ein glühendes Bild zu greifbarer Substanz. Reiner Zufall. Nein, denn Mary Crowe erzählte mir, daß sie — so unglaublich es tönen mag —, das College-Gelände von *Saint-Mary-of-the-Springs,* als sie es zum ersten Mal sah, wiedererkannte. Es war dasjenige der Vision, die sie gehabt hatte, während sie in der Küche zu Hause das Überkleid ihres Vaters wusch.

Ich kann das nicht erklären; auch Mary Crowe konnte es nicht. Aber sie durchlief dort das College, studierte eifrig und erlangte ausgezeichnete Resultate. Als der Abschluß näherrückte, begann sie sich über ihre berufliche Laufbahn Gedanken zu machen. Sie wußte von einem Fall in ihrer eigenen herunter-

gekommenen Nachbarschaft, wo eine Lebensversicherungs-
police den völligen Ruin einer armen Familie verhindert hatte.
Und so entschloß sie sich, Versicherungsvertreterin zu werden.

Damals gab es noch kaum weibliche Versicherungsvertreter.
Frauen machten so etwas einfach nicht. Das war Männersache.
Mary Crowe aber »sah« sich als erfolgreich Tätige in dieser
Sparte. Sie vergegenwärtigte sich im Geiste Versicherungs-
nehmer, deren Leben Schutz und Unterstützung erhielt durch
die Versicherung, die sie abschlossen. Sie prägte sich all dies
mit enormer Klarheit und Lebhaftigkeit ein. Dann bewarb sie
sich als Versicherungsvertreterin bei einer der größten Versiche-
rungsagenturen am Platz.

Der Personalchef wies sie ab. Ohne Umschweife. Frauen
unter seinem Personal? »Gehen Sie«, sagte er zu Mary Crowe,
»Sie vergeuden Ihre Zeit. Und die meine.«

Mary Crowe ging, doch tags darauf kam sie zurück. Wieder
wurde sie abgewiesen. Wieder kam sie zurück. Wieder wurde
sie abgewiesen. Das ging so weiter, Tag für Tag. Und Abend für
Abend bat Mary Crowe Gott auf den Knien um Geduld und
Ausdauer und die Kraft, ihren Traum zu verwirklichen. Sie ver-
schloß sich jeglichem Zweifel. Sie ließ keinen herein.

Schließlich war der Mann, der für die Anstellungen verantwortlich war, von ihrer Hartnäckigkeit beeindruckt. »Also gut«,
sagte er, »wir nehmen Sie. Aber ohne Salär. Ohne Spesenkonto.
Nur Provision. So gehen Sie hin und verhungern Sie.«

Mary Crowe ging hin und begann, von Haus zu Haus zu
gehen und Versicherungen abzuschließen. Die Leute hörten ihr
zu, weil sie ihnen zu spüren gab, daß ihr vor allem daran gele-
gen war, *ihnen* zu helfen — was auch tatsächlich der Fall war.
Und sie verhungerte nicht. Im Gegenteil — sie wurde zur Star-
vertreterin der Gesellschaft. Sie wurde Mitglied der Eine-
Million-Dollar-Runde, einer exklusiven Gruppe von Versiche-
rungsvertretern, die für mehr als eine Million Dollar in einem

einzigen Jahr Versicherungen abschließen. Mary Crowe wurde zur Legende in der Versicherungsbranche. Sie wurde, was sie sich im Geiste ausgemalt hatte — zu einem Menschen mit durchschlagendem Erfolg.

Nun werden Sie vielleicht sagen, diese Geschichten seien zwar schön und gut, aber sie hätten sich vor vielen Jahren abgespielt. Und die Welt von heute? Die Gegenwart? Dazu möchte ich Ihnen von Harry DeCamp erzählen.

Positive Phantasie bekämpft eine Krankheit

Harry DeCamp war ebenfalls in der Versicherungsbranche tätig. Auch er war dabei recht erfolgreich. Doch eines Tages bedeutete ihm dieser Erfolg plötzlich nur noch wenig, weil ihm eröffnet wurde, daß er an Blasenkrebs leide. An nicht operierbarem Krebs. Als er sich erkundigte, wieviel Zeit ihm zum Leben verbleibe, wußten die Ärzte keine Antwort. Sie gaben ihm Schmerzmittel und schickten ihn heim, zu sterben.

Harry war nie besonders fromm gewesen. Er war, wie er sich ausdrückte, »mit Gott nur flüchtig bekannt«. Nun dachte er ans Beten, doch er wußte nicht, wie. »Ich wußte, daß Gott da war«, sagte er später, »aber Er war irgendein geheimnisvolles Wesen, weit weg. Es schien nicht richtig zu sein, plötzlich um etwas zu bitten, nachdem man Ihn so viele Jahre lang ignoriert hatte.«

Dann geschahen zwei Dinge gleich nacheinander. Jemand schickte Harry eine Karte mit Gute-Besserung-Wünschen und schrieb darauf: »Bei Gott aber sind alle Dinge möglich« (Matthäus 19,26). Irgendwie blieb dieser Satz in Harrys Kopf haften. Er kam ihm immer wieder in den Sinn. Dann nahm er eine religiöse Zeitschrift zur Hand und las darin zwei Berichte. Einer davon handelte von einem schwerverwundeten Soldaten, dessen lebensgefährliche Wunden heilten, weil er sich im Geiste Bilder seiner selbst als eines gesunden, unversehrten Menschen schuf. Der andere Bericht war von einem Krebskranken verfaßt, der darin erklärte, daß unbeschränkter Glaube und unbeschränktes Vertrauen auf Gott die Voraussetzungen dafür seien, daß Gebete erhört würden, und daß Jesus genau meinte, was er sagte, als er zu seinen Jüngern sprach: *»Alles, um was ihr betet und bittet, glaubet nur, daß ihr es empfangen habt, und es wird euch zuteil werden«* (Markus 11,24).

Harry DeCamp ging nicht in die Kirche, auch wenn er dem Namen nach ein gläubiger Mensch war. Nach reiflicher Überlegung beschloß er, mit voller Überzeugung daran zu glauben, daß Gott alles vermag und daß er mit unablässigem Gebet, das aufrichtigem Glauben entsprang, Zugang zu der ungeheuren Heilkraft des Allmächtigen finden könne. Darüber hinaus beschloß er, sich auf die lebhafteste Art und Weise, die ihm seine Phantasie ermöglichte, auszumalen, wie der Heilungsprozeß stattfand.

Er begann sich vorzustellen, wie Heere von heilenden weißen Blutkörperchen in seinem Körper von seinen Schultern herabströmten und durch seine Adern fluteten und dabei die bösartigen Zellen angriffen und zerstörten. Hundertmal, zwei-, dreihundertmal am Tag ging er diesen Vorstellungsprozeß durch. Ununterbrochen arbeitete er daran, Tag und Nacht. »Die Bilder«, sagte er später, »waren genau so klar, als wären sie auf unserem Fernsehschirm erschienen. Ich konnte ein Heer von weißen Blutkörperchen sehen, das von meinen Schultern herab in meinen Magen strömte, in meiner Blase herumwirbelte und sich in meine Leber, mein Herz durchkämpfte. Regiment um Regiment kam daher, endlos, und die weißen Blutkörperchen rückten gegen die Krebszellen vor, überrannten sie und vernichteten sie. Weiter und weiter stürmte das siegreiche weiße Heer, hinab in meine Beine und Füße und Zehen, dann ganz hinauf in meinen Körper und räumte auf seinem Weg zerstreute Krebszellen auf, bis schließlich die Schlacht vorbei war. Tag für Tag spielte ich diese Schlachtszene in meinem Geiste durch. Es gab mir ein richtiges Hochgefühl.«

Harry DeCamp setzte auch seine Chemotherapie fort, obwohl er überzeugt war, sie nicht zu brauchen. Als er sechs Monate später zur Kontrolle ging, war die bösartige Masse verschwunden.

Was hat Harry DeCamps spektakuläre Genesung bewirkt — die Chemotherapie oder sein angestrengter Einsatz aktiver Vorstellungskraft? Einige moderne Ärzte würden sagen, beides. Ein bekannter Krebsspezialist, Dr. Carl Simonton, hat, zusammen mit Dr. Stephanie Matthews-Simonton, ein Buch mit dem Titel »Wieder gesund werden« geschrieben; darin drückt er seine auf der Erfahrung von Hunderten von Fällen beruhende Überzeugung aus, daß wir alle — bewußt oder unbewußt — unsere Gesundheit mitbestimmen. Dr. Simonton ist überzeugt, daß aktive Vorstellungskraft ein äußerst wirksames Mittel ist für Krebskranke oder an irgendeiner anderen Krankheit Leidende.

Ich entdecke die aktive Vorstellungskraft

Ich möchte Ihnen nun von einer Erfahrung erzählen, die ich selbst vor vielen Jahren gemacht habe. Durch diese Erfahrung bin ich zum ersten Mal mit der großen Idee der aktiven Vorstellungskraft, der positiven Phantasie, in Berührung gekommen. Und das geschah auf unverhoffte Art.

Ruth und ich hatten mit der Herausgabe einer neuen Zeitschrift unter dem Namen *Guideposts* (»Wegweiser«) begonnen, die Lebenshilfe auf religiöser Basis vermitteln sollte. Nachdem wir mit einem Betriebskapital von nur siebenhundert Dollar angefangen hatten, war die Abonnentenzahl auf rund vierzigtausend gestiegen, doch die finanzielle Lage war schwierig, wenn nicht gar hoffnungslos geworden.

Zu diesem Zeitpunkt wurde eine Sitzung der Verantwortlichen einberufen, da wir Gefahr liefen, das Projekt abbrechen zu müssen. An dieser Sitzung nahm eine erstaunliche Dame mit dem Namen Tessie Durlack teil. Von ihr erhielten wir eine aufrüttelnde und anregende Idee, die den ganzen Lauf der Dinge ändern sollte. Und diese Idee kann Ihr Leben genauso verändern, wie sie unser eigenes veränderte.

Tessie hörte sich unsern düsteren Lagebericht an. Wir hatten gehofft, sie würde einem früheren namhaften Beitrag eine weitere Geldspende folgen lassen. Doch sie kündigte bald einmal an, daß sie etwas weit Besseres als Geld beisteuern werde, nämlich eine lebenswichtige Idee, die zu geschäftlichem Gedeihen führen werde. »Die Sache verhält sich so«, erklärte sie. »Es mangelt euch an Abonnenten, ein Einrichtung, an Kapital. Und warum dieser Mangel? Ganz einfach, weil all euer Denken sich innerhalb von Mangelerscheinungen bewegt. Ihr habt dermaßen immer an Mangel gedacht, daß ihr damit tatsächlich einen Mangelzustand geschaffen habt. Was ihr jetzt zu tun habt — und zwar unverzüglich, ist, diese Mangelgedanken und -vorstellungen vollständig aus euern Köpfen zu verbannen. Statt dessen müßt ihr beginnen, euch im Geiste geschäftliches Gedeihen bildhaft vorzustellen.«

Einige der Anwesenden wandten ein, daß ein Frontalangriff auf ein krankhaftes oder negatives Gedankenmuster solche Ideen nicht austreiben werde, sondern vielmehr nur bewirke, daß sie noch tiefer ins Bewußtsein getrieben würden. Andere waren der Meinung, daß wir unsere Gedanken nicht beherrschen, sondern daß sie uns beherrschen. Gleichermaßen angewidert von diesen Äußerungen, fuhr Tessie dazwischen: »Wißt ihr denn nicht mehr, was der große Platon gesagt hat?« Ich hatte nicht die leiseste Ahnung, was Platon gesagt hatte, aber da ich meine Unwissenheit nicht enthüllen mochte, fragte ich ganz gescheit: »Welchen der vielen wohlbekannten Aussprüche Platons meinen Sie denn?«

»Einen, von dem Sie noch nie gehört haben«, antwortete sie und führte auch sogleich ein Zitat an, das sie Platon zuschrieb. Wenn ich mich recht erinnere, lautete es ungefähr so: »Nimm deine Gedanken in die Hand. Du kannst mit ihnen machen, was du willst.« »Also spült diese Mangelgedanken aus euern Köpfen hinaus, und zwar gleich jetzt«, fügte sie hinzu. Also spülten wir sie hinaus, auf der Stelle, und »sahen« förmlich, wie sie aus unserem Geiste abzogen.

Darauf machte Tessie uns klar, daß jene Mangelideen oder -vorstellungen noch herumlungern würden in der Hoffnung, sich bald wieder in unseren Köpfen breitmachen zu können, wo sie doch so lange Gastrecht genossen hatten. Sie erklärte, daß sie nur auf eine einzige Art und Weise für immer ausgeschlossen werden könnten: indem man sie durch einen machtvolleren Erfolgsgedanken ersetzte und verdrängte, durch ein geistiges Bild von Überfluß und Gedeihen. Dann erkundigte sie sich, wie viele Abonnenten es brauchte, um die weitere Herausgabe sicherzustellen, und wir wurden uns einig, daß einhunderttausend ausreichen würden. »Also gut«, meinte sie, »dann möchte ich, daß ihr im Geiste dort hinaus schaut und einhunderttausend Personen als Abonnenten von *Guideposts* seht oder euch vergegenwärtigt — Leute, die ihre Abonnements bezahlt haben.«

Unsere Vergegenwärtigung war, gelinde gesagt, unvollkommen, doch Tessie »sah« die Leute, und die Art, wie sie sich die Abonnenten vorstellte, war so überwältigend, daß wir ebenfalls begannen, sie uns zu vergegenwärtigen. Dann verkündete Tessie zu unserer Überraschung: »Jetzt, wo wir sie sehen, haben wir sie auch. Wir wollen beten und dem Herrn danken, daß Er uns einhunderttausend Abonnenten gegeben hat.« Ziemlich verblüfft, schlossen wir uns Tessie in einem Gebet an, mit dem sie den Herrn um nichts bat, sondern Ihm vielmehr im voraus für alles dankte, einschließlich unserer einhunderttausend Abonnenten. Im Verlaufe ihres Gebets zitierte sie jenen großen Bibelspruch »Alles, um was ihr betet und bittet, glaubet nur, daß ihr es empfangen habt, und es wird euch zuteil werden« (Markus 11,24).

Sie hatte kaum »amen« gesagt, als Ruth und ich — nunmehr ob der Angelegenheit ganz aufgeregt — auch schon dorthin schauten, wo unseren Direktoren ein Stapel unbezahlter Rechnungen vorgelegt worden war, im größten Vertrauen darauf, daß sie verschwunden seien. Offensichtlich erwarteten wir, der Herr würde einen guten Engel herabschicken, um sie alle schnell fortzunehmen. Doch der Herr hat eine bessere Methode, wenn Er eine Situation ändern will. Er ändert die Menschen, und veränderte Menschen ändern Situationen.

Und genau das geschah in diesem Fall. Unsere bis dahin entmutigten Direktoren erwachten zu neuem Leben und begannen, in lebhafter Diskussion neue Ideen vorzubringen. Natürlich ließen sich 90 Prozent davon nicht in die Tat umsetzen; 10 Prozent hingegen waren brauchbar, und im Nu begannen die Rechnungen wegzuschmelzen, und es gab Neuabonnenten in rauhen Mengen. Heute hat *Guideposts* nicht 100 000, sondern 3 600 000 Abonnenten und wird monatlich von 12 Millionen Lesern gelesen, womit es zur vierzehntgrößten Zeitschrift der Vereinigten Staaten aufgerückt ist.

Dieses Ereignis und das Sich-Erweisen des projizierten Bildes als eines grundlegenden Gesetzes des Geistes waren Höhepunkte unserer Lernerfahrung. Ruth und mir wurde klar, welch ungeahnte Möglichkeiten in der aktiven Vorstellungskraft steckten. Wir erkannten, daß, wenn sich ein Mensch unablässig den Mißerfolg vorstellt, das Leben alles daran setzen wird, dieses Bild zur Tatsache werden zu lassen. Wenn sich jedoch jemand den Erfolg vorstellt, so wird es gleich stark darauf abzielen, diese Vorstellung in die Wirklichkeit zu wenden. Von jenem Zeitpunkt bis in die Gegenwart haben wir das Prinzip der aktiven Vorstellungskraft, der positiven Phantasie, studiert und damit gearbeitet, wobei wir es in vielen Fällen tatsächlichen Erlebens unter verschiedenartigen Verhältnissen geprüft haben. Wir sind zum Schlusse gekommen, daß diese Methode so ziemlich in allen wichtigen Lebenssparten wirksam ist. Es ist dies einer der großen Grundsätze schöpferischen Lebens. Dabei muß man sich jedoch im klaren sein, daß aktive Vorstellungskraft nicht etwa eine Zauberformel ist, die — durch eine Art geistigen Trick — einem einfach zu erwünschten Resultaten verhilft. Auf erstaunliche Weise vermag es aber sehr wohl, Türen zur Lösung von Problemen und zur Verwirklichung von Zielen zu öffnen. Sind aber diese Türen einmal offen, so bedarf es der Disziplin, der Entschlossenheit, der Geduld und der Ausdauer, wenn das Problem gelöst sein will oder der Traum Wirklichkeit werden soll. Auf diese Weise werden Sie — wie wir — erfahren, daß man alles, was man sich vorstellen kann, auch sein kann.

2
Wie die Idee entstand

Aktive Vorstellungskraft umgibt uns in jedem Augenblick unseres Lebens; vom Moment, wo wir geboren werden, sind wir ihrer Macht ausgesetzt. Wenn ein Elternteil Arzt oder Rechtsanwalt oder beim Militär ist und möchte, daß sein Kind in seine Fußstapfen tritt, so wird dieses elterliche Bild unweigerlich auf das heranwachsende Kind eine gewisse Wirkung haben. Vielleicht nicht einen ausschlaggebenden Einfluß, weil sich das Bild zuerst nur im Geiste von Vater oder Mutter befindet, so oder so aber doch einen Einfluß.

In meinem Fall war der Entscheid, die Zeitungsbranche nach einem Jahr als Berichterstatter zu verlassen und mich auf eine kirchliche Laufbahn vorzubereiten, eine Widerspiegelung des Bildes, das sich meine Mutter gemacht hatte und nach dem ich einmal wie mein Vater Prediger würde. Eindringlich, wie es nur eine Mutter kann, stellte sie sich mich als Prediger vor. Diese Vorstellung verstärkte sie mit innigem Gebet, und tatsächlich wurde ich dann auch Geistlicher.

Somit wirken die Bilder, die andere von uns haben, auf unser Leben ein. Die Bilder, die uns jedoch am stärksten beeinflussen, sind die Bilder unserer selbst, die wir im Laufe der Jahre entwickeln. Manchmal sind diese Bilder positiv und stark; manchmal sind sie negativ und schwach. Ich erinnere mich zu der Zeit, als ich als Jugendlicher in verschiedenen Kleinstädten des Mittleren Westens der Vereinigten Staaten lebte, ganz schön negative

Selbstbilder gehabt zu haben; nur nannte ich sie nicht so. Ich bin mir nicht sicher, ob es den Begriff »Minderwertigkeitskomplex« damals schon gab, doch wenn ein Minderwertigkeitskomplex eine Ansammlung von Unzulänglichkeitsgefühlen bedeutet, ist es genau das, was ich damals hatte.

Woher kamen sie? Ich weiß es nicht genau. Mein Vater und meine Mutter waren beide ungewöhnlich fähige, willensstarke, ausgeprägte Persönlichkeiten. Kann sein, daß ich irgendwie spürte, daß ich ihnen nie ganz gleichkommen oder ihre Erwartungen erfüllen würde. Es kann aber auch sein, daß mein Gefühl etwas mit meiner körperlichen Beschaffenheit zu tun hatte, denn ich war dünn und leichtgewichtig, geradezu zerbrechlich im Vergleich zu meinem zähen, kräftigen und sportlichen jüngeren Bruder Bob. Mager sein hatte für mich vielleicht dieselbe Bedeutung wie »versagen«. Jedenfalls beschäftigte es mich stark, und sosehr ich mich auch bemühte zuzunehmen — es half alles nichts.

Noch etwas anderes beschäftigte mich, wie es Kinder von Geistlichen seit undenklicher Zeit beschäftigt hat: daß ich ein »Pfarrerskind« war. Da ich in Kleinstädten aufwuchs, nahm ich diese Bezeichnung übel. Ich hatte das Gefühl, daß die Leute von mir erwarteten, ein frommer Musterknabe zu sein, daß die Erwachsenen mich verurteilen würden, wenn ich das nicht war, und meine Freunde mich verachten würden, wenn ich es war. Das hatte zur Folge, daß ich stets angespannt und überbesorgt war, welchen Eindruck ich auf andere Leute machte.

Und noch etwas mag mein Bild von mir als einem unzulänglichen Menschen verstärkt haben. Wenn jemand uns einen Besuch machte oder ein Geistlicher vorbeikam, dann war es nach der Sitte unter Pfarrfamilien Pflicht der Kinder, Klavier zu spielen, ein Gedicht herzusagen oder sonstwie vor den Besuchern »aufzutreten«. Diese qualvollen Pflichtübungen waren mir ein Greuel. Wann immer ich Gäste kommen sah, suchte ich mich zu verstecken. Einmal holte mich mein Onkel Will aus dem Unterstand für das Brennholz hervor, wo ich Zuflucht gesucht hatte, und zerrte mich ins Wohnzimmer — ähnlich einem urchristlichen Märtyrer, der den Löwen vorgeworfen werden soll; dort mußte ich ein Gedicht hersagen oder doch so viel davon, wie mir mein Zustand fast gänzlichen Gelähmtseins erlaubte.

All diese Faktoren führten dazu, daß ich mich, als ich an die Universität kam und ab und zu vor den Mitstudenten dem Professor Red und Antwort stehen mußte, als Besitzer eines riesigen Minderwertigkeitskomplexes fühlte.

Dieses Unzulänglichkeits-Selbstbild hätte endlos in mir weiterbestanden, hätte mir nicht ein Professor in meinem dritten Semester etwas ganz Bestimmtes gesagt. Als ich eines Tages eine miese Vorstellung gegeben hatte, bat er mich, nach der Stunde zu warten. Als wir dann allein waren, sagte er Dinge zu mir, die hart, wahr und treffend waren.

Er sagte, ich hätte einen leidlichen Verstand, mache davon aber nicht angemessen Gebrauch, weil ich so gehemmt und schüchtern sei. »Wie lange werden Sie so bleiben?« fragte er. »Sie wirken wie ein verschüchtertes Kaninchen, Sie haben Angst vor dem Klang Ihrer eigenen Stimme. Wahrscheinlich finden Sie dafür die Entschuldigung, Sie seien eben von Natur aus schüchtern. Sie sollten aufhören, so über sich zu denken, Peale, und zwar sogleich, bevor es zu spät ist. Wenn Sie das nicht selbst fertigbringen, wenn Sie dabei Hilfe brauchen — nun, Sie sind ja der Sohn eines Geistlichen. Sie sollten wissen, wohin Sie sich zu wenden haben. Das ist alles. Sie können jetzt gehen.«

Ich erinnere mich noch heute an die Gefühle, die in mir tobten, als ich den Raum verließ und in die Sonne hinaus ging, die wie ein goldener Teppich über dem stillen Universitätsgelände lag. Ich war wütend, ich war beleidigt, ich war verletzt, vor allen

Dingen aber hatte ich Angst, weil ich wußte, daß das, was der Professor gesagt hatte, wahr war. Ein verschüchtertes Kaninchen! Wie weit würde ich es im Leben bringen, wenn ich mich weiterhin als verschüchtertes Kaninchen sah?

Ein lebensveränderndes Erlebnis

Ich setzte mich auf die Stufen der Kapelle und betete das inbrünstigste, verzweifeltste Gebet meines ganzen Lebens. »Bitte hilf mir«, betete ich. »Bitte ändere mich. Ich weiß, daß Du das kannst, weil ich gesehen habe, wie Du Trinker nüchtern und Diebe zu ehrlichen Menschen gemacht hast. Bitte nimm diese Minderwertigkeitsgefühle von mir, die mich so hemmen. Nimm diese furchtbare Schüchternheit und Befangenheit von mir. Mach, daß ich mich nicht als verschüchtertes Kaninchen sehe, sondern als jemanden, der Großes leisten kann in seinem Leben, weil Du bei mir bist und mir die Kraft und das Vertrauen gibst, die ich brauche.«

Ich weiß nicht, wie lange ich dort auf den Stufen der Kapelle saß, aber als ich aufstand, hatte sich etwas in mir geändert. Natürlich waren die Minderwertigkeitsgefühle nicht vollständig verschwunden; noch heute habe ich einige davon. Aber das *Bild,* das ich von mir gehabt hatte, war verändert — und damit auch der Verlauf meines ganzen Lebens.

Mit den Jahren begann ich die positive Phantasie immer dann einzusetzen, wenn ich ein bestimmtes Ziel erreichen wollte. Meine zweite kleine Kirche, die sich in Brooklyn, New York, befand, war schlecht besucht; ja ich sah sogar eines Tages, wie der Küster die hinterste Bank aus der Kirche schleppte. Als ich ihn fragte, warum er das tue, antwortete er, er wolle daraus Brennholz machen. »Es sitzt ja sowieso niemand darin«, meinte er.

»Stellen Sie sie wieder hin«, befahl ich ihm grimmig. »Jemand wird darin sitzen!« Ich malte mir diese Bank voll besetzt aus, und auch die anderen Bänke alle voll besetzt, die Kirche gedrängt voll. Ich hielt dieses Bild in meinem Geiste fest. Ich bot meine ganze Kraft dafür auf. Ich machte es zu einem Bestandteil meines Denkens. Und der Tag kam, an dem das Bild Wirklichkeit wurde.

Hie und da suchten mich meine alten Unzulänglichkeitsgefühle wieder heim, doch meist gelang es mir, ein Erfolgsbild zu finden, das stärker war als mein Mißerfolgsbild. An einem *Memorial Day*[1] wurde einmal eine Massenversammlung unter dem Patronat der *American Legion*[2] durchgeführt. Fünfzigtausend Personen drängten sich in den Prospect Park in Brooklyn, wo als Ehrengast General Theodore Roosevelt Jr. erwartet wurde. Ich war eingeladen worden, um, wie ich glaubte, die Versammlung mit einem Gebet zu eröffnen. Erst kurz vor der Veranstaltung erfuhr ich, daß ich im Programm als Hauptredner aufgeführt war.

Ich wurde von Panik ergriffen. Ich hatte keine Rede vorbereitet. Der Gedanke, dazustehen vor fünfzigtausend Personen und sie zu enttäuschen, versetzte mich in Angst und Schrecken. Ich ging zu den Veranstaltern des Treffens und sagte ihnen, daß ich die Rede nicht halten könne, daß sie jemand andern finden müßten.

General Roosevelt hörte zufällig mein Wehklagen. »Mein Sohn«, sagte er zu mir, »hören Sie auf, Ihre Gedanken auf Mißerfolg zu fixieren. Sie sind doch Geistlicher, oder nicht? Hier haben Sie die Möglichkeit, in dieser Eigenschaft all diesen leidgeprüften Menschen Hilfe zu leisten. Sie können ihnen sagen,

---

1 Amerikanischer Gedenktag für die Gefallenen. Anm. d. Übers.
2 1919 gegründete Organisation von Veteranen aus dem Ersten oder Zweiten Weltkrieg. Anm. d. Übers.

wie sehr wir sie um des Opfers willen lieben, das sie gebracht haben. Sie können ihnen sagen, wie stolz unser Land auf die Söhne, Enkel und Ehemänner ist, die sie verloren haben. Also stellen Sie sich dort oben hin und reden Sie, und ich werde unmittelbar hinter Ihnen sitzen und mir im Geiste vorstellen, wie Sie diese Leute lieben und ihnen helfen und sie die nächsten zwanzig Minuten im Banne halten. Ich sehe das vor meinem geistigen Auge, und das Bild ist so mächtig, daß ich weiß, daß es wahr wird!«

Beschämt versuchte ich denn zu tun, was er sagte. Und sein positives Bild muß stärker als mein negatives gewesen sein, denn die Rede wurde recht gut aufgenommen. Nachher, erinnere ich mich, sagte General Roosevelt zu mir: »Sehen Sie jetzt, wenn Sie denken, Sie können etwas, oder jemand, der an Sie glaubt, denkt, Sie können es, dann können Sie es auch tatsächlich!«

Vielleicht wurde mir die Idee von der Macht des positiven Denkens just an dieser Stelle vermittelt. Doch hinter dieser Idee und in ihr drin und darüber hinaus stand das Prinzip der aktiven Vorstellungskraft: das Bild festhalten, wie einem etwas gelingt, und es sich im Geiste so lebhaft vergegenwärtigen, daß der ersehnte Erfolg, wenn er tatsächlich eintritt, nur noch der Widerhall einer Wirklichkeit zu sein scheint, die bereits in unserm Geiste bestand.

Damals erfaßte ich dieses Prinzip nicht voll und ganz, aber ich wandte es weiterhin an. Als ich 1927 an eine große Kirche in Syracuse im Staate New York berufen wurde, sah ich mich den gleichen Problemen gegenüber wie in Brooklyn: Die Kirche hatte Schulden und war schlecht besucht. Hier bewahrte der Küster sogar eine lange Leiter quer über einige der leeren Kirchenbänke gelegt auf der Empore auf, weil sie hier am bequemsten verstaut werden konnte. »Nehmen Sie sie weg«, sagte ich zu ihm. »Ich sehe diese Empore voll von Leuten, nicht von Leitern.« Und mit der Zeit war sie das auch.

Positive Phantasie spielte auch bei der Lösung des Schulden-problems eine Rolle. Die Schulden betrugen 55 000 Dollar. Gemessen an heutigen Verhältnissen scheint das wenig, aber zu jener Zeit war das ein hoher Betrag, und er war schon seit lan-gem fällig. Ich glaubte nicht, daß wir genug Geld auftreiben konnten, um die ganze Schuld abzuzahlen; das schien zu optimi-stisch. Aber ich glaubte, daß wir vielleicht 20 000 Dollar auf-treiben könnten. Und mit diesem Ziel vor Augen suchte ich ein Mitglied unserer Kirchengemeinde auf, einen faszinierenden alten Herrn namens Harlowe B. Andrews.

Bruder Andrews, wie wir ihn nannten, war der Lebensmittel-Grossist, von dem es hieß, er sei der gerissenste Geschäftsmann in Syracuse. Es war bei ihm ähnlich wie bei König Midas: er brauchte bloß seine Hand auszustrecken, und schon war sie vol-ler Geld. Ich dachte, Bruder Andrews würde etwas spenden und mir vielleicht sagen, wie ich zum Rest kam.

Bruder Andrews lebte ganz für sich allein in einem altmodi-schen Hause auf dem Lande. Ich fuhr also zu ihm hinaus und erklärte ihm, daß wir versuchten, 20 000 Dollar aufzutreiben, um die Schulden abzutragen. Ich fragte ihn auch voller Hoff-nung, wieviel er beisteuern würde.

Bruder Andrews schaute mich über den Rand seiner Brille mit den halben Gläsern an, die weit unten auf seiner Nase saß. »Nun«, meinte er, »das ist einfach. Da Sie nicht die ganze Schul-densumme auftreiben werden, werde ich nichts geben. Keinen roten Heller.« Er studierte mein Gesicht eine Weile lang. Dann sagte er: »Aber ich sage Ihnen, was ich tun werde. Ich werde mit Ihnen beten.«

Das erfüllte mich nicht gerade mit flammender Begeisterung. Gebet war nicht das, hinter was ich her war. Es war hartes Bar-geld. Trotzdem knieten wir nieder, und Bruder Andrews redete sehr freimütig mit dem Herrn.

Ein unvergeßliches Gebet

So lautete sein Gebet: »Herr, hör uns an! Wir müssen Geld auftreiben. Herr, dieser junge Geistliche da meint es gut, aber er weiß in Geschäftssachen nicht einmal das Einfachste und versteht es nicht, die Dinge richtig anzugehen. Er hat wenig Vertrauen. Er glaubt nicht richtig an sich selbst oder an seine Aufgabe als Geistlicher. Nun, Herr, wenn er nur versuchen wird, 20 000 Dollar aufzutreiben, werde ich ihm keinen Heller geben; wenn er aber daran glaubt, die ganzen 50 000 Dollar auftreiben zu können, will ich ihm die ersten 5000 geben. Amen.«

Als das Gebet schloß, war ich ganz aufgeregt. Ich fragte Bruder Andrews: »Und wo nehmen wir den Rest her?«

Er antwortete: »Da, wo Sie soeben die ersten 5000 bekommen haben. Sie haben in Ihrem Gebet darum gebeten und es auch erhalten. Und jetzt zum weiteren Vorgehen. In der Stadt gibt es einen Arzt, der Ihnen sagen wird, er habe kein Geld, aber ich bin im Finanzkomitee bei der Bank, und ich weiß genau, wieviel er hat. Also werden wir beten, und er wird Ihnen die nächsten 5000 Dollar geben. Wir werden aber nicht nur beten, wir werden uns auch im Geiste vorstellen, wie er das tut. In der Bibel heißt es, wenn man Glauben habe auch nur so groß wie ein Senfkorn, dann werde einem nichts unmöglich sein. Also gehen Sie in die Stadt zu diesem Doktor, und bitten Sie um das Geld, und holen Sie es sich!«

Voller Unbehagen ging ich in die Stadt, um den Doktor aufzusuchen, und bat ihn um eine Spende von 5000 Dollar. Er sah mich an und rief aus: »Das ist ja lächerlich! Das ist absurd!« Dann schwieg er eine Weile. Schließlich sagte er: »Nun, ich weiß nicht, was das ist, aber etwas überkommt mich, wie wir da so sitzen. Ich will Ihnen die 5000 Dollar geben.«

Ich schwang mich in meinen Wagen, fuhr zu Bruder Andrews

zurück und platzte dort hinein. »Er hat es gegeben! Er hat es gegeben!« rief ich.

»Aber ja doch«, sagte Bruder Andrews, »selbstverständlich hat er es gegeben. Hören Sie, ich habe hier die ganze Zeit gesessen, während Sie in die Stadt fuhren und *nicht* daran glaubten, daß der Doktor den Betrag spenden würde, und ich habe einfach den Gedanken ausgeschickt und über Ihnen schweben lassen, daß er es tun *würde,* und mein Gedanke hat ihn genau zwischen die Augen getroffen.«

»Und ich habe gesehen, wie er ihn getroffen hat!« rief ich aus.

»Er drang in sein Hirn und änderte sein Denken«, sagte er. »Aber das sollte auch Ihr Denken ändern. Vergessen Sie nie: Wenn Sie etwas erreichen wollen, fixieren Sie in Ihrem Geiste das Bild von sich selbst, wie Sie es erreichen. Malen Sie sich das in allen Einzelheiten aus. Machen Sie es so wirklichkeitsnah, wie Sie nur können. Und vergessen Sie auch das nie: Sie sind nie geschlagen, ehe Sie in Ihrem Geiste nicht den Gedanken zulassen, Sie seien geschlagen. Sie sind nie geschlagen, ehe Sie nicht das Bild der Niederlage akzeptieren.«

Bruder Andrews verstand eben den Unterschied zwischen positiver und negativer aktiver Vorstellungskraft. Er brachte mir bei, daß man sich den Sieg vorstellen kann oder daß man sich die Niederlage vorstellen kann. Man kann sich selbst so oder so programmieren.

In den vergangenen Jahren haben verschiedene Leute das Prinzip der aktiven Vorstellungskraft erfaßt und darüber geredet oder geschrieben, auch wenn es offenbar niemand so nannte. Der französische Psychologe Coué riet den Leuten, sich selbst immer wieder zu sagen: »Es geht mir jeden Tag in jeder Beziehung besser.« Einige betrachteten das als eine einfältige Art geistiger Gymnastik, nicht mehr. Aber die Sache hatte etwas für sich. Ich habe selbst einmal einen Vortrag von Coué gehört. Um die Macht der Vorstellung zu veranschaulichen, bat er die Zuhörer, sich ein Brett von fünfzehn Zentimetern Breite und rund sechs Metern Länge auf dem Wohnzimmerboden zu vergegenwärtigen. Jeder konnte mit Leichtigkeit und vertrauensvoll darüber gehen. Dann bat er uns, uns dasselbe Brett zwischen zwei Gebäuden in dreißig Meter Höhe vorzustellen. Die Vorstellung allein — in diesem Falle die Vorstellung hinunterzustürzen — machte es fast unmöglich, darüber zu gehen.

Eine Frau namens Dorothea Brande hat einen Bestseller mit dem Titel »Wach auf und lebe« geschrieben. Sie hat darin eine Formel für ein erfolgreiches Leben aufgezeichnet, auf die sie fast zufällig gestoßen war. Die Formel lautete: Handeln Sie in allem, was Sie unternehmen, so, als wäre es unmöglich zu scheitern. Das war bloß eine andere Art zu sagen: Stellen Sie sich vor, wie Ihnen etwas gelingt.

Als ich von Syracuse weg und an die *Marble Collegiate Church* in der Stadt New York zog, war dieses große, alte Gotteshaus, dessen Geschichte auf das Jahr 1628 zurückgeht, in schwierige Zeiten geraten. Die Düsternis und Besorgnis der Weltwirtschaftskrise der dreißiger Jahre waren allgegenwärtig. Nur eine Handvoll Kirchgänger saß in den Bänken. Es war nicht leicht, das Bild einer lebendigen Kirche voller begeisterter Leute zu schaffen und festzuhalten. Aber ich wußte, daß ich genau das tun mußte. An dem Abend, als ich als Pfarrer eingesetzt wurde, fand eine äußerst feierliche Zeremonie statt. Natürlich waren meine Eltern anwesend. Als wir nachher in die Regennacht hinausgingen, hielt meine Mutter plötzlich inne, legte die Hand an einen der mächtigen Marmorpfeiler der Kirche und begann zu weinen. »Diese alte Kirche ist so solid, so stark«, sagte sie. »Du mußt dafür sorgen, daß sie so bleibt, Norman. Heute abend war sie voll von Leuten, die nach Liebe hungern und Führung suchen. Du mußt ihnen diese Dinge geben, diese Bedürfnisse befriedigen. Wenn du das tust, wird deine Kirche stets voll sein.«

Ich war tief bewegt und habe diese Worte niemals vergessen. Ich faßte sie damals als Mahnung an eine Verantwortung auf, was sie natürlich auch waren. Was meine Mutter indessen damit auch erreichte, war, mir ein starkes unterbewußtes Bild von Menschen, die etwas suchten, von Menschen, die in die Kirche kamen, um es zu finden, einzupflanzen. Sie vermittelte mir das lebhafte Bild einer Kirche voller Wärme, Freude und Vitalität. Das ist, was ich vor meinem inneren Auge »sah« und was ich seit damals ohne Unterlaß zu verwirklichen suchte.

Gewiß hat es Augenblicke der Entmutigung gegeben. Doch ist es eigenartig, wie fast immer jemand erscheint, der das Bild von den besseren Ergebnissen erneuert. Ich erinnere mich, an einem Abend eine meiner Meinung nach absolut fürchterliche Predigt gehalten zu haben. Niemand sagte mir, sie sei schlecht gewesen, aber das war auch nicht nötig — ich wußte einfach, daß sie unbrauchbar gewesen war. Ich stahl mich aus der Kirche und ging in einem Zustand völliger Verzagtheit die Fifth Avenue entlang. Ich wollte nicht einmal nach Hause gehen, weil ich wußte, daß meine Frau Ruth versuchen würde, mir zuzureden, und ich das Gefühl hatte, das nicht zu verdienen.

Gesucht: eine Stelle

An der unteren Fifth Avenue bei der Zwölften Straße befand sich ein Drugstore, dessen Inhaber ein Mann namens A. E. Russ war, ein Mitglied der Kirchgemeinde und ein guter Freund von mir. Es brannte da noch Licht, und durch das Fenster konnte ich meinen Freund hinter der Theke stehen sehen. Ich ging hinein und ließ mich auf einen der Hocker fallen; ich machte genauso einen niedergeschlagenen Eindruck, wie mir auch zumute war. Als mich Russ fragte, was mit mir los sei, sagte ich es ihm. »Ich habe den falschen Beruf«, schloß ich. »Ich werde nie ein brauchbarer Pfarrer sein. Hättest du nicht Arbeit für mich da hinter der Theke?«

»Mix mir ein Erdbeer-Soda«, sagte A. E. lächelnd. »Vielleicht habe ich einen Job für dich.«

Im Bestreben, meine düstere Stimmung aufzuhellen, begab ich mich also hinter die Theke, spritzte Erdbeersirup in ein Glas, wie ich es bei ihm gesehen hatte, fügte Fruchteis und Soda hinzu und hielt es ihm hin. Er nahm einen Schluck und verzog das Gesicht. »Bleib lieber beim Predigen!« meinte er.

Dann aber wurde er ernst. »Zeit zu schließen«, sagte er. »Willst du nicht zu mir heimkommen? Dann können wir noch ein wenig reden.«

Ich ging mit ihm, denn er war einer von den Menschen, die spontane Wärme und Anteilnahme ausstrahlen, und ich brauchte ihn. Er sagte, ich solle mir wegen einer einzigen schlechten Predigt — oder auch wegen zwei, drei oder vier — keine grauen Haare wachsen lassen. »Das gibt es manchmal«, meinte er. »Deswegen braucht man nicht gleich trübsinnig zu werden. Fixiere deine Gedanken nicht darauf. Fixiere sie auf die Menschen und ihre Bedürfnisse.«

Auf dem Tisch stand eine Photographie seiner Frau. Er zeigte mit dem Kopf darauf und sagte: »Es war hart, als ich sie verlor, aber von dem, was du in der Kirche gesagt hast, hat mir einiges sehr geholfen. Du hast auch auf andere Weise geholfen, vielleicht sogar ohne es zu wissen. Du hast mir durch Zeiten harter Prüfungen geholfen. Und das ist, worauf es ankommt, Norman: Bedürfnissen entgegenkommen, Menschen helfen. Also mach schön weiter. Und mach dir keine Sorgen, wenn ab und zu eine Predigt schwach ist. Bemüh dich einfach und hilf, und so wird deine Kirche stets voll sein.«

Da war es also wieder, das Bild einer großen Kirche, das sich verwirklichen sollte.

Ein anderes Mal funktionierte das Prinzip der aktiven Vorstellungskraft, der positiven Phantasie, auf eine geradezu dramatische Art. Es war an einem stürmischen Sonntagabend in Manhattan. Der Wind heulte um die Ecken der Wolkenkratzer und wirbelte ganze Fetzen von Regen vermischt mit Graupeln durch die Straßen. Ich sollte wie gewöhnlich im Abendgottesdienst reden. Während Ruth und ich langsam von der Vierundachtzigsten zur Neunundzwanzigsten Straße hinunterfuhren, wurde ich immer unruhiger, weil ich überzeugt war, vor leeren Bänken sprechen zu müssen.

»Das ist schrecklich«, sagte ich zu Ruth. »Furchtbar. Niemand wird im Traum daran denken, bei dem Wetter hinauszugehen.« Und in dieser negativen Art fuhr ich fort, einen Häuserblock um den anderen. Schließlich hielt es Ruth nicht mehr aus. Sie fuhr den Wagen an den Straßenrand und stellte ihn dort im trommelnden Regen ab. »Was ist los mit dir?« wollte sie wissen. »Du predigst doch immer Optimismus und positives Denken. Und nun denkst du an nichts anderes, als ob du viele Zuhörer haben wirst oder nicht.« Sie zeigte auf die hohen Wohnhäuser rundum, die grau im Regen standen und deren gelbes Licht in den Fenstern schwach leuchtete. »Warum denkst du nicht an all die Leute in diesen Häusern? Einsame Leute, Leute mit Kummer, Leute, welche die Botschaft nötig haben, die du ihnen zu verkündigen hast. Warum stellst du sie dir nicht im Geiste vor, wie sie zur Kirche strömen und dort jede Bank füllen, wie sie ihre Bedürfnisse und ihre Probleme mitbringen und dafür Lösungen finden? Laß uns dafür beten, gleich jetzt, gleich hier. Laß uns darum bitten, daß die Kirche voll sei, nicht um dein Selbstbewußtsein zu heben, sondern damit du Leute hast, denen du helfen mußt. Laß sie uns voll *sehen* und dafür danken, daß sie voll sein wird!«

Ich nickte ein wenig beschämt. Also beteten wir und stellten uns bildhaft vor, was Ruth gesagt hatte. Dann fuhren wir zur Kirche hinunter und — es war kaum zu glauben — konnten keinen Parkplatz finden. »Man sollte doch meinen, der Pfarrer einer Kirche dürfte mindestens einen Parkplatz haben«, beklagte ich mich.

Wir fanden schließlich einen, gingen zu Fuß durch den Regen zwei Häuserblocks zurück, und fanden die Kirche bis auf den letzten Platz besetzt vor, und es kamen noch immer Leute, genau wie meine Mutter und A. E. Russ es sich viele Jahre zuvor vergegenwärtigt hatten — und wie wir uns das vorgestellt und unsere Vorstellung mit Beten verstärkt hatten.

Könnte man nun nicht einwenden, die Kirche wäre an jenem Abend ohnehin voll gewesen? Gewiß. Doch wer weiß, wie viele Leute, die zögerten und unschlüssig waren, plötzlich den Drang verspürten hinzugehen? Was hatte doch der alte Harlowe B. Andrews von dem Arzt in Syracuse gesagt? »Ich sah, wie die Idee dort hineinflog und in seinen Kopf drang und mitten in seinem Hirn steckenblieb!«

Sollen die Skeptiker ihre Zweifel hegen. Ich ziehe es vor zu glauben, daß Ideen Flügel haben!

3

Die Idee, die Probleme bewältigt

Während ich dies niederschreibe, trage ich in meiner Tasche eine Karte, die ich stets bei mir habe. Ich bin vor vielen Jahren dazu gekommen, und von Zeit zu Zeit lasse ich sie abtippen, weil sie abgenutzt und abgegriffen ist. Es stehen darauf die folgenden fünf Zeilen:

> *Gottes Licht umgibt mich*
> *Gottes Liebe umfaßt mich*
> *Gottes Kraft beschützt mich*
> *Gottes Gegenwart wacht über mich*
> *Wo immer ich bin, ist auch Gott!*

Weshalb ich diese Karte bei mir trage? Weil das Bild eines liebenden, sorgenden Gottes, das sie hervorruft, das perfekte Mittel gegen Furcht, Sorge, Unruhe, ja gegen sozusagen jedes Problem unter der Sonne ist. Immer, wenn mir etwas Kummer bereitet, nehme ich diese Karte hervor und lasse sie mich daran gemahnen, daß es im All ein allmächtiges Wesen gibt, das mich liebt und das nur ein Gebet von mir entfernt ist.

Dies ist die größte Idee, die der menschliche Geist in sich aufnehmen kann. Je intensiver man sie sich vergegenwärtigt, desto glücklicher wird man sein, weil man sich niemals verlassen oder allein fühlen wird. Das ist der ganze Inhalt der Religion, des Kirchenwesens, und das ist es, was Christus gekommen ist, uns zu lehren: daß Gottes Liebe uns unsicheren, suchenden Wesen zugänglich ist — immer und überall.

Manchmal weigern sich die Menschen allerdings, diese wunderbare Botschaft von Beruhigung und Hoffnung anzunehmen. Ich habe in meiner Bibliothek ein Buch, das den Titel »Gott vermag vieles« trägt und von Dr. John Ellis Large, einem ehemaligen Kollegen von mir in New York, geschrieben wurde. Dr. Large hat große Erfahrung auf dem Gebiet der Seelsorge. In seinem Buch schildert er den Fall eines Mannes namens George. Dessen Frau Sarah war Mitglied der Kirchgemeinde von Dr. Large, besuchte die Kirche jedoch nie und nahm auch an deren religiöser Tätigkeit nicht teil, es sei denn, sie hatte irgendwelche Schwierigkeiten.

Eines Tages suchte sie ihn auf und sagte: »Ich weiß, daß ich Ihre Zeit nicht beanspruchen dürfte. Ich bin zwar im Verzeichnis der Kirchgemeinde aufgeführt, aber ich bin nicht aktiv tätig. Aber«, fuhr sie fort, »ich habe ein großes Problem. Es geht um meinen Mann. Es geht ihm nicht gut. Er ist reizbar, jähzornig und dauernd angespannt. Er ist ein enttäuschter, frustrierter, unglücklicher Mann und leidet an einer zunehmenden Zahl verschiedener Symptome von schlechter Gesundheit. Er ist zum Arzt gegangen, und dieser hat ihm gesagt, es sei nichts Ernsthaftes, das sich nicht beheben ließe, wenn er sein Leben in Ordnung bringe.

Ich habe versucht, mit ihm darüber zu sprechen«, erklärte sie, »aber er ignoriert mich einfach. Es ist sehr schwer. Im Büro verpaßt er eine Beförderung nach der anderen. All die Männer, mit denen er in seiner Firma begonnen hat, sind schneller vorwärts gekommen als er. Das wiederum erfüllt ihn mit Entrüstung und Groll. Ich habe mit seinem Chef gesprochen, und dieser sagte, George sei streitsüchtig, unkooperativ, habe keinerlei Enthusiasmus und sei zuweilen richtiggehend gemein.«

»Wie wäre es, wenn Sie Ihren Mann zu mir brächten?« schlug Dr. Large der besorgten Ehefrau vor.

»Er würde nie und nimmer kommen«, antwortete sie. »Er will nichts wissen von Ihnen oder irgendeinem Pfarrer oder von der Kirche. Ich bringe ihn nicht einmal dazu, mit mir zu beten. Er sagt, er habe genug von Gott. Er sagt, er glaube gar nicht, daß es überhaupt einen Gott gebe.«

»Nun«, beschloß Dr. Large, »dann werden wir ihm eben eine Behandlung bei ihm zu Hause geben.« Und er stellte ihr diese unerwartete Frage: »Was hat Ihr Mann für Schlafgewohnheiten?«

»Den größten Teil der Nacht wälzt er sich hin und her«, gab sie zur Antwort, »stöhnt und ächzt und macht sich völlig kaputt, aber dann, so gegen fünf Uhr früh, schläft er tief, und ich muß ihn wachrütteln, um ihn ins Büro zu kriegen.«

»Also gut«, sagte der Pfarrer, »ich sage Ihnen jetzt, was Sie tun. Jeden Morgen um fünf stehen Sie auf und setzen sich zu Ihrem Mann und beten für ihn. Glauben Sie daran, daß Gott an der Seite Ihres Mannes zugegen ist, daß er tatsächlich mit Ihnen und mit ihm anwesend ist. Stellen Sie sich Ihren Mann als ganzen Menschen vor — glücklich, beherrscht, organisiert und gesund. Konzentrieren Sie sich ganz intensiv auf diesen Gedanken. Stellen Sie sich vor, Ihre Gebete erreichten sein Unbewußtes. Zu dieser Zeit am Morgen widersetzt sich sein Bewußtsein nicht, und Sie können eine Idee in sein Unbewußtes einpflanzen. Stellen Sie ihn sich freundlich, kooperativ, zufrieden, kreativ und voller Enthusiasmus vor.«

»Also so etwas habe ich noch nie gehört!« rief sie aus.

»Dann ist es Zeit, daß Sie es hören«, sagte er zu ihr. »Gehen Sie jetzt, und tun Sie, was ich gesagt habe.«

Später erzählte sie, sie sei bald so weit gewesen, daß sie keinen Wecker mehr brauchte. Pünktlich um fünf wachte sie jeweils auf und saß im Beisein Gottes über ihren Mann gebeugt und leitete diese Gedanken und Gebete in sein Unbewußtes. Viele Wochen lang schien nichts zu geschehen, doch dann sagte George eines Tages zu ihr: »Weißt du, es ist eigenartig, wie nett alle geworden sind — Leute, von denen ich glaubte, daß sie mich hassen und mich betrügen. Was ist bloß über sie gekommen? Sie sind alle so nett. Alles ist so anders.«

Ein paar Tage danach kam er zu ihr, als er von der Arbeit heimgekommen war, und sagte: »Stell dir vor — der Chef hat mir heute gesagt, er wolle mich zum Abteilungsleiter machen. Ich habe ihn gefragt, wie in aller Welt er dazu komme, das zu tun. Und er sagte: ›Weil Sie sich so verändert haben. Sie sind glücklich und zufrieden, zeigen Sinn für Zusammenarbeit und setzen sich mit Begeisterung ein — Sie sind auf dem Weg, einer unserer besten Männer zu werden.‹«

Seine Frau erzählte ihm nie, wie man an ihn herangekommen war. Aber die Unordnung in ihm wich.

Immer, wenn jemand mit großem Kummer zu mir kommt, suche ich ihm oder ihr dieses Bild eines liebenden Gottes, der ein ständiger Begleiter ist, einzuprägen. »Stellt euch Christus vor, wie Er neben euch in der Bank sitzt«, sage ich manchmal zu den Mitgliedern meiner Kirchengemeinde. »Wenn ihr die Kirche verlaßt, stellt euch vor, wie Er mit euch hinausgeht, stark, mitfühlend, verständnisvoll, schützend. Nehmt Ihn mit in euer Heim. Nehmt Ihn mit euch, wenn ihr morgen zur Arbeit geht. Und glaubt nicht, das sei irgendein romantischer Tagtraum oder eine Gedankenspielerei, denn Er *ist* da. Er sagte, Er würde mit uns sein bis ans Ende der Welt, und Er meinte genau das, was er sagte.«

Unglückliche Menschen oder solche, die Angst haben, sind für diese Botschaft fast immer empfänglich. Ich erinnere mich, daß mich eines Nachts vor Jahren — es war während des Korea-krieges — das Telephon aus dem tiefsten Schlaf weckte. Es war eine junge Frau, die mich offensichtlich in großer Not anrief. Sie erklärte, ihr Mann befände sich als Soldat in Übersee in einem Gebiet, in dem heftige Kämpfe stattfanden. Sie hatte Angst, er würde nicht überleben und zu ihr zurückkehren. Ihre

Ängste hatten sie mitten in der Nacht bedrängt, bis sie sie zu erdrücken drohten. »Ich habe Sie angerufen«, schluchzte sie, »weil ich hie und da in Ihre Kirche komme. Ich weiß nicht, wohin mich wenden. Ich weiß nicht, was tun.«

Wenn etwas Unerwartetes wie dies hier geschieht, sage ich jeweils schnell ein stilles Gebet, wobei ich Gott darum bitte, mich in dem, was ich sage, zu leiten. Diesmal glaubte ich, während ich mein Gebet sagte, durch das Telephon ein Kleinkind zu hören. Es entwickelte sich deshalb folgendes Gespräch:

»Ist das Ihr Baby, das ich da höre?«

»Ja.«

»Ist es ein Knabe oder ein Mädchen?«

»Ein Mädchen.«

»Hat es Angst?«

»Nein, ich bin diejenige, die Angst hat.«

»Warum hat Ihr Baby keine Angst?«

»Ich weiß nicht.«

»Weil Sie doch bei ihm sind, nicht wahr? Sie lieben es. Und das Baby weiß das.«

»Aber es weiß ja nicht, was passiert.«

»Kann sein. Aber es spürt Ihre Arme um sich, und darum fühlt es sich geborgen. Und das ist genau, was Sie tun müssen: wie ein kleines Kind werden. Sie haben einen liebenden Vater, müssen Sie wissen. Er ist gerade jetzt bei Ihnen. Stellen Sie sich vor, wie Er seine Arme um Sie hält, schützend und stark. Seien Sie wie Ihr Baby: Entspannen Sie sich und haben Sie Vertrauen. Glauben Sie, daß Sie das können?«

»Nun, ich kann es versuchen«, antwortete sie, und sie machte tatsächlich einen ruhigeren Eindruck.

»Noch etwas«, sagte ich zu ihr. »Gedanken vermögen Ereignisse auf vielerlei Arten zu beeinflussen, die niemand ganz versteht. Darum sollten Sie, statt diese Angstgedanken auszusenden, um die gesunde Rückkehr Ihres Mannes beten, und zwar mit Liebe, Hoffnung und Vertrauen. Und stellen Sie sich ganz fest vor, wie er heil und ganz zurückkehrt. Danken Sie Gott im voraus dafür, daß Er ihn beschützt und zu Ihnen zurückgebracht hat. Sehen Sie vor Ihrem inneren Auge, wie er durch die Tür kommt, wie er lächelt und glücklich ist, wieder zu Hause zu sein. Führen Sie sich dieses Bild immer wieder vor Augen, Tag und Nacht. Wir werden nun zusammen ein Gebet sprechen. Danach gehen Sie wieder schlafen und stellen sich vor, wie Sie sich in dem Frieden und der Sicherheit der immerwährenden Arme wiegen.«

Monate später trat dieses junge Ehepaar in der Kirche auf mich zu und stellte sich vor. Der junge Soldat bedankte sich bei mir dafür, daß ich seiner Frau durch jene Krise mitten in der Nacht geholfen hätte. Und die junge Frau sagte mir, sie habe die Nähe ihres Himmlischen Vaters niemals richtig gekannt oder gespürt — bis in jener Nacht.

Das Problem dieser jungen Frau war das größte aller Probleme: Furcht, die ihr emotionales Gleichgewicht bedrohte, bis sie durch einen noch mächtigeren Gedanken verdrängt wurde — Vertrauen auf die Güte und die Nähe eines liebenden Gottes. Ein Sprichwort sagt:

> *Furcht klopfte an die Tür.*
> *Vertrauen machte auf.*
> *Niemand war da.*

Die größten Probleme lassen sich lösen

Sie sind mächtiger als alles, was Ihnen zustoßen kann. Das ist eine grundlegende Tatsache im Zusammenhang mit Menschen und ihren Problemen. In großen, schweren Krisen entdecken die Menschen in sich selbst eine Fähigkeit und eine Kraft, aber auch eine Weisheit, von denen sie keine Ahnung hatten, daß sie vorhanden waren. Selbstverständlich glauben wir, diese Ressourcen kämen von Gott, der jeden Menschen erschaffen hat und der dem Menschen ebenso innewohnt wie der Natur. Wir glauben auch, daß sich, da wir alle das Reich Gottes in uns tragen, auch die Lösungen von Problemen in uns selbst finden. Die Annahme scheint logisch.

Peggy Paul, eine Frau Anfang Vierzig, sah sich einem ausgesprochen schwierigen Problem gegenüber. Krebs im Endstadium, hieß es. Doch sie besiegte ihn, wie aus einem in der *Tampa Tribune* vom 8. März 1981 erschienenen Bericht über sie hervorging. Da dieser bemerkenswerte Artikel eine erfolgreiche Anwendung der positiven Phantasie belegt, wollen wir in enger Anlehnung an den Zeitungsbericht einen Abriß davon geben, wie diese Frau mit ihrem großen Problem fertig wurde.

Es besteht eine auffallende Ähnlichkeit zu dem in Kapitel 1 beschriebenen Fall Harry DeCamps, bloß erfolgte der Einsatz aktiver Vorstellungskraft bei Harry DeCamp instinktiv und ohne vorheriges Wissen um eine solche Methode. Bei ihm spielte auch ein starker religiöser Faktor mit. Davon wird im Falle Peggy Pauls nichts gesagt; wir müssen daher annehmen, daß das religiöse Element in ihrer Therapie nicht enthalten war. Harry DeCamp hatte zu jener Zeit auch noch nicht von der Arbeit der Doktoren Simonton gehört.

Frau Paul wurde — und wird — offenbar von angesehenen Ärzten behandelt, die Chemotherapie anwandten. Ihr Zustand verschlechterte sich jedoch rapide, und sie sah ihre Zukunft in immer schwärzerem Licht. Da erhielt sie ein kleines Tablett geschenkt auf dem die Worte »Gib nicht auf« standen. Dies und die Äußerung einer Krankenschwester, daß sie nicht sterben müsse, nur weil man ihr sage, sie sei im Endstadium, rüttelt ihren Lebens- und ihren Kampfwillen auf. Zu diesem Zeitpunkt stieß sie auf die Selbsthilfemethoden, die im Simonton-Buch

»Wieder gesund werden« empfohlen werden. So, wie wir die Simontons verstehen, sind sie der Ansicht, daß psychische Kräfte wie Glücklichsein und seelische Verzweiflung eine entscheidende Rolle in der Entwicklung von Krebs spielen und daß umgekehrt diese Faktoren bei der Heilung der Krankheit entscheidend sind.

Das Abwehrsystem oder die Abwehrkräfte des Körpers scheinen wesentlich beeinträchtigt zu werden, wenn man sich unglücklich oder bedrängt fühlt. Die Simontons vertreten offenbar diese Ansicht, und sie bemühen sich deshalb, einen frohen, bejahenden Lebensstil zu verbreiten, welcher der schädlichen Wirkung negativer Gefühle entgegenwirken soll. Entspannung und bildhafte Vorstellung sind offensichtlich grundlegende Elemente ihrer Methode. Der Patient wird ermuntert, sich vorzustellen, wie die weißen Blutkörperchen im Abwehrsystem des Körpers, zusammen mit verabreichten Medikamenten, Chemotherapie und anderen Formen ärztlicher Behandlung, die bösartigen Zellen zerstören.

Dem Zeitungsartikel zufolge wandte Frau Paul eine Methode der Entspannung an und stellte sich dabei bildhaft vor, wie die kranken Zellen nach und nach von den gesunden und leistungsfähigen weißen Blutkörperchen zerstört wurden. Statt sich jedoch wie Harry DeCamp ein Heer von weißen Blutkörperchen vorzustellen, das gegen die kranken Krebszellen kämpft, wendet Peggy Paul eine eigene Methode an, die aber ebenfalls ihre Wirkung zeitigte. Zuerst stellt sie sich vor, daß das Medikament, das sie bekommt, imstande ist, von jedwelchem Geschwür Krebszellen abzubrechen und sie in grell-sichtbares orangefarbenes Futter zu verwandeln, welches sodann von ihren weißen Blutkörperchen verschlungen wird, die sie im Geiste als Kaninchen sieht.

Daß sie die Blutkörperchen als Kaninchen sieht, hat seinen Grund, wie Peggy Paul sagt. Kaninchen vermehren sich stark, so daß es stets eine große Zahl davon gibt. Und sie haben immer großen Hunger, so daß sie sehr viel von ihrer Lieblingsnahrung, den orangefarbenen Krebszellen, fressen.

Da sich die Krebszellen überall in ihrem Körper befinden können, sieht diese Patientin im Geiste, wie ihre hungrigen Kaninchen/weißen Blutkörperchen durch ihre Blutbahn überallhin gehen und die orangefarbene Nahrung/Krebszellen ausfindig machen und sie auffressen, bis es keine mehr davon gibt.

»Ich muß ganz sicher sein, daß sich keine Krebszellen in meiner Brust oder sonstwo einnisten. Darum lasse ich meine Kaninchen/weißen Blutkörperchen meine Arme hinauf und hinunter, durch meinen ganzen Körper, mein Hirn und überallhin gehen. Wenn sie jedoch in die Nähe meiner Leber kommen, dann konzentrieren sie sich stark«, erklärt sie.

Es heißt, sie habe auch die Ziele und Prioritäten in ihrem Leben neu gesetzt. Sie stellt sich vor, wie der Kampf um ihre Gesundheit nach und nach gewonnen wird, während sie daneben mit der normalen ärztlichen Behandlung fortfährt. »Schließlich«, heißt es in dem Artikel, »zweiundzwanzig Monate nachdem bei ihr Leberkrebs diagnostiziert worden war, bestätigte eine vierte Leberuntersuchung, was Frau Paul sich so lange vorgestellt hatte: das Geschwür in ihrer Leber war tatsächlich geschrumpft. Die Untersuchung ergab normale Werte.«

Es ist von großer Bedeutung, daß diese vom Tode errettete Patientin der Meinung ist, in dem ganzen Prozeß der Genesung von einer bösartigen Krankheit sei ihre neue Einstellung Problemen gegenüber und ihre neue Art der Bewältigung derselben ein entscheidender Faktor gewesen. Sie wird folgendermaßen zitiert: »Heute kann ich sagen, daß ich glaube, diese furchtbare Krankheit sei für mich schicksalhaft gewesen. Sie hat bewirkt, daß ich mich mit neuen Augen sah, sie hat mir Gelegenheit gegeben, meine Lebensbahn neu zu werten und mir Ziele zu stecken, an die ich zuvor nie gedacht hatte. Sie hat auch eine große Menge Ressentiments und Unwillen, die ich hegte, ausgeräumt. Ich habe diese Probleme lösen können und bin mir viel sicherer geworden, wer ich in dieser Welt bin und wo ich stehe. Darüber freue ich mich.«

Wie verlautet, gibt Peggy Paul an alle Interessierten eine Karte ab, auf der die Worte gedruckt stehen: »Was immer dein Geist ersinnen und glauben und dein Herz sich wünschen kann, kannst du erreichen.«

So hat die aktive Vorstellungskraft, die positive Phantasie, jemandem, der wahrhaftig ersinnen und glauben konnte, zu neuem Leben verholfen. Dies ist ein wirksames Verfahren, braucht aber deswegen kein kompliziertes Verfahren zu sein. Manchmal hilft einem ein einfaches geistiges Bild, seine Sorgen loszuwerden. Ich bekam neulich einen Brief von einem Mann, der darin schrieb, sein ganzes Leben sei von Ängsten und Nöten gezeichnet gewesen. Dann hörte er eines Abends, wie ich am Radio darüber sprach, wie wichtig es sei, den Geist von Zweifeln, Ängsten und negativen Gedanken zu befreien. Zufälligerweise hielt er in jenem Augenblick gerade ein Glas kaltes Mineralwasser in der Hand. Während er mir zuhörte, betrachtete er das Glas und bemerkte, wie die Blasen vom Boden nacheinander aufstiegen, durch die Flüssigkeit hochstiegen, an die Oberfläche gelangten und alsbald platzten und sich in nichts auflösten.

Er erzählte, daß sich ihm die Parallele so zwingend aufdrängte, daß er auf der Stelle beschloß, sich dieses Bild während des Tages und ganz besonders abends vor dem Einschlafen vor Augen zu halten: wie seine Ängste und Nöte tief aus seinem Inneren kamen und — genau wie die Blasen im Mineralwasser an die Oberfläche stiegen und sich in nichts auflösten. Er fügte hinzu, daß er diese Methode ausprobiert habe und daß sie »bereits Wunder wirke.«

Keine schlechte Idee! Wenn Sorgen Ihnen schlaflose Nächte

bereiten, so stellen Sie sich Ihre Nöte als lauter leere Blasen vor, und lassen Sie sie von Vertrauen wegschwemmen.

Ruth und ich haben das Gefühl, Menschen bei der Lösung ihrer Schwierigkeiten behilflich zu sein, sei das Schönste und Lohnendste, was wir tun. Tag für Tag klingeln die Telephonapparate und flutet die Post in unsere Büros. Leute mit jeder Art von Problemen unter der Sonne — mit gesundheitlichen Schwierigkeiten, Geldnöten, Problemen mit der eigenen Person — wenden sich an uns. Jeder Anruf, jeder Brief offenbart einen negativen Lebensaspekt, der jemandem vor dem Glück steht. »Ich habe einen Chef, der mich nicht mag.« Oder eine Frau, die an mir herumnörgelt. Oder einen Mann, der untreu ist. Oder ein Gewissen, das mich plagt. Oder ein Kind, das trotzig ist. Oder ich bin übergewichtig. Oder ich trinke. Und so fort. Überall Probleme. Überall Menschen, die damit nicht fertig werden.

Ein halbes Jahrhundert Bemühen, den Menschen in ihrer Not zu helfen, hat Ruth und mich von drei Dingen überzeugt:

1. *Jedem Menschen wohnt eine enorme Fähigkeit inne, Probleme zu lösen.* Nur wenn diese Fähigkeit durch defätistisches Verhalten oder negative Gefühle blockiert oder geschwächt wird, scheinen Probleme unlösbar oder erdrückend.

2. *Probleme sind ein wesentlicher und notwendiger Bestandteil des Lebens.* Sie können für einen Menschen sogar gut sein, obwohl sie einen im Augenblick quälen mögen. Alle lohnenden Errungenschaften sind das Ergebnis der Lösung von Problemen. Problemlöser sind starke Menschen, *weil* sie sich anstrengen, Schwierigkeiten oder Widrigkeiten zu überwinden. Umgekehrt gilt, daß Menschen, die nie Probleme angehen müssen, geistig und seelisch verweichlichen, genau so, wie Menschen, die nie trainieren, körperlich verweich-

lichen. Wenn ich einen Menschen in Schwierigkeiten ausrufen höre »Warum läßt Gott nur zu, daß mir das passiert?«, möchte ich manchmal sagen: »Weil Er weiß, daß du wächst und stark wirst, wenn du deine Schwierigkeit anpackst; Er hat dich so erschaffen!«

3. *Die wesentlichen Hilfsmittel zur Lösung von Problemen sind jedermann zugänglich.* Eines der wirksamsten ist aktive Vorstellungskraft, die positive Phantasie. Jeder kann damit experimentieren. Es ist nichts besonders Schwieriges daran. Und — wie ich hoffe, in den folgenden Kapiteln zeigen zu können — sie kann bei sozusagen jedem nur denkbaren Problem angewandt werden.

Ein ermahnendes Wort ist hier jedoch am Platze: Machen Sie Gott zu Ihrem stillen Partner in allen Formen der aktiven Vorstellungskraft, denn Er wird Gewähr dafür bieten, daß Ihre Wünsche auf der hohen moralischen Ebene bleiben, wohin sie gehören. Aktive Vorstellungskraft kann auf unwürdige wie auf würdige Ziele angewandt werden. Um die Ziele zu beten ist wesentlich, denn wenn die Ziele eigennützig oder die Beweggründe sündhaft sind, so werden sie sich als solche zeigen, während Sie beten. Beten Sie, um die Gewißheit zu erlangen, daß Ihr Ziel gut ist, denn ist es nicht gut, so ist es schlecht, und nichts, was schlecht ist, ist jemals gut herausgekommen.

Ein weiser Mann hat einmal gesagt: »Sei sehr vorsichtig mit dem, was du dir wünschst, denn es kann sein, daß du es bekommst.« Das gilt noch viel ausgeprägter für die aktive Vorstellungskraft: Wenn Sie sich etwas lange und fest genug vorstellen, so *werden* Sie es erlangen.

Ich entsinne mich eines traurigen Falles falsch angewandter aktiver Vorstellungskraft, von dem mir Dr. Smiley Blanton, ein befreundeter Psychiater, einmal erzählte, ohne Namen zu nennen. Ein berühmter Produzent aus Hollywood suchte meinen Freund auf, weil vieles in seinem Leben schiefging. Wie er sagte, hatte er den Halt verloren, war seine Karriere auseinandergefallen, konnte er nicht mehr schlafen, war er todunglücklich und so weiter.

Am Ende trat die innere Geschichte zutage. Der Produzent hatte eine attraktive junge Schauspielerin kennengelernt, die gerne zum Film gegangen wäre. Es war die alte Geschichte. Obwohl er verheiratet war, beschloß er, eine Affäre mit ihr zu haben. Das Mädchen machte sich Skrupel und widersetzte sich, doch der Produzent war ein überzeugender, entschlossener Mann und bereit, die Macht seiner Stellung auszunützen. Er wußte auch von der Macht aktiver Vorstellungskraft, und er bediente sich letzterer, um sich den ganzen Ablauf der Verführung auszumalen: Aufbau, Timing, Einstellung — er plante sie wie eines seiner Szenarien. Das Ergebnis war genau, wie er es sich vorgestellt hatte.

Doch dann kam die junge Frau zu ihm und sagte ihm, sie sei schwanger. Sie glaubte, er liebe sie genug, um sich scheiden zu lassen und sie zu heiraten. Statt dessen sagte er ihr, sie solle eine Abtreibung vornehmen lassen. Sie ging in ihre Wohnung zurück und nahm eine tödliche Dosis Schlaftabletten, wobei sie einen kurzen Brief hinterließ, der den Produzenten anklagte. Selbst im abgestumpften Hollywood war es ein Skandal. Die Karriere des Mannes war ruiniert.

Unterlassen Sie es also nie, Ihre mit aktiver Vorstellungskraft anvisierten Ziele gegen das Licht zu halten, ehe Sie an ihre Verwirklichung herangehen.

In den verbleibenden Abschnitten dieses Buches, an dem wir zusammen gearbeitet haben, wollen Ruth und ich uns einige der häufigsten Probleme vornehmen, welche die Menschen plagen und herausfordern, und zeigen, wie positive Phantasie bei ihrer Lösung eingesetzt werden kann. Bevor Sie zu diesen Abschnitten kommen, möchten wir Sie auf eine einfache Technik der aktiven Vorstellungskraft hinweisen, die von Nutzen sein kann, wenn Sie irgendein hartnäckiges Problem belästigt oder beunruhigt. Nehmen Sie sich gleich jetzt dreißig Sekunden Zeit, und stellen Sie sich vor, wie Sie dieses Problems Herr werden. Sehen Sie sich selbst, wie Sie es lösen, es überwinden und darüber hinaus in ein Reich des Vertrauens vorstoßen, in dem Sie weiteren Problemen begegnen und sie bewältigen, sowie sie entstehen.

Dann atmen Sie dreimal tief durch, und atmen Sie nach jedem Mal langsam aus.

Beim ersten Einatmen sagen Sie zu sich selbst: »Ich atme Vertrauen ein« und beim ersten Ausatmen: »Ich atme Furcht aus.« Beim zweiten Mal: »Ich atme Kraft ein; ich atme Schwäche aus.« Beim dritten Mal: »Ich atme Sieg über mein Problem (nennen Sie es) ein; ich atme Niederlage aus.«

Wenn Sie nun weiterblättern, sehen Sie im Geiste, wie neues Vertrauen und neue Entschlossenheit in Sie hineinfließen. Sie *können* Ihrer Probleme Herr werden. Sie *können* Ihr Leben meistern. Dieses Buch über aktive Vorstellungskraft soll Ihnen dabei helfen — und es wird Ihnen helfen!

4

Wie aktive Vorstellungskraft ein angeschlagenes Selbstbewußtsein zu heben vermag

Dr. Smiley Blanton, berühmter Psychiater und einer der weisesten Menschen, die ich je kennengelernt habe, pflegte zu sagen, das häufigste Problem, für das er aufgesucht werde, sei tagein, tagaus mangelnde Selbstachtung. Die meisten Leute, die zu ihm kämen, hätten nicht genug Eigenliebe, sagte Smiley. Sie hätten eine schlechte Meinung — will heißen, ein schlechtes Bild — von sich selbst. Und dieser große Arzt, der die Bibel in- und auswendig kannte, verwies solche Leute stets auf das zweite große Gebot: »Du sollst deinen Nächsten lieben *wie dich selbst*« (Matthäus 22,39).

»Da steht es«, sagte Dr. Smiley Blanton jeweils. »Schwarz auf weiß und unmißverständlich. Liebe ist die Antwort auf alle menschlichen Übel. Doch die Bibel sagt hier« — und er drückte dem Patienten die Bibel jeweils direkt in die Hände —, »daß Sie niemanden richtig lieben können, solange Sie sich selbst verachten oder herabsetzen. Schauen Sie, da steht es, genau da. Sehen Sie? Genau da!«

Minderwertigkeitskomplex: wie soll man das definieren? Ich würde sagen, es sei Schüchternheit dem Leben gegenüber. Und Smiley hatte recht: sie ist weit verbreitet. Ich habe in meiner eigenen Beratertätigkeit die Erfahrung gemacht, daß sehr oft die äußerlich selbstsichersten und draufgängerischsten Leute sich dieser scheinbaren Sicherheit bedienen, um tiefwurzelnde Zweifel an sich selbst und der eigenen Fähigkeit, mit den Herausforderungen und Problemen des Lebens fertig zu werden, zu überspielen.

Eigentlich ist es paradox. Als Gott die Menschen schuf, vollbrachte Er ein Meisterwerk. Die Bibel sagt, wir seien nur wenig geringer als Engel, was doch auf der Stufenleiter der Dinge recht hoch ist. Sie sagt, Er habe uns mit Ehre und Hoheit gekrönt. Nun würde man doch meinen, ein Geschöpf, das nach Gottes Ebenbild erschaffen wurde, sei ordentlich selbstsicher, oder nicht? Doch nur zu oft ist das der Mensch nicht. Irgend etwas hält ihn vom Glauben an sich selbst ab, der bewirkt, daß er sich glücklich fühlt. Und — wie jeder, der an Minderwertigkeitsgefühlen leidet, bestätigen kann — wenn eines Menschen inneres Bild von sich selbst unter ein bestimmtes Niveau sinkt, ist das Ergebnis schieres Elend.

Es ist fast, als ob in jedem von uns zwei getrennte, einander bekämpfende Wesen hausten: der Starke und der Schwache, der Mutige und der Ängstliche, der Große und der Kleine. Jeder von uns hat ein »großes Ich« und ein »kleines Ich« in sich, und oftmals behindert und lähmt das »kleine Ich« das »große Ich«.

Vor einigen Jahren las ich etwas über den berühmten italienischen Tenor Enrico Caruso, gewiß einen der größten Sänger, die je auf einer Bühne gestanden haben. In seinem späteren Leben besaß er ungemein viel Selbstvertrauen, doch zu Beginn seiner Karriere war er ausgesprochen unsicher.

An einem Premierenabend in der Oper stand Caruso in der seitlichen Bühne und wartete auf seinen Auftritt, als er plötzlich von gräßlichem Lampenfieber gepackt wurde. Die Kehle schnürte sich ihm zu. Er war in Schweiß gebadet. Er wurde von Angst geradezu geschüttelt.

Dann hörten die Bühnenarbeiter in seiner Nähe zu ihrer Verwunderung, wie er den Befehl flüsterte: »Hinaus! Du elendes ›kleines Ich‹, geh mir aus dem Weg! Hinaus! Hinaus!«

Mit einer riesigen Willensanstrengung war Caruso im

Begriffe, sein Selbstbild zu ändern. Er sagte zum ängstlichen, scheuen Element in ihm, daß das starke, positive Element in ihm die Oberhand gewinnen müsse, gewinnen werde, und angesichts dieses heftigen Gegenangriffs schreckte das »kleine Ich« zurück. Er ging auf die Bühne und sang dort mit der Kraft und Vollkommenheit, die den großen Caruso auszeichneten. Am Schlusse sprang das Publikum auf und rief immer wieder »Bravo!«. Ob der Beifall dem Können eines großen Künstlers galt? Gewiß, doch vielleicht jubelte das Publikum intuitiv noch etwas anderem zu: dem Mann, der das »große Ich« aus sich herausbrachte, indem er die Ängste und Hemmungen des »kleinen Ichs« überwand.

Ich erzählte diese Geschichte einmal einer jungen Frau, die mich aufsuchte. Sie war beunruhigt und hatte Angst. Ihr Mann wurde für eine Beförderung — und zwar eine wichtige Beförderung — in Erwägung gezogen. Nun war es bei der betreffenden Firma Sitte, einen gesellschaftlichen Anlaß abzuhalten, welcher der Geschäftsleitung Gelegenheit gab, den Angestellten auch in diesem Rahmen zu beobachten. Zu solchen Anlässen wurden stets auch die Ehefrauen eingeladen, weil die Firma zu Recht der Ansicht war, ein Mann und seine Frau bildeten ein untrennbares Gespann — wenn man mit dem einen zu tun habe, habe man auch mit dem andern zu tun.

Ich fragte die junge Frau: »Warum sind Sie denn so besorgt? Sie sind doch imstande, mit sich selbst fertig zu werden.«

»Wissen Sie«, sagte sie, und ihre Augen waren wahrhaftig voller Tränen, »all diese anderen Frauen waren auf irgendeiner höheren Schule. Ich habe es nie soweit gebracht. Sie werden über Dinge sprechen, von denen ich nichts verstehe. Ich weiß ganz genau, daß ich so angespannt sein werde, daß ich etwas Dummes sage oder tue und Jims Chancen auf diese Beförderung verderbe. Ich kann mich nicht überwinden hinzugehen, und doch darf ich mich nicht weigern zu gehen. Was soll ich bloß tun?«

Schüchternheit einmal mehr. Schüchternheit sogar angesichts einer ganz gewöhnlichen Situation.

Ich sagte zu ihr: »Nun hören Sie mir einmal gut zu. Sie sind ein sehr hübsches Mädchen; Sie kleiden sich gut; Sie sind aufrichtig und haben ihren eigenen stillen Charme. Machen Sie sich keine Sorgen wegen dieser ›höheren‹ Frauen. Soviel wissen die auch wieder nicht. Seien Sie einfach sich selbst. Der Fehler bei vielen Leuten ist, daß sie immer versuchen, jemand andern zu kopieren. Hätte der Schöpfer gewollt, daß wir alle gleich seien, hätte Er uns auch so erschaffen. Sie sind der einzige Mensch auf Erden, der so ist, wie Sie sind. Bedenken Sie das: Millionen von Menschen und nur ein einziger wie Sie! Sie sind einzigartig und etwas ganz Besonderes. Also gehen Sie ganz natürlich an diesen Anlaß, und seien Sie Sie selbst, Ihr eigenes attraktives Selbst. Mischen Sie sich ungeniert unter diese Leute, und Sie werden Ihren Minderwertigkeitskomplex abschütteln. Gehen Sie unter die Leute, indem Sie sich sagen: »Ich vermag alles zu tun durch Gott, der mir Kraft gibt.« Stellen Sie sich selbst charmant, natürlich und liebenswert vor, und Sie werden prima abschneiden.«

Dann erzählte ich ihr die Caruso-Geschichte, und schließlich ging sie etwas weniger verschüchtert, etwas weniger angespannt und ein bißchen zuversichtlicher weg, und später vernahm ich, daß alles sehr gut gegangen sei. Ihr Mann bekam die Beförderung.

Es gibt jedoch Millionen von Menschen, die nicht wissen, wie sie ihre Zweifel und Ängste abschütteln sollen, Millionen, die auf ihren Händen und Knien durchs Leben kriechen statt stolz und aufrecht zu gehen. Sie haben mein volles Mitgefühl, denn ich weiß, was es heißt, seelisch zu leiden.

Die Stärkung des Selbstbewußtseins

Was kann man also zur Stärkung des Selbstbewußtseins unternehmen? Wie kann man aufhören, sich selbst als unzulänglichen Menschen zu sehen — eine Haltung, welche genau die Situation, die man eigentlich vermeiden will, endlos fortsetzt?

Nehmen Sie als erstes Ihr ganzes Leben unter die Lupe, und forschen Sie nach, ob sich ein bestimmter Grund für Ihre Minderwertigkeitsgefühle festlegen läßt. Oftmals liegt die Ursache in der Kindheit. Sicher werden wir nicht mit Minderwertigkeitsgefühlen geboren; ein gesundes Baby hat ein starkes Selbstbewußtsein und — soweit man das beurteilen kann — eine hohe Meinung von sich selbst. Aber dieses Selbstvertrauen kann geschädigt werden, manchmal durch einen strengen, allzu kritischen Elternteil, manchmal durch andere Kinder, die spotten und hänseln, manchmal durch Geschwister, in deren Schatten ein sensibles Kind steht.

Einmal kam ein Mann in das Religions- und Gesundheitsinstitut, das Dr. Blanton und ich vor rund dreißig Jahren als Beratungsstelle gegründet hatten. Er suchte Hilfe, weil er sich die meiste Zeit so jämmerlich unzulänglich fühlte. Er hatte einfach das Gefühl, mit nichts fertig zu werden. Und dieses »Mit-nichts-fertig-werden-Gefühl« ist tatsächlich weit verbreitet. Nach langen Gesprächen und Sondierungen ergab sich schließlich, daß er als Knabe beinahe in einem Schwimmbecken ertrunken wäre. Seine Mutter war außer sich und verbot ihm, je wieder ins Wasser zu gehen. Und so stand er dann jeweils am Becken und schaute den anderen Kindern beim Schwimmen zu, und allmählich ergriff die Vorstellung von ihm Besitz, daß er das, was andere taten, nicht tun konnte. Damit begann der Zweifel an sich selbst zu wachsen.

Mit Angst erfüllt wuchs er heran, und als wir ihn sahen, waren seine Äußerungen voller symbolischer Bezüge. »Das ist zu hoch für mich«, sagte er etwa. Oder: »Mein Vertrauen sinkt . . .« Oder: »Wenn ich das tun muß, komme ich ins Schwimmen.« Dieser Mann hatte so sehr gegen eine andauernde Überzeugung, unzulänglich zu sein, anzukämpfen, daß er am Rande eines Nervenzusammenbruchs stand. Ich sagte ihm — wie ich jedem sage, der an einem Minderwertigkeitskomplex leidet —, daß die entscheidende Antwort auf das Problem darin bestehe, daß man ein starkes Gefühl der Gegenwart Gottes im Leben entwickle. Stellen Sie sich vor, neben der Macht einherzugehen, welche die kleinste Blume erschuf und die Gestirne an ihrem Platze hält. Dies ist der sicherste Weg, alle Furcht und Verzagtheit und jegliches Gefühl des Versagens zu vertreiben. Gleichgültig, wieviel Angst Sie zu haben glauben, ich versichere Ihnen, daß Sie vor nichts auf dieser Welt Angst haben werden, wenn Sie Ihr Bewußtsein dahin bringen, ganz von Gott erfüllt zu sein. Dann werden Sie aufrecht, mit hocherhobenem Kopfe und unerschrocken durchs Leben gehen.

Wie Sie das machen? Nun, das ist schon so oft gesagt worden, daß es abgedroschen tönt, und doch ist es ewig wahr: Sie beten — was nichts anderes heißt als Gespräche mit Gott führen. Sie gehen dahin, wo man über Gott spricht und nachdenkt und wo Er im Mittelpunkt steht — und das ist normalerweise in der Kirche oder in irgendeiner guten religiösen Gruppe, wie es viele gibt. Sie lesen die Bibel und wenden das an, was Sie für sich selbst lesen. Es schaut nicht viel dabei heraus, wenn Sie die Bibel lesen, nur weil Ihnen jemand sagt, Sie sollten das tun. Die Bibel leistet Ihnen nur Hilfe, wenn Sie Ihre Botschaft aufnehmen und sie eifrig auf sich selbst, Ihre Probleme und das Bild, das Sie von sich selbst haben, anwenden.

Nehmen wir zum Beispiel die Geschichte von David und Goliath. Jedermann weiß, wie der kleine Hirtenknabe gegen den großen, bewaffneten Philister-Riesen auszog. Und was war seine Bewaffnung? Eine Schleuder und fünf glatte Steine, meinen Sie? Ja sicher, aber das war nur ein *Teil* seiner Bewaffnung, der kleinste Teil sogar. Hören Sie, was David selbst sagte, als er zu dem Duell antrat, das alle anderen als den sicheren Tod betrachteten: »Du [Goliath] kommst zu mir mit Schwert, Speer und Wurfspieß; ich aber komme zu dir mit dem Namen des Herrn der Heerscharen . . .« (1 Samuel 17,45).

Mit anderen Worten: David zog in den Kampf mit gotterfülltem Geiste. Das war seine mächtige Waffe. Darum kannte er keine Furcht. Und darum siegte er.

Lesen Sie nun diese berühmte Bibelstelle nicht nur wie eine alte Geschichte, wie ein spannendes Stück Altertumsgeschichte. Es geht darum, daß Sie ihre Wahrheit auf sich selbst anwenden. Welches sind die angsteinflößenden Probleme, die Sie bedrängen, Sie erschrecken, Ihnen ein Gefühl der Unzulänglichkeit verleihen? Trotzen Sie ihnen, wie die Geschichte sagt, im Namen des Herrn. Gott der Allmächtige wollte, daß wir als Männer und Frauen, die nach seinem Ebenbild erschaffen wurden, auf der Erde einhergehen und nicht auf unseren Händen und Knien durchs Leben kriechen.

Nehmen Sie eines der Probleme heraus, die in Ihrem Geiste so drohend groß erscheinen, und unternehmen Sie etwas dagegen. Emerson[1] hat gesagt: »Tu das, wovor du Angst hast, und der Tod der Angst ist gewiß.« Angenommen, Sie haben Angst, den Chef um eine Gehaltserhöhung zu bitten. Nehmen Sie Ihren Mut zusammen, und bitten Sie ihn darum, wenn Sie aufrichtig glauben, Sie verdienten sie. Vielleicht erhalten Sie die Erhöhung nicht, aber so oder so werden Sie sich selbst einen gewaltigen Dienst erwiesen haben, weil Sie die Schranken der Furcht durchbrochen haben. Und das ist mehr wert als ein höherer Lohn.

Der große amerikanische Psychologe William James hat auf-

---

1 Ralph Waldo Emerson, 1803—1882, amerikanischer Essayist, Philosoph und Dichter. Anm. d. Übers.

gezeigt, daß in uns allen eine geistige Schranke bestehe, die er die erste Schicht der Ermüdung nannte. Er meinte, die meisten von uns arbeiteten und mühten sich ab, bis wir diesen Punkt erreichten, und dann sagten wir: »Ich bin so erschöpft. Ich habe keine Energie mehr. Ich muß aufhören.« Doch James erklärte, daß uns jenseits dieser Schranke der Ermüdung ungeheure Kraft und Energie erwarteten, wenn wir uns bloß zwängen, sie zu durchbrechen. »Die Menschen, die in dieser Welt tatsächlich Großes vollbringen, sind diejenigen, welche die erste Schicht der Ermüdung überwinden«, sagte William James.

Zweifel an sich selbst ist auch so etwas. Er errichtet eine Schranke, und schüchterne Menschen kehren um, wenn sie ihr begegnen. Sie kehren immer wieder um, bis es zur Gewohnheit — zur schlechten Gewohnheit — wird. Doch wenn Sie die Barriere niederrennen, wenn Sie sich dazu *überwinden,* den Chef um die Gehaltserhöhung zu bitten, wenn Sie das *tun,* wovor Sie Angst haben — nur ein einziges Mal —, dann wird die Schranke durchbrochen sein, und Ihr Bild von sich selbst wird aufgewertet. Vertrauen wird Sie von da an erfüllen, und die Zweifel und Unzulänglichkeitsgefühle werden vertrieben.

Es gibt noch etwas anderes, was man tun kann: Prüfen Sie Ihren Lebenswandel, und bringen Sie ihn, wenn nötig, in Ordnung. Eine wichtige Ursache von Minderwertigkeitsgefühlen — vielleicht die wichtigste — ist moralisch unrecht handeln. Manchmal tun die Menschen moralisch Unrechtes, weil sie in Versuchung geraten, manchmal einfach, weil sie es wollen und glauben, sie würden dafür nicht bestraft. Um den altmodischen, hart-treffenden Ausdruck zu verwenden: sie begehen Sünde. Und das ist etwas vom Dümmsten, was man tun kann, denn wenn man einmal eine Sünde begeht, so wird sie nicht aufhören, einen zu verfolgen. Man kann versuchen, sie zu ignorieren. Man kann versuchen, sie zu verdrängen. Doch es ist, wie wenn man einem Computer unrichtige Information eingibt. Sie bleibt da. Sie wird nicht verschwinden. Sie wird bewirken, daß der Computer falsche Antworten gibt, weil er falsch *programmiert* ist.

Ein Splitter im Unbewußten

Es ist mir immer ein Rätsel gewesen, weshalb die Folgen der Sünde nicht für jedermann schreiend offenkundig sind. Ein moralisches Vergehen ist wie ein Splitter im Unbewußten. Wird der Splitter nicht entfernt, so wird er eitern. Und wie äußert sich dieses Eitern? Vorab wird die Selbstachtung des betreffenden Menschen beeinträchtigt. Er weiß, daß er etwas Unrechtes begangen hat, und deshalb mag er sich nicht mehr ganz so gut leiden wie zuvor. Als nächstes wirkt es sich auf verschiedene feine, aber doch untrügliche Art und Weise auf seine Leistung aus. Ein tiefsitzendes, nicht eingestandenes Schuldgefühl, ein eingebauter Zensor wird dieser Person sagen, bis hierher sei ihr vieles soweit gut gelungen, nun aber, da sie Unrecht getan habe, verdiene sie es nicht mehr, daß ihr vieles gelinge. Die Stimme des Gewissens, der Zensor in der Seele drin, wird sagen: »Du bist ein Missetäter, mein Freund, du bist ein Sünder.« Vielleicht wird sie sogar unfein und sagt: »Du bist ein gemeiner Hund und verdienst es, bestraft zu werden . . ., und wenn dich sonst niemand straft, so befehle ich dir hiermit, dich selbst zu bestrafen.«

Manchmal ist die Art der Bestrafung sehr fein und äußert sich als Ineffizienz oder Einbuße der Kreativität. Manchmal äußert sie sich in schlechter Gesundheit. Am häufigsten aber zeigt sie sich als wachsendes Gefühl der Unzulänglichkeit und Minderwertigkeit. Wenn Sie also unter solchen Gefühlen leiden, wäre es angezeigt, daß Sie eine schonungslose moralische Bestandsaufnahme von sich selbst machen und in einem Bereich Ihres

Lebens, der möglicherweise nicht so ist, wie er sein sollte, eine Änderung vornehmen.

Eine letzte Anregung: Wenn Sie sich unzulänglich fühlen, ist es manchmal ganz nützlich, sich zu fragen: »Unzulänglich im Vergleich zu was?« Ich habe Menschen gekannt, die verzagt und niedergeschlagen waren, weil sie zuließen, daß sie Opfer allzu großer Erwartungen wurden. Ein junger Mann suchte mich auf, um mit mir über seine Minderwertigkeitsgefühle zu sprechen. Es bedurfte keines großen Wahrnehmungsvermögens, um festzustellen, daß die Schwierigkeit in seiner Beziehung zu seinem verstorbenen Vater lag. Der Vater war ein großer Athlet und Mitglied einer der besten Mannschaften Amerikas gewesen, und unsinnigerweise erinnerte die Mutter ihren Sohn immer und immer wieder daran. Der Junge besaß ganz einfach nicht die körperlichen Voraussetzungen, Fußballspieler — oder auf irgendeinem anderen Gebiet ein hervorragender Sportler — zu werden. Statt jedoch diese Tatsache zu akzeptieren, ließ er sich davon beelenden.

»Sie sind ein guter Student«, sagte ich zu ihm, nachdem ich ihm ein paar Fragen gestellt hatte, »wahrscheinlich der bessere, als Ihr Vater war. Sie sind ein glänzender Schachspieler. Sie sind der Redakteur des Jahrbuchs Ihrer Schule gewesen. Sie sind kein minderwertiger Mensch; Sie sind ein überlegener Mensch. Sie messen nur mit dem falschen Maßstab. Seien Sie stolz auf Ihren Vater, gewiß. Aber seien Sie auch stolz auf sich selbst, weil Sie Grund dazu haben!«

In neun von zehn Fällen — wie auch hier bei diesem jungen Mann — ist ein Minderwertigkeitsgefühl nichts anderes als ein Seelenzustand. Milton hat geschrieben:

Die Seele ist ein Ort für sich und kann in sich selbst
Die Hölle zum Himmel, den Himmel zur Hölle machen.

Stellen Sie sich sich selbst als wertvollen Menschen vor; *handeln Sie, als* seien Sie jemand, der Bewunderung und Respekt verdient — und so werden Sie mit der Zeit auch sein. Was Sie sich bildhaft vorstellen können, werden Sie letztlich auch sein.

Im Sinne einer Zusammenfassung hier ein paar ganz bestimmte Dinge, die zu tun sind, wenn Sie Ihr angeschlagenes Selbstbewußtsein heben müssen: Halten Sie sich das vor Augen, wie Sie zu sein wünschen: zuversichtlich, selbstbewußt, fähig, ruhig. Durchbrechen Sie die »Schranken der Furcht«, indem Sie absichtlich etwas tun, das Ihnen Angst gemacht hat. Sagen Sie zu sich selbst: »Ich vermag alles zu tun durch Gott, der mir Kraft gibt, und ich *werde* genau das tun, wovor ich zurückgeschreckt bin.«

Wenn Sie Gefühle der Unzulänglichkeit bedrücken, denken Sie daran, daß Gott Sie erschaffen hat und daß Er nichts Halbes macht. Befreien Sie sich von solchen Gedanken, indem Sie sich selbst sehen, wie Sie Ihren Geist aufmachen und die frischen Winde des Vertrauens hindurchwehen lassen. Malen Sie sich lebhaft aus, wie diese Winde alle Zweifel, die Sie an sich selbst haben, hinwegfegen.

Versuchen Sie, die Grundursache Ihrer Unzulänglichkeitsgefühle zu finden. Wenn Sie diese erst einmal ans Tageslicht gebracht haben, wird sie einen großen Teil ihrer Macht, Sie zu beherrschen, verlieren. Lassen Sie Gott an Ihrer täglichen Erfahrung teilhaben. Bitten Sie Ihn, in Ihre Vergangenheit zurückzugehen, die schmerzlichen Erinnerungen zu finden und sie zu heilen. Er ist bereit — immer —, Ihnen beizustehen.

Machen Sie Ihr Unzulänglichkeitsgefühl zu einem Pluspunkt, indem Sie es als Ansporn einsetzen. Etwas in Ihnen drin sehnt sich und strebt danach, der Schwäche Herr zu werden und sie zu eliminieren. Lassen Sie das »große Ich« das »kleine Ich« beiseitewischen. Stellen Sie sich bildhaft vor, wie das »große Ich« mit einem Besen in der Hand genau das tut.

Seien Sie realistisch; akzeptieren Sie gewisse Einschränkungen als natürlich und unvermeidlich. Niemand ist in allem »der Beste«. Aber stellen Sie sich vor, der Beste in einer ganz bestimmten Sache zu sein.

Hören Sie auf, sich zu sagen, Sie könnten nicht. Stellen Sie sich vor, wie Sie in dem Bereich Erfolg haben, in dem Sie sich den Erfolg am intensivsten wünschen. Vergegenwärtigen Sie sich einen Fernseh-Bildschirm an der Wand vor Ihnen. Sehen Sie sich selbst auf diesem Bildschirm als Hauptdarsteller, der das tut, was Sie sich so sehr wünschen zu tun. Spielen Sie diesen »Film« in Ihrem Geiste immer und immer wieder ab. Das ist die Methode, derer Roger Ferger sich bediente, die Mary Crowe anwandte und mit der Harry DeCamp arbeitete, und es ist die Methode, die Ruth und ich beim Aufbau der Zeitschrift *Guideposts* anwenden lernten.

Sie heißt *aktive Vorstellungskraft*. Sie hat jenen geholfen. Sie hat uns geholfen. Sie kann Ihnen helfen.

5
Wie man mit finanziellen Problemen fertig wird

An einer Geschäftstagung kam — nachdem ich einen Vortrag gehalten hatte, in dem einige dieser Gedanken über die Wichtigkeit und Wirksamkeit positiver Phantasie enthalten waren — ein Mann zu mir und trat mir mit einer gewissen Streitsucht gegenüber. »Nun«, sagte er, »all das Zeug über aktive Vorstellungskraft ist ja interessant, aber ich sehe nicht, wie es mein Problem lösen könnte.«

Selbstverständlich fragte ich ihn, was denn sein Problem sei.

»Geld!« antwortete er. »Oder vielmehr: Geldmangel. Ich stecke bis über beide Ohren in Schulden. Ich habe zwei Rechnungen, die auf der Bank zur Zahlung fällig werden, und ich weiß bei keiner, wie ich sie bezahlen soll. Wird aktive Vorstellungskraft bis spätestens übernächsten Montag zwanzigtausend Dollar auf mein Konto bringen? Wird aktive Vorstellungskraft meine Hypothekarzinsen und meine Versicherungen bezahlen? Wird positive Phantasie für den neuen Wagen meiner Frau und den Debütantinnenball meiner Tochter aufkommen? Nun sagen Sie schon, und seien Sie ehrlich: Ja oder nein?«

»Das ist einfach«, sagte ich. »Die Antwort ist nein. Aktive Vorstellungskraft ist nicht eine Art Aladins Wunderlampe, die man reiben kann, worauf ein Geist erscheint, der einem sofortigen Reichtum verschafft.«

»Was nützt sie mir dann?« verlangte er triumphierend zu wissen.

»Sie könnte Ihnen sehr viel nützen«, meinte ich. »Aus dem zu schließen, was Sie sagen, ist Schulden haben bei Ihnen eine Lebenshaltung. Offensichtlich ist es aber keine Lebenshaltung, die Sie glücklich macht. Wenn Sie sich intensiv und aufrichtig vorstellten, Sie seien schuldenfrei, wenn Sie sich lebhaft die Zufriedenheit und den Seelenfrieden vergegenwärtigten, die Ihnen Zahlungsfähigkeit bringen würde, wenn Sie dies tatsächlich zu Ihrem Ziel machten und ihm absoluten Vorrang einräumten, würden Sie diesem Ziel auch näher kommen und es schließlich erreichen. Und das wäre das Ergebnis aktiver Vorstellungskraft.«

Er sah mich mit scheelen Augen — halb skeptisch, halb nachdenklich — an. »Sie meinen«, begann er, »ich solle versuchen, mir vorzustellen, daß ich mit diesen Geldsorgen — *und* meiner verschwenderischen Frau *und* meiner verwöhnten Tochter — fertig werde, statt daß ich sie mit mir fertig werden lasse?«

»So ungefähr, ja«, sagte ich.

»Danke. Vielleicht mache ich den Versuch mal.« Und mit diesen Worten war er weg.

Ich weiß nicht, ob dieser Mann in der Lage sein wird, seine Situation in den Griff zu bekommen, doch eines weiß ich: Vielleicht mit der Ausnahme von gesundheitlichen Schwierigkeiten beschäftigen Geldsorgen die Menschen mehr als irgendwelche sonstigen Nöte. Das wird Ruth und mir stets wieder aufs neue bewußt durch die Post, die wir bekommen: Verzweifelte Briefe von älteren Leuten, deren feste Einkünfte durch die Geldentwertung zernagt werden; erregte Briefe von jungen Leuten, die im Treibsand von Abzahlungs- und Kreditkartenkäufen gefangen sind; von Panik gezeichnete Briefe von Leuten, die unter Bergen von Schulden wanken; angsterfüllte Briefe von Leuten, die ihre Stelle verloren haben. Die Liste geht endlos weiter.

Oft drehen sich ungeheure Gefühlsströme um Geldsorgen. Neulich ging ein Brief von einer jungen Frau ein, in dem sie bitter erklärte, sie hasse Geld. Sie schrieb, sie hasse es wegen dessen, was es den Leuten wie ihr, die nicht genug davon hätten, antue (man hatte ihr ihre Stelle bei einer Autofirma gekündigt). Sie hasse es wegen dessen, was es, wie sie behauptete, häufig den Leuten antue, die zuviel davon hätten. Sie sagte, Amerika sei eine materialistische, geldgierige, dollaranbetende Gesellschaft geworden, und sie machte Geld dafür verantwortlich. Sie zitierte sogar die Bibel falsch. »Eine Wurzel aller bösen Dinge ist das Geld«, schrieb sie und unterstrich jedes Wort. (Tatsächlich sagt die Bibel: »Eine Wurzel aller bösen Dinge ist *die Geldgier*«, was etwas ganz anderes ist.)

Wie das bei uns so Sitte ist, besprachen Ruth und ich den Brief und wie er zu beantworten sei. Oft nehmen wir die Bibel zu Hilfe, oder wir machen eine Art Spiel, bei dem jeder dem andern Bibelstellen in Erinnerung ruft, die passen könnten. Im vorliegenden Falle riefen wir uns verschiedene Stellen aus dem Neuen Testament in Erinnerung, die sich auf Geld beziehen, wie etwa die Heller der Witwe oder die dreißig Silberlinge, die Judas gezahlt wurden.

»Es ist leicht, die Heller der Witwe als gutes Geld zu betrachten«, sagte Ruth, »oder das Geld, das Judas gezahlt wurde, als schlechtes Geld. Aber Geld an sich ist tatsächlich weder gut noch schlecht. Was zählt, ist, was die Leute damit machen.«

»Es kann aber etwas symbolisieren«, wandte ich ein. »Im Gleichnis von den Talenten zum Beispiel versinnbildlicht es sowohl tatkräftige Risikofreude als auch ängstlich-übertriebene Vorsicht.«

»Die *Menschen* im Gleichnis waren entweder tatkräftig oder übervorsichtig«, meinte meine Frau nüchtern, »nicht das Geld. Geld hassen, wie es diese Frau tut, ist demnach etwa so sinnvoll wie einen Stock oder einen Felsen hassen!«

Schließlich schrieb ich der jungen Frau und legte ihr nahe, zu versuchen, ihr Bild von sich selbst zu ändern. »Hören Sie auf, sich als hilfloses Opfer eines imaginären Bösewichts namens Geld zu sehen«, schrieb ich. »Wenn Sie Geld so leidenschaftlich personifizieren und es so abgrundtief hassen, werden Sie es mit Bestimmtheit niemals anziehen, weil Ihr Unbewußtes programmiert sein wird, es zu verschmähen und abzuweisen.«

Ich legte ihr nahe, sich das Selbstbild eines intelligenten, wohlausgewogenen Menschen, dessen Verstand in der Lage war, der Gefühle Herr zu werden, zu schaffen und sich darauf zu konzentrieren. »Beruhigen Sie sich«, schrieb ich. »Seien Sie sachlich. Hören Sie mit dieser Hasserei auf. Halten Sie sich Ihr Bild als das eines Menschen vor Augen, der entschlossen ist, seine Seele von all diesen aufwühlenden, stürmischen, widersprüchlichen, verwirrenden Gefühlen zu befreien. Bevor Sie das tun, wird niemals etwas für Sie gut gehen.«

Wut ist nur eines der Gefühle, die Geldsorgen hervorbringen können. Angst ist ein weiteres.

Im Bemühen, die Probleme zu lösen, die das Leben stellt, ist aktive Vorstellungskraft nur eine von vielen Methoden. Über die Jahre hinweg, in denen wir versuchten, den Leuten bei ihren finanziellen Schwierigkeiten zu helfen, haben Ruth und ich ein paar einfache Ratschläge erarbeitet, die offenbar wirksam sind.

Der erste lautet: *Verlieren Sie die Nerven nicht!* Wenn Sie spüren, daß Angst die Oberhand gewinnt, handeln Sie und stellen Sie sich Seelenfrieden vor. Die einfache Handlung des Betens schafft die Vorstellung, daß Ihre Schwierigkeiten der Quelle aller Weisheit dargelegt werden, und das ist unendlich beruhigend und tröstlich. Lesen Sie dann Psalm 23. Wenn Sie zu den wunderbaren Worten kommen ». . . ich fürchte kein Unglück; denn du bist bei mir . . .« (Vers 4), wiederholen Sie sie im Geiste mindestens zwanzigmal. Wiederholen Sie die Worte für sich den Tag über, wenn Sie spüren, daß die Angst zurückkommt. Schreiben Sie sie auf ein Stück Papier, und kleben Sie es an den

Spiegel in Ihrem Badezimmer, damit Sie es jeden Morgen als erstes sehen. Erfüllen Sie sich ganz mit dieser Vorstellung.

Wenn Sie Ihre Gefühle einmal beherrschen, ist dies der nächste Schritt: *Organisieren Sie Ihr Leben!* Erstellen Sie eine vollständige Liste all Ihrer Schulden. Erstellen Sie eine zweite Liste der nötigen Ausgaben. Listen Sie alle Einnahmequellen auf, zählen Sie zusammen und schauen Sie, womit Sie rechnen können. Es ist erstaunlich, wie viele Leute gar nicht genau wissen, wieviel sie schulden oder wie hoch ihre Grundauslagen sind. Stellen Sie sich vor, daß Sie innerhalb der Grenzen Ihres Einkommens leben und einen kleinen Teil übrig haben, um die Schulden abzuzahlen. Malen Sie sich dieses Bild im Geiste lebhaft aus.

Als nächstes: *Üben Sie Disziplin!* Sie müssen lernen, den kleinen hinterhältigen, zerstörerischen Teufel zu ignorieren, der in uns allen steckt und bei jeder Gelegenheit flüstert: »Das ist hübsch; kauf es!« oder »Das ist günstig; hol es!«

Am glücklichsten ist der kleine Teufel, wenn Sie den wahren Stand Ihrer Finanzen nicht kennen, weil er dann weiß, daß Sie wohl kaum die Bremse betätigen werden. Ich muß gestehen, daß dies eine der Schwierigkeiten war, die Ruth und ich in den ersten Jahren nach unserer Heirat auszufechten hatten. Kurz nachdem wir nach New York gezogen waren, beschloß ich, daß wir einen neuen Wagen brauchten. Der alte fiel langsam auseinander, und die Reparaturen kosteten immer mehr. Ich ging also zu einem Autohändler, wählte im Verkaufsraum einen Wagen aus, der mir gefiel, und bat den Verkäufer, ihn für mich zu reservieren.

Als ich Ruth an jenem Abend davon erzählte, schüttelte sie den Kopf. »Nein«, sagte sie.

»Was soll das heißen — ›nein‹?« fragte ich.

»Es soll heißen, daß wir uns das nicht leisten können«, erklärte sie. »Unser Budget reicht momentan kaum aus für das Nötigste. Wir haben kein Geld, um einen neuen Wagen abzuzahlen. Also schlag dir das aus dem Kopf!«

Das versetzte mich natürlich in eine düstere Stimmung, nicht zuletzt deshalb, weil ich den eifrigen Verkäufer anrufen und enttäuschen mußte. Aber Ruth verwendete genau die Zutat — nämlich Disziplin —, die Geldsorgen abwehrt, bevor sie überhaupt aufkommen können.

Der vierte Ratschlag, den wir manchmal anbieten, ist direkt und unverblümt: *Denken Sie nach!* Wenn Sie sich hinsetzen und richtig nachdenken, kommt Ihnen vielleicht eine Idee oder eine Einsicht, die alles ändern kann.

Mir hat immer die Geschichte von William Saroyan gefallen, laut der er in der schwierigen Zeit als junger Schriftsteller entmutigt und fast pleite war und deshalb beschloß, einen reichen Onkel in einer Stadt in der Nähe um ein Darlehen zu bitten. Mit dem letzten bißchen Bargeld gab Saroyan ein Telegramm an seinen Onkel auf. Zurück kam eine Antwort von ganzen drei Wörtern: BRAUCH DEINEN KOPF.

Als er sich vom Schock über diese scheinbar hämische Absage erholt hatte, erwog Saroyan die Mitteilung. Allmählich ging ihm auf, was sein Onkel damit sagen wollte: Du brauchst kein Darlehen. Schau in deinen Kopf hinein. Da wirst du eine Lösung finden in Form einer neuen Idee.

Auf diese Weise herausgefordert, setzte sich Saroyan hin, erdachte sich die Handlung für eine Kurzgeschichte, schrieb sie nieder, verkaufte sie und war auf dem Weg zu einer glänzenden Karriere als Theater- und Romanschriftsteller.

Es öffnet sich immer wieder eine Tür

Erinnern Sie sich an meinen Freund A. E. Russ, den Drogisten, der sagte, ich solle mir wegen vereinzelter schlechter Predigten keine grauen Haare wachsen lassen? Er hatte eine Nichte, die im Norden des Staates New York lebte, als die Weltwirtschaftskrise losbrach. Ihr Mann verlor sein Geschäft. Die Lage verschlechterte sich zusehends. Schließlich faßte Russ den Entschluß, nach Utica hinauf zu fahren, um seine Hilfe anzubieten.

Er traf seine Nichte und ihren Mann niedergeschlagen und verzagt an. Sie redeten über nichts anderes als über die Krise und über all das Schlimme, das ihnen zugestoßen sei. Onkel Alfred jedoch weigerte sich, in ihre düsteren Klagelieder einzustimmen. »Konzentrieren wir uns auf die Zukunft«, mahnte er. »Findet etwas, auf dem ihr aufbauen könnt. Wir wollen *alles* prüfen mit der Zukunft vor Augen. Vergeßt das Vergangene. Denkt an die Zukunft!«

Während sie so miteinander sprachen, bemerkte er, daß seine Nichte damit beschäftigt war, etwas zu nähen, und er erkundigte sich, was es sei. Sie antwortete, es sei bloß ein Topflappen.

»Sehr hübsch«, meinte er. »Hast du noch mehr davon?«

Sie erwiderte, sie habe so ungefähr ein Dutzend davon gemacht.

»Nun«, sagte Onkel Alfred, »es sind *gute* Topflappen — viel besser als die meisten. Ich finde, du solltest sie zu Woolworth[1] bringen und dem Einkäufer zeigen. Vielleicht bestellt er ein paar.«

Seine Nichte zögerte, und ihr Mann war skeptisch, doch Onkel Alfred blieb dabei. »Wir wollen positive Phantasie einmal praktisch anwenden. Eines Tages wird es eine Fabrik geben«, verkündete er. »Eine Fabrik, in der Topflappen und allerlei andere nützliche Dinge hergestellt werden. Ich kann sie genau jetzt im Geiste sehen: hohe Kamine, Angestellte, die durch ein Tor in einer großen Einzäunung strömen, ein riesiges Schild mit deinem Namen. Und nun geh zu Woolworth hinunter mit ebendiesem Gedanken im Kopf, und sieh zu, was passiert!«

Jahre danach befand ich mich eines Morgens früh in einem

---

1 Amerikanische Warenhauskette. Anm. d. Übers.

Schlafwagen auf der Heimreise von einem Vortrag nach New York. Vor Utica schob ich die Jalousie meines Kajütenbetts hoch und sah hinaus. Der Zug fuhr eben an einer ansehnlichen Textilfabrik mit einem hohen Zaun und einem mindestens sechs Meter hohen Schild vorbei. Und Sie erraten natürlich, wessen Name darauf stand! Weshalb? Weil in diesem Falle jemand — Onkel Alfred — »seinen Kopf brauchte«, aktive Vorstellungskraft auf kreative Weise einsetzte und eine einfache Lösung für ein schwerwiegendes Problem fand.

Gelegenheiten, Geld zu verdienen, umgeben uns die ganze Zeit; es bedarf bloß eines lebhaften, wißbegierigen Geistes, sie zu sehen. Es bedarf allerdings auch eines optimistischen Geistes, eines Geistes, der erwartet, daß sich in der Zukunft Gutes ereignet.

Heutzutage ist es nicht einfach, optimistisch zu bleiben, nimmt doch der Pessimismus dermaßen überhand. Zeitungen, Radio und Fernsehen sind voll davon. Eines Abends sahen Ruth und ich eine Fernsehsendung über die Schwierigkeiten, mit denen ein junger Bauer und seine Familie zu kämpfen hatten. Der Mann hatte einen kleinen Hof mit ein paar Kühen und einigen Hühnern. Doch er hatte kein Bargeld mehr und war in Schulden geraten, und nun waren seine Gläubiger im Begriffe, ihm die Kühe zur Schuldentilgung wegzunehmen. Es hieß, er werde vermutlich auch sein Haus verlieren. Anscheinend hatte er keinen Anspruch auf Unterstützung, weil er noch immer etwas Vieh besaß. Seine drei Kinder bekamen nur noch Kartoffeln zu essen, und es wurde der düstere Ausblick vor Augen geführt, daß sehr bald nicht einmal mehr Kartoffeln da sein würden.

Dies war tatsächlich ein Fall echter wirtschaftlicher Not, doch die ganze Präsentation war darauf angelegt, Millionen von Zuschauern vorzuführen, daß man eine finanzielle Notlage angeht, indem man sämtliche Schwierigkeiten, die ihr zugrunde liegen, aufzählt, sich darauf konzentriert und sie eingehend behandelt.

»Das ist alles so negativ«, meinte Ruth ungeduldig. »Warum sagt den Leuten keiner, sie sollten eine Liste ihrer verbleibenden Werte erstellen? Das könnte ihnen den moralischen Auftrieb geben, den sie brauchen.«

»Was für Werte würdest du denn auflisten?« fragte ich, nur um so zu sehen, was sie sagen würde.

»Nun«, begann sie, »der Mann scheint gesund und stark, ein tatkräftiger Mensch. Das ist einmal das erste. Weiter hat er eine Frau, die intelligent scheint, ihn offensichtlich liebt und ihm treu zur Seite steht. Das ist das zweite. Die Kinder sind nicht behindert oder krank oder sonstwie schwach; es sind normale, gesunde Kinder. Also ist dies das dritte. Er hat sein Haus noch nicht verloren; sie haben noch immer ein Dach über dem Kopfe. Das ist das vierte. Ihre traurige Lage wird Millionen von mitfühlenden Amerikanern vor Augen geführt, von denen zweifellos einige versuchen werden, ihnen zu helfen. Das ist das fünfte. Aber niemand erwähnt auch nur diese Dinge!«

Ganz im Gegenteil: Im weiteren Verlaufe der Sendung fuhr der Kommentator in dem traurigen Tone fort und sagte, der junge Bauer sei dazu herabgewürdigt worden, Gelegenheitsarbeiten anzunehmen.

»Herabgewürdigt?« sagte ich zu Ruth. »Was ist denn an Gelegenheitsarbeiten so herabwürdigend? Erinnerst du dich an Michael Cardone?«

Michael Cardone ist ein Freund von uns, der in mittleren Jahren arbeitslos dastand. Aber er ließ sich davon nicht unterkriegen. Eines Tages sah er in einer Garage einen Haufen weggeworfener ausgedienter Scheibenwischermotoren, und er fragte sich, warum sie eigentlich nicht repariert und billiger als neue verkauft werden konnten. Er fing damit an, sie zu reparieren und zu verkaufen — wahrhaftig eine wunderliche Gelegenheits-

arbeit, denn es bestand keinerlei Nachfrage nach wiederherge-
stellten Scheibenwischermotoren, und niemand hatte je zuvor
daran gedacht, sich mit so etwas abzugeben. Doch er machte
damit weiter, und heute ist Michael Cardone Leiter eines riesigen Betriebs in Philadelphia, der allerlei Autobestandteile her-
stellt. Warum? Weil er einen Traum hatte, weil ihm das Bild vor-
schwebte, sein eigener Herr und Meister zu sein, selber eine
Sache zu schmeißen, Bedürfnisse im Automobilsektor zu finden
und sie zu decken — und eine Gelegenheitsarbeit war das
Sprungbrett, das ihm auf den Weg half. Und was er imstande
war, sich vorzustellen, das wurde er auch.

Michael Cardone ist ein tiefreligiöser Mensch. Er und die
Mitglieder der Geschäftsleitung seiner Firma beginnen jeden
Geschäftstag mit einem Gebet. Sie sind der Überzeugung, daß
sie, wenn sie Gott zum Seniorpartner haben und alle Entscheide
im Hinblick auf Seine Lehren fällen, nicht fehlgehen können.
Michael selbst ist ganz sicher, daß jede große Erfolgsgeschichte
ihre religiöse Seite hat, und seine eigenen Erfolge scheinen ihm
recht zu geben.

Ruth und ich glauben genau so wie Michael, daß hinter all
dem eine höhere Macht steht, etwas, das außerhalb der Reichweite des Verstandes liegt. Eine Frau sagte einmal, als ich ihr
helfen wollte, ihre Ängste im Zusammenhang mit finanziellen
Schwierigkeiten zu überwinden, etwas schnippisch zu mir: »Was
wissen Sie schon, was ich durchmache? Sie sind ein erfolgreicher Pfarrer, eine berühmte Person, Buchautor und Herausgeber von *Guideposts,* einer bekannten Zeitschrift. Sie haben
keine Schulden. Sie schulden niemandem etwas. Sie brauchen
keine Angst zu haben, jeden Augenblick könne jemand aufkreu-
zen und Ihnen den Strom abstellen oder den Occasionswagen
wieder wegnehmen. Wie können Sie also verstehen, was ich
durchmache?«

Ich antwortete ihr: »Ich kann es verstehen, weil ich es auch durchgemacht habe. Sie sind zu jung, als daß Sie sich an die Weltwirtschaftskrise erinnern könnten, aber ich kann es, und glauben Sie mir, daneben nehmen sich all diese ›Rezessionen‹ der jüngsten Zeit wie Sonntagsschul-Picknicks aus.«

Ich erzählte ihr, daß ich damals im Jahre 1930 als junger und jungverheirateter Pfarrer in Syracuse im Staate New York lebte. Mein Gehalt, das (für jene Zeit) ansehnliche sechstausend Dollar betragen hatte, wurde zweimal gekürzt — das erste Mal auf fünf-, das zweite Mal auf viertausend. Die Kirche hatte uns kein Pfarrhaus und keine Unterkunft zur Verfügung gestellt. Alle hatten Angst und waren deprimiert. Geschäfte machten Bankrott. Niemand konnte Geld aufnehmen; es war kein Geld erhältlich. Männer pflegten sich mit den grimmigen Worten »Haben Sie Ihre Lohnkürzung schon gehabt?« zu grüßen. Jedermann mußte mehrere Lohnkürzungen hinnehmen, bevor die Krise ein Ende nahm, und viele Leute verloren ihre Stelle ganz.

Mit viertausend Dollar im Jahr sah ich einfach nicht, wie wir durchkommen konnten. Mein Gehalt war das einzige Einkommen, das wir hatten. Ich half meinem jüngeren Bruder bei der Finanzierung seiner Ausbildung, und es war mir klar, daß er darauf zählen mußte. Der Druck wurde größer und größer. Es war mir zuwider, Ruth mit meinen Sorgen zu belasten. Eines Abends ging ich allein aus und spazierte durch den Walnut Park in der Nähe unserer kleinen Wohnung, und zum ersten Mal in meinem Leben spürte ich, wie eisiger Schrecken mir Herz und Seele ergriff. Ich war nicht nur besorgt; ich hatte Angst. Als ich schließlich nach Hause zurückkehrte, konnte ich es nicht länger für mich behalten. Ich sagte zu Ruth: »Wir befinden uns in einer hoffnungslosen Situation. Wir können die Rechnungen nicht bezahlen. Was sollen wir bloß tun?« Und ihre Antwort brachte mich richtiggehend aus der Fassung. Sie sagte: »Wir werden beginnen, Zehnten zu zahlen.«

»Zehnten zu zahlen?« echote ich. »Womit? Das können wir doch nicht. Das ist unmöglich!«

»Nein«, widersprach Ruth. »Nicht unmöglich. Unumgänglich. Du weißt, was die Bibel denen verspricht, die den zehnten Teil von allem dem Herrn darbringen.« Ich kann sie noch heute sehen, wie sie da in der Küche stand und mir Maleachi 3,10, zitierte: »Bringt den ganzen Zehnten ins Vorratshaus, . . . und versucht es doch damit bei mir, spricht der Herr der Heerscharen, ob ich euch dann nicht die Fenster des Himmels auftue und Segen über euch ausgieße bis zum Überfluß.«

»Das werden wir tun«, erklärte sie bestimmt, »und wir werden dabei auch nicht verhungern. Wir werden die Wohnung nicht zwangsweise räumen müssen. Wir werden mit neunzig Prozent unseres zweimal gekürzten Gehaltes durchkommen, weil den zehnten Teil abliefern eine Tat des Glaubens ist, und die Bibel sagt, wenn wir Glauben hätten auch nur so groß wie ein Senfkorn, so sei uns nichts unmöglich. Also werden wir damit beginnen, uns Gottes Reichtum vorzustellen.«

Und das taten wir auch. Und Ruth hatte recht: Wir kamen durch. Das Geld floß uns zwar nicht zu, aber es reichte immer gerade aus. Darüber hinaus schien dieses »Zehnten-Zahlen« meine Ängste zu beschwichtigen und meinen Geist anzuregen, so daß ich nachzudenken begann. Ich fing mit aktiver Vorstellungskraft an. Ich wußte, daß ich eine kleine Begabung hatte: in der Öffentlichkeit zu reden. Und so beschloß ich, das in Kapital umzusetzen. Ich bot meine Dienste als Redner an, wo immer einer gebraucht wurde. Ich sprach bei Vereinen, Diplomfeiern und öffentlichen Versammlungen. Manchmal bekam ich dafür fünf oder zehn Dollar, manchmal überhaupt nichts. Aber es half weiter. Was für ein Hochgefühl empfand ich, als ich das erste Mal ein Honorar von fünfundzwanzig Dollar bekam! Dann bot mir jemand, der mich reden gehört hatte, an, am Radio zu sprechen. Die Rede-Verpflichtungen nahmen zu. So führte eines zum andern, und mit der Zeit konnten wir uns über Wasser halten.

Ich bin überzeugt, daß das »Zehnten-Zahlen« dies zustande brachte. Auf jeden Fall haben Ruth und ich es seit damals beibehalten, und diese Gewohnheit des Gebens hat etwas für sich, das sich nicht mit rein rationalen Worten erklären läßt. Es scheint einen Menschen mit einer geheimnisvollen Kraft in Berührung zu bringen, die Geld anzieht. Nicht unbedingt viel Geld, doch genug für des Gebers Bedürfnisse. Über die Jahre hinweg habe ich Tausenden von Leuten dieses »Zehnten-Zahlen« in Predigten und Reden empfohlen, und Hunderte haben sich überzeugen lassen, es zu versuchen. Von diesen Hunderten ist nicht einer je zu mir zurückgekommen, um mir zu sagen, das Experiment sei fehlgeschlagen oder er bereue es oder es sei falsch. Nicht ein einziger.

Es ist fast so, als gäbe es im Universum einen Vorrat an Überfluß, den man anzapfen kann, wenn man bloß dabei gewisse religiöse Gesetze einhält.

Wenn Sie also finanzielle Schwierigkeiten haben, gehen Sie sie nicht nur mit Mut und Klugheit an, sondern auch mit warmherziger Großzügigkeit und Teilnahme anderen gegenüber.

Dies sind also die wichtigen Punkte, die es bei Geldsorgen zu beachten gilt:

1. *Verlieren Sie die Nerven nicht!* Angst lähmt nicht nur den Willen und den Geist, sie scheint auch auf irgendeine geheimnisvolle Art und Weise Geld zu verscheuchen, vermutlich weil Leute, die Angst haben, nicht kreativ oder erfinderisch oder fähig sind, sich selbst zu helfen. Bemühen Sie sich, ruhig, sachlich, logisch und zuversichtlich zu sein.

2. *Organisieren Sie Ihr Leben!* Rechnen Sie die genaue Höhe Ihres Einkommens und Ihrer Auslagen aus. Wenn Sie ersteres nicht erhöhen können, so vermindern Sie letztere, bis Ihr Budget ausgeglichen ist. Nur so kann man »durchgegangene« Finanzen wieder zügeln.

3. *Üben Sie Disziplin!* Geben Sie nicht jedem Kaufimpuls nach. Geben Sie jegliches Kaufen auf Kredit oder auf Abzahlung auf, bis Sie schuldenfrei sind.

4. *Denken Sie nach!* Suchen Sie in Ihrem eigenen Kopfe nach neuen Ideen, neuen möglichen Einkommensquellen. Geldsorgen können zu Pluspunkten werden, wenn sie Sie zu kreativem Nachdenken zwingen. Wer weiß, vielleicht stoßen Sie auf eine Goldader — wie Michael Cardone —, die für den Rest Ihres Lebens ausreicht.

5. *Geben Sie, soviel Sie können!* Geben ist der beste Weg, sich in den großen, unsichtbaren Strom des Überflusses zu bringen, der durch das Universum wogt. Das »Zehnten-Zahlen« ist der sicherste Weg dazu, denn Gott selbst hat die Wirkungen davon versprochen, und Gottes Versprechungen erfüllen sich immer.

6. *Stellen Sie sich im Geiste vor, Sie seien schuldenfrei!* Malen Sie sich lebhaft die Erleichterung, das Glücksgefühl, den Seelenfrieden aus, die Sie nach der letzten Zahlung empfinden werden. Halten Sie dieses Bild im Bewußtsein fest, bis es in Ihr Unbewußtes sinkt. Dann werden Sie es für immer festgehalten haben, denn es wird Sie festhalten.

6

Mit aktiver Vorstellungskraft
Kummer und Sorgen überlisten

Man kann nie wissen, was für ein zündender Funken in einem
die Begeisterung zu entfachen vermag. Ich kannte einmal einen
Vertreter, dessen Leben ein starres Mißerfolgsmuster aufzuwei-
sen schien. Er war immer in Sorge, nie bei Kasse und stets niedergeschlagen. Er versuchte bald dies, bald das zu verkaufen.
Eine Saison lang war es Farbe, die nächste Kosmetika, dann
Büromaterial und schließlich Lampen und Möbel. Doch was für
einen Artikel er auch anbot, er schien damit nie Erfolg zu
haben, und die Vorstellung von Mißerfolg prägte sich immer tiefer in seine Seele.

Dann gab ihm jemand eines Tages ein Stück Papier, auf dem
eine dreizeilige bejahende Aussage stand. Sie lautete:

Ich glaube daran, daß ich immer von Gott geführt werde.
Ich glaube daran, daß ich immer den richtigen Weg wähle.
Ich glaube daran, daß Gott einen Weg schafft, wo es keinen gibt.

Drei Zeilen bloß. Nichts besonders Kompliziertes. Keine großen
Worte. Eigentlich voller Wiederholungen. Doch der Vertreter
begann, diese Zeilen jeden Morgen beim Erwachen und jeden
Abend vor dem Schlafengehen für sich zu wiederholen. Er
lernte sie auswendig. Er ließ sie tief in sein innerstes Bewußtsein
sinken. Und allmählich begann sich dieser Mann zu ändern.

Er fragte sich nicht mehr unschlüssig und zögernd, was er

wohl verkaufen solle. In seiner einfachen Art und ohne zu zweifeln, bat er Gott, es ihm zu sagen. Dann hörte er voller Glauben
und Zuversicht auf eine Antwort und dankte Gott derweil im
voraus, daß Er ihm die richtige Antwort geben würde. Wenn er
das Gefühl hatte, von dem einen oder andern Artikel angezogen
zu werden, wählte er ihn, ohne zu zögern, und schaute nicht
mehr zurück. Er glaubte daran, daß er von Gott geführt werde,
folglich konnte seine Wahl nicht falsch sein. Daraus ergab sich,
daß er, als er dann den Artikel zu verkaufen begann, dies in der
vollen Überzeugung tat, daß dies der Artikel sei, den er verkaufen *mußte* — und den seine Kunden auch kaufen würden.

Hatte er zwischen zwei verschiedenen Städten oder Gebieten
zu wählen, verfuhr er genau gleich. Er bat Gott, ihm den rechten Weg zu weisen, und dankte Ihm im voraus, daß Er ihn auf
diese Weise lenken würde. Wenn er sich dann in der einen oder
andern Richtung angezogen fühlte, folgte er diesem Gefühl,
ohne zu zögern und ohne zurückzuschauen. Er war überzeugt,
daß die Wahl richtig war.

Wenn er beim Verkaufen auf Widerstand stieß oder wenn ein
erhoffter Verkauf nicht zustande kam, ließ er sich nicht entmutigen. Er glaubte daran, daß Gott einen Weg schaffen werde, wo
es keinen gab. Seine Haltung ruhiger Zuversicht war so eindrücklich, daß die Interessenten sie wahrnahmen und darauf
positiv reagierten. Es war nun etwas an dem Vertreter, das großes Vertrauen einflößte, wogegen er zuvor so unsicher gewirkt
hatte, daß die Interessenten sich ihrerseits verunsichert fühlten.

Mit dieser spektakulären Änderung der Person und ihrer Haltung ging eine ebenso spektakuläre Änderung des Bildes einher,
das der Vertreter von sich selbst hatte. Zuvor hatte er Mißerfolg
und Niederlage vor sich gesehen, bevor er sich überhaupt auf
den Weg machte. Und Mißerfolg und Niederlage waren das, was
er konstant erfuhr. Jetzt aber stellte er sich vor, daß er Erfolg
haben würde, weil sein Bewußtsein *und* sein Unbewußtes die

Überzeugung gewonnen hatten, daß er mit Gott als Verbündetem und Partner nicht scheitern könne. Hatte er dann einmal angefangen zu handeln, als ob er nicht scheitern könne, scheiterte er auch tatsächlich nicht. Noch ehe jede festgelegte Reise zu Ende war, hatte er seinen ganzen Bestand verkauft und mußte nach Hause fahren, um ihn aufzufüllen. Er wurde zu einem der besten Vertreter in jenem Teil des Landes, und das alles nur, weil sein Leben durch drei einfache Sätze umgekrempelt worden war, die alle mit zwei Zauberwörtern begannen: *Ich glaube.*

Es gibt indes auch eine negative aktive Vorstellungskraft. Und die häufigste Bezeichnung dafür ist Sorge. Wenn wir uns Sorgen machen, dann wenden wir zwar aktive Vorstellungskraft an, zielen damit aber in die falsche Richtung. Wenn wir uns um unsere Gesundheit, unsere Kinder, unsere Stelle oder unsere Zukunft Sorgen machen, verleihen wir diesen Sorgen insofern eine gewisse Wirklichkeit, als wir sie unser Denken durchdringen und beeinflussen lassen. Und wenn sie unseren Geist beherrschen, können sie auch auf unser Handeln einwirken. Genau so, wie positive aktive Vorstellungskraft dazu führen kann, erwünschte Ereignisse früher oder später zu verwirklichen, kann negative aktive Vorstellungskraft — oder Sorge — dazu führen, Bedingungen zu schaffen, unter denen das Unangenehme, das man ersorgt, sich mit größerer Wahrscheinlichkeit ereignet.

Die Bibel, dieses außergewöhnliche Buch der Weisheit, erkennt das ganz klar. Im Buch Hiob, der vielleicht ältesten aller biblischen Schriften, ruft Hiob klagend aus: »Denn was ich fürchte, das kommt über mich . . .« (Hiob 3,25). Gewiß tat es das. Er sah das gräßliche Geschehen im Geiste vor sich. Er fürchtete etwas, und schließlich traf es ein. Haben Sie nicht selbst schon von Fällen gehört, wo Leute übertriebene Furcht vor irgendeinem Unglück entfalten und dieses Unglück dann tatsächlich über sie kommt? Ich jedenfalls habe solches schon oft gehört.

Die Bibel erwähnt niemals ein Problem, ohne auch eine Lösung anzubieten. Es finden sich darin immer wieder Ermahnungen zu Frohsinn, Hoffnung, Zuversicht — alles erprobte Mittel gegen Sorge. »Ein fröhliches Herz ist die beste Arznei« (Sprüche 17,22). »Saget zu denen, die verzagten Herzens sind: Seid getrost, fürchtet euch nicht!« (Jesaja 35,4). ». . . meinen Frieden gebe ich euch« (Johannes 14,27). Vertraue auf Gott, sagt die Bibel immerzu, denn je mehr du vertraust, desto weniger wirst du dir Sorgen machen müssen.

Seien wir realistisch: Jeder, der auch nur etwas Phantasie hat, wird sich ab und zu sorgen. Ein bißchen Sorge ist wahrscheinlich etwas Gutes, wenn sie einen dazu bringt, vorsichtig zu handeln. Was gefährlich ist, ist chronische Sorge, das unablässige Sich-Vorstellen unerwünschter Ereignisse. Wer sich gelegentlich sorgt, unternimmt etwas Positives. Der »chronische Kümmerer« ist schließlich erschöpft und verwirrt — wie ein Wüstenreisender in einem herumwirbelnden Sandsturm. Seine Freunde mögen zu ihm sagen: »Hör doch auf, dir Sorgen zu machen! Es ist reiner Zeitverlust, und du änderst damit doch nichts.« Aber in der Regel ist er unfähig, diesen aufmunternden Rat zu befolgen. Und der letzte Satz ist sogar auf gefährliche Weise irreführend, weil Sorge eben doch etwas ändert — hauptsächlich die Fähigkeit des »Kümmerers«, das, was ihn beschäftigt, erfolgreich zu bewältigen.

Wenn Sorge richtig akut wird, kann sie wie ein Schraubstock auf den Geist einwirken und jeglichen Prozeß rationalen Denkens abwürgen. So funktioniert schwarze Magie. Ein Freund von mir, der in Südafrika lebt, schilderte mir einmal, wie das Dienstmädchen seiner Mutter sich einredete, ein Medizinmann aus der Gegend habe sie behext, weil sie ihn auf irgendeine Art gekränkt habe. Mit der Zeit konnte sie nichts mehr essen, weil ihrer Meinung nach alles einen grauenvollen Geschmack hatte. Alles Eßbare empfand sie als abstoßend. Sie war überzeugt, sterben zu müssen, und obwohl ihre Arbeitgeber Ärzte und Geistliche herbeiriefen, um ihr zu helfen, starb sie schließlich tatsächlich den Hungertod — so mächtig waren die negativen Vorstellungen, die von ihrem Geiste Besitz ergriffen hatten.

Als ich vor ein, zwei Jahren im nationalen Radioprogramm in Australien mitwirkte, berichtete man mir von einem ähnlichen Vorfall. Ein junges Mädchen, Angehörige eines Stammes der Ureinwohner, befand sich am Rande des Todes, weil auch es überzeugt war, Opfer eines Zaubers zu sein. Als man mich anfragte, ob positives Denken helfen könnte, antwortete ich, daß die Kraft des Glaubens stärker als jede sogenannte magische Kraft sei, und ich rief die Radiohörer auf, sich mir in einem Gebet für die Erlösung des Mädchens anzuschließen und dafür alle Kräfte aufzubieten. Ich legte allen nahe, sich vorzustellen, wie das Mädchen von dem tödlichen Wahn, der es zugrunde richtete, befreit sei. Ich glaube, viele Zuhörer taten dies, denn später vernahm ich, der Zauber sei gebrochen; das Mädchen begann wieder zu essen und wurde schließlich gesund.

Nur wenige von uns werden je Zeuge solch dramatischer Beweise, wie die Kraft der Angst oder Sorge tödliche Vorstellungen dieser Art hervorzubringen vermag, aber die meisten von uns haben doch täglich gegen Sorge anzukämpfen. Und selbst in verhältnismäßig milden Dosen kann sie schmerzlich sein. Das Wort *Angst* geht auf die Bedeutung *eng* zurück, und Enge, Beklemmung ist genau das, was Angst schafft. Sie beengt und beklemmt einen und raubt ihrem Opfer die Lebensfreude — und die schöpferische Kraft, seine Lage zu verbessern.

Wie kann man sich also von der Enge, der Beklemmung durch Angst und Sorge befreien? Wie kann man sorgenvolle Gedanken mit ihren trüben Bildern künftiger Probleme und Katastrophen, die gleich um die nächste Wegbiegung lauern, vertreiben?

Glauben Sie,
daß Sorgen überwunden werden können!

Das Wichtigste ist, daß Sie daran glauben. Stellen Sie sich sich selbst sorgenfrei vor, und vertrauen Sie darauf, daß dieses Bild wahr werden kann. Sorgen sind eine Gewohnheit, und sie haben sich in Ihrem Geiste breitgemacht, weil Sie sich darin *geübt* haben, und alles, was Sie hereingeübt haben, können Sie auch wieder hinausüben.

Wie haben Sie sich die Gewohnheit, sich Sorgen zu machen, zugelegt? Vermutlich hat es als dünnes Tröpfeln negativer Vorstellungen in Ihrem Geiste begonnen. Mit der Zeit grub ein Rinnsal eine Rinne in Ihr Bewußtsein. Wird dieser Vorgang nicht aufgehalten, kann es so weit kommen, daß jeder Gedanke, den Sie haben, in diese Sorgenrinne geleitet und so verfärbt wird, daß Sie alles schwarz und in böser Ahnung sehen.

Sich-Sorgen-Machen hat etwas eigenartig Befriedigendes — oder sagen wir Masochistisches — an sich, das es schwierig macht, mit der Gewohnheit zu brechen. Genau so, wie gewisse Leute an einer schlechten Gesundheit Gefallen finden, scheinen sich gewisse Leute am Sich-Sorgen auf elende Weise zu laben. Mehr als einmal habe ich meinen Kirchgängern zu verstehen gegeben, wie wunderbar es wäre, wenn sie ganz einfach zum Altar treten, ihre Sorgen in einen großen Korb oder sonst einen Behälter legen und dort zurücklassen könnten. »Aber dann, müßt ihr wissen«, füge ich manchmal hinzu, »würden einige von euch nach dem Gottesdienst durch den Mittelgang zurückschleichen und in dem Korb herumfischen, bis sie ihre abgelegte Sorge wiederfinden würden. Sie hätten sie so liebgewonnen, daß sie ohne sie nicht mehr leben könnten. Und sie würden wieder hinausgehen und dabei die Sorge fest an sich drücken, weil sie sich nicht von einem so alten, vertrauten Freund trennen können.« Das entlockt meinen Zuhörern jeweils ein Lachen oder zumindest ein leises In-sich-hinein-Lachen. Doch es steckt mehr als nur ein Körnchen Wahrheit darin, und sie wissen es.

Lassen Sie mich Ihnen ein paar Tips weitergeben, die mir geholfen haben, Kummer und Sorgen zu überlisten.

Als erstes: Wenn Sie etwas haben, das Sie bedrückt, *denken Sie* darüber *nach*. Hören Sie auf, sich die schlimmstmögliche Eventualität auszumalen und mit Furcht, Besorgnis und Schrecken zu reagieren. Schieben Sie diese negativen Gefühle beiseite, und setzen Sie Ihren Geist auf positive Art ein. Denken ist eine der größten Fähigkeiten, die Gott uns Menschen gegeben hat. Ich bin überzeugt, daß wir sozusagen alles in unserem Leben durch Denken in den Griff bekommen können. Daher können Sorgen, die eine irrationale Reaktion sind, durch rationales Denken gemeistert werden. Nehmen Sie eine Sorge auseinander, breiten Sie sie vor sich aus, analysieren Sie sie. Wenn dies mit klarem, kühlem, rationalem Denken geschieht, werden Sie sehen, daß in neun von zehn Fällen nicht viel übrig bleibt. Sorge hat so viel eingebildeten Inhalt, daß sich, wenn dieser ausgeschlossen wird, die zurückbleibende Wirklichkeit als sehr klein erweist — so klein, daß Sie damit fertig werden.

Als junger Mann hatte ich einen weisen alten Freund, Dr. David Keppel. Ich pflegte ihn aufzusuchen, wenn mich irgendein Problem beschäftigte. »Norman«, sagte er dann jeweils, »setzen wir uns und nehmen wir die Sache auseinander.« Und wenn der dann damit fertig war, blieb in der Regel erstaunlicherweise gar nicht viel Beunruhigendes mehr übrig. Er sagte immer, fünfundneunzig Prozent seiner eigenen Sorgen träfen entweder nie ein oder seien relativ harmlos, wenn sie doch einträfen. »Mit den verbleibenden fünf Prozent bin ich noch immer fertig geworden«, versicherte er jeweils.

Eine weitere nützliche Methode, Kummer und Sorgen zu überlisten, besteht darin, ihnen mit Symbolik beizukommen. Das ist natürlich eine Art aktiver Vorstellungskraft, und sie kann sehr dienlich sein. Einmal kam eine Frau zu mir, weil sie sich vor Sorgen fast hintersann. Einige Monate zuvor hatte sie einen leichten Herzanfall erlitten. Ihre Ärzte sagten ihr, sie hätte sich gut erholt und ihre Aussichten seien hervorragend, allein sie war von der Angst besessen, jede Minute sterben zu müssen. Sie sprach so zwanghaft und unaufhörlich über diese Angst, daß ich mit keinem Wort dazwischenkommen konnte. Schließlich streckte ich meine Hand aus, Handfläche nach oben, und forderte sie auf: »Legen Sie es hier hinein.«

»Legen Sie was hier hinein?« fragte sie verblüfft.

»Ihr Problem«, sagte ich. »Das, was Sie so beschäftigt. Ich weiß zwar, daß es unsichtbar ist, aber ich weiß auch, daß es sehr wahr und wirklich ist. Ich möchte, daß Sie Ihre Hand ausstrecken und sie in meine Hand legen.«

Ein wenig zögernd leistete sie meiner Aufforderung Folge. Ich erhob mich, ging zur Tür, öffnete sie und machte eine Werfbewegung, so, als schleuderte ich etwas hinaus. Ich schloß die Tür und ging zu der Frau zurück. »Jetzt befindet sich das Problem nicht mehr in diesem Raum«, sagte ich. »Es ist vor der Tür draußen. Wir müssen uns damit auseinandersetzen, und wir werden das auch tun. Doch zuerst wollen wir den Platz, den es in Ihnen drin eingenommen hat, mit Gedanken von Gott, von Glaube und Hoffnung füllen. Wir werden Ihre Seele mit dem Frieden durchtränken, den Jesus Christus uns allen versprochen hat. Und Sie werden sehen, daß diese Gedanken stärker als Sorgen und stärker als Angst sind.«

Und am Ende geschah es auch so. Zuerst aber bedurfte es der Symbolik — oder der positiven Phantasie —, um die Frau für diese Hilfe empfänglich zu machen.

Viele Leute erzielen mit diesem Kunstgriff gute Ergebnis. Unlängst erhielt ich einen Brief von einer Frau, die schrieb, sie sei ein »chronischer Kümmerer« gewesen, bis sie auf den Kunstgriff verfiel, ihre Sorgen auf Zettel zu schreiben und sie in einen alten Teekrug zu legen, den sie hoch oben auf einem Regal in der Küche aufbewahrte. Jedesmal, wenn sie ein Problem in den Teekrug legte, sagte sie ein kleines Gebet, mit dem sie das Problem Gott übergab. Am Ende des Jahres holte sie dann den Teekrug herunter, las alle Zettel und warf sie weg. Sie sagte, es sei höchst erstaunlich, wie viele ihrer Sorgen ganz einfach verflogen seien. Und sie fühlte sich immer imstande, sich mit dem Rest auseinanderzusetzen.

Der verstorbene Lord Rank, ein hervorragender britischer Industrieller, erzählte mir einmal von einem kleinen Spiel, das er machte, um die heftige Wirkung von Sorgen zu dämpfen. Er rief das, was er den »Mittwoch-Sorgenclub« nannte, ins Leben. Er war einziges Mitglied. Statt sich jeden Tag Sorgen zu machen, schrieb er sich immer, wenn eine Sorge auftauchte, diese auf ein Stück Papier und warf es in ein Kästchen, damit man sich am Mittwoch nachmittag um vier Uhr — dem Zeitpunkt, zu dem sich der »Club« traf — damit befasse.

Um diese Zeit leerte er dann die gesammelten Sorgen auf einen Tisch. Wenn er sie durchging, erwies sich, daß gewöhnlich etwa neunzig Prozent sich von selbst gelöst hatten und man sich nicht mehr damit zu befassen brauchte. »Und was haben Sie mit den verbleibenden zehn Prozent gemacht?« wollte ich wissen. »Ich legte sie ins Kästchen zurück, damit man sich am darauffolgenden Mittwoch um vier Uhr damit befasse«, erklärte Lord Rank sanft.

Derselbe weise Mann erzählte mir auch, daß dreizehn Stufen vom Hof zu seinem Büro führten. Er hatte die Gewohnheit, während er sie am Morgen jeweils hinaufstieg, auf jeder Stufe ein kurzes Gebet zu sprechen, mit dem er Gottes Güte bestätigte und dafür dankte. Er wußte, wie Kummer und Sorgen zu überlisten sind.

Ein Bekannter von mir in Chicago ist das Finanzgenie einer großen Firma. Er sagte einmal zu mir: »Wollen Sie wissen, was ich tue, wenn ich Sorgen habe? Abends im Büro, wenn es Zeit ist, nach Hause zu gehen, schreibe ich sie auf ein Blatt Papier und stecke es mir in die Tasche. Wenn ich heimkomme, versorge ich den Wagen in der Garage und gehe zum Gartentor, wo der Briefkasten steht. Diesen mache ich auf, lege das Blatt hinein, schließe die Augen und sage: ›Lieber Gott, ich übergebe dir meine Sorgen. Befasse du dich damit während der Nacht, sei so gut.‹ Ich lasse sie da, und wenn ich am Morgen herauskomme, ist das Problem vielleicht schon noch da, aber es bedrückt mich nicht mehr. Im Gegenteil — ich stehe darüber. Was am Abend zuvor Anlaß zu Besorgnis war, ist nun zu einer anspornenden geistigen Herausforderung geworden. Und es ist erstaunlich, wie oft ich die richtige Antwort finde.«

Wenden Sie sich von den Sorgen ab!

Eine dritte Möglichkeit, das Sorgenmuster zu durchbrechen, steht uns allen offen: Lenken Sie sich ab! Wenn Sorgen zu einem Problem werden, ist dies das Vernünftigste: sich davon ab- und etwas anderem zuwenden.

Das ist nicht schwierig, denn glücklicherweise ist der menschliche Geist so beschaffen, daß er nicht mehr als einen Gedanken gleichzeitig haben kann. Man kann sich nicht aktiv über etwas Sorgen machen, wenn man sich willentlich auf etwas anderes konzentriert. Wenn Sie also von Sorgen bedrängt werden, liegt das einfachste Mittel, dieser Bedrängnis aus dem Weg zu gehen, darin, etwas zu tun, das man gerne tut. Arbeiten Sie im Garten; spielen Sie eine Partie Golf; binden Sie einen Blumenstrauß; backen Sie einen Kuchen; singen Sie ein Lied; gehen Sie mit dem Hund spazieren; essen Sie mit einem Freund oder einer Freundin zu Mittag; machen Sie sich selbst ein Geschenk; lesen Sie ein gutes Buch; sehen Sie sich einen rechten Film an (so Sie einen finden können!); planen Sie eine Reise; schauen Sie sich in einem Museum um; machen Sie mit einem Kind ein Picknick. Wenn alle Stricke reißen, schalten Sie den Fernsehapparat ein. Tun Sie irgend etwas, das Sie von sich selbst ablenkt. Robert Louis Stevenson hat geschrieben: »Die Welt ist so voller verschiedener Dinge, daß ich glaube, wir sollten alle wie Könige so glücklich sein.« Die Welt *ist* voll von unendlich vielen Dingen, aber das nützt Ihnen nicht viel, wenn Sie sich nicht willentlich anstrengen, danach zu greifen und sie als lohnende Ablenkung in ihr Leben miteinzubeziehen.

Das letzte und beste Mittel gegen Sorgen ist ganz einfach: Stellen Sie sich Jesus Christus als Ihren höchstpersönlichen Freund vor. Betrachten Sie Ihn nicht bloß als irgendeine entfernte, in Buntglas dargestellte Geschichtsfigur. Stellen Sie Ihn sich als Ihren ständigen Begleiter während des ganzen Tages vor. Malen Sie sich im Geiste ein Portrait so, wie Sie glauben, daß Er aussieht. Ergänzen Sie die Einzelheiten: Seine teilnahmsvollen Augen, die starken Hände. Wie mag Seine Stimme getönt haben, als Er zu den Menschen sprach, als Er die Geschichte vom Verlorenen Sohn erzählte, zum Beispiel? Wenn Sie sich das alles vorstellen können, warum sollten Sie sich dann nicht auch vorstellen, daß Er eben jetzt Ihnen zur Seite sitzt?

Je lebhafter dieses Bild in Ihrem Geiste ist, desto freier von Sorgen werden Sie sein. Vor ein paar Jahren suchte mich ein Physikprofessor einer berühmten Universität auf. Er war ein äußerst intelligenter Mann, doch verfolgt von irrationalen Ängsten und Sorgen, die seine Arbeit behinderten und sein Leben elend machten. Nachdem wir uns eine Zeitlang unterhalten hatten, zeigte sich deutlich, daß der wunde Punkt in gewissen unrechten Dingen lag, die er Jahre zuvor begangen hatte. Er hatte um Vergebung dieser Sünden gebeten, und ich war mir ganz sicher, daß sie ihm auch gewährt worden war. Doch wie viele von uns hatte er sich selbst nicht vergeben, und seine Sorgen und sein Minderwertigkeits- und Unzulänglichkeitsgefühl erwuchsen aus diesen tiefwurzelnden Schuldgefühlen.

Ich beschloß, ihm etwas vorzuschlagen, das ich schon bei Leuten mit weniger ehrfurchterregender Bildung erfolgreich angewandt hatte. Ich wußte nicht, wie er reagieren würde, doch ich empfahl ihm, jeden Abend, wenn er zu Bett ging, einen Stuhl neben sein Bett zu stellen und sich zu sagen, daß Gott die ganze Nacht auf diesem Stuhl sitzen und über ihn wachen und ihm die Sorgenlast von den Schultern heben würde.

Wie ich erwartet hatte, schien ihm die Sache unangenehm zu sein. »Aber die Art Phantasiegebilde ist doch für Kinder«, widersprach er.

»Die Bibel lehrt uns, wie die Kinder zu werden«, rief ich ihm in Erinnerung. »Vielleicht, weil sie mit geringerer Wahrscheinlichkeit Zweifler sind. Alles, was Sie brauchen, ist ein Körnchen Glauben — etwa so groß wie ein Senfkorn.«

Schließlich willigte er in den Versuch ein. Nach Ablauf zweier Wochen rief er mich an. »Ich war drauf und dran, die Sache aufzugeben«, meinte er. »Aber vorgestern abend — nun, ich kann es nicht genau erklären, aber ich wußte auf einmal auf eine Art, die viel tiefer ging als der Verstand, daß Gott tatsächlich dort neben mir saß. Ich bin mir dessen ganz sicher. Und ich glaube daran, daß der Druck, den Schuld und Angst und Sorge und all das deprimierende Zeug auf mich ausübten, gewichen ist. Zum ersten Mal seit Jahren fühle ich mich richtig frei.«

Und in der Folge bestätigte sich ihm, daß er tatsächlich frei war. Das ist es doch, wofür Christus auf die Erde kam, wie uns gesagt wird: um Gefangene wie meinen Freund, den Physiker, zu befreien. Und jedermann — Sie eingeschlossen — kann frei von Sorge sein, wenn er seinen Geist mit dem wahrhaftigen Gedanken erfüllt, daß Gott mit ihm ist und ihm eine normale, unerschütterliche, kluge Einstellung den Problemen des Lebens gegenüber verleiht. Wenn Sie sich vorstellen, daß Sie in Gottes

Nähe leben, werden Sie die Fähigkeit haben, Ihren Geist über die Verwirrung und Leidenschaft der Sorge in einen Bereich der Klarheit und Ruhe zu erheben. Viele haben erfahren, daß dies die beste Methode ist, um Kummer und Sorgen zu überlisten. Versuchen Sie es — Sie werden sehen: Aktive Vorstellungskraft und positive Phantasie überlisten Ihre Sorgen.

7

Stellen Sie sich vor,
Sie seien nicht mehr einsam!

Vor ein paar Monaten suchte eine unglückliche Frau bei mir Rat. Sie war etwa Mitte Fünfzig und von angenehmem Äußeren, doch ging von ihr eine Aura der Niedergeschlagenheit aus. »Bitte, helfen Sie mir«, begann sie, »ich bin gefangen, und ich komme nicht mehr frei«.

»Worin gefangen?« fragte ich sie.

»Im Gefängnis der Einsamkeit«, antwortete sie. »Im Gefängnis der Isolierung vom Leben. Und ich bin nicht die einzige; wir sind Tausende und aber Tausende — zumeist ältere Leute, einige aber erst in mittlerem Alter und verwitwet, wie ich. Alleinstehende Menschen, die in der einsamsten Einsamkeit leben, die es gibt: der Einsamkeit einer Großstadt.«

Sie blickte auf ihr Taschentuch hinab, das sie in ihren Fingern drehte. Schließlich fuhr sie fort: »Die Tage kriechen dahin, einer wie der andere. Und wissen Sie, welches die schlimmste Zeit ist? Sechs Uhr abends. Um diese Zeit pflegte Ralph vom Büro heimzukommen, und wir konnten jeweils so etwa eine Stunde zusammen verbringen, bevor ich das Essen auf den Tisch brachte. Ich wartete immer auf das Geräusch seines Schlüssels im Schloß unserer Wohnungstür. Jetzt wird es sechs Uhr, und da ist kein Schlüssel im Schloß, kein vertrautes Gesicht, niemand, dem ich ein Essen zubereiten soll. Ich stelle die Sechs-Uhr-Tagesschau ein und schaue hin, aber ich höre eigentlich nichts, weil ich so einsam bin, daß ich nur noch sterben möchte.«

Ich hatte wirklich Mitleid mit ihr. Ich fragte sie: »Haben Sie denn keine Freunde oder Verwandten, die wenigstens zu einem Teil die Lücke füllen könnten, die der Tod Ihres Mannes hinterlassen hat?«

Sie schüttelte den Kopf. »Ich habe keine Verwandten hier in der Stadt«, erklärte sie. »Meine beiden Töchter sind verheiratet und wohnen woanders. Ich habe ein paar Bekannte, aber sie sind alle mit ihrem eigenen Leben beschäftigt. Sie haben keine Zeit für mich, und ich mache ihnen das auch nicht zum Vorwurf.«

»Warum sagen Sie das?« fragte ich.

»Nun«, meinte sie mit einem gezwungenen Lächeln, »ich bin nicht gerade die anregendste Gesellschaft der Welt. Ich habe die höhere Schule nie beendet; ich habe eben Ralph kennengelernt und ihn geheiratet. Ich habe nicht viel beizutragen, glaube ich. Ich habe auch keine Kenntnisse, mit denen ich eine Stelle bekäme. Ich bin nur eine biedere Hausfrau. Und niemand interessiert sich heutzutage allzusehr für biedere Hausfrauen.«

»Sie sagen, Sie seien gefangen«, sagte ich zu ihr. »Und Sie möchten, daß ich Ihnen helfe, einen Ausbruch aus dem Gefängnis zu inszenieren. Nun, zunächst einmal, wissen Sie, wer den Schlüssel zu Ihrer Zelle hat? Wissen Sie, wer Sie tatsächlich gefangenhält?«

»Nein«, antwortete sie verwirrt, »eigentlich nicht.«

»Ich glaube, Sie wissen es doch«, sagte ich. »Sie selbst. Sie sind der einzige Mensch, der einen Schlüssel zu Ihrer Zelle besitzt. Sie sind die einzige, die die Tür zur Freiheit öffnen kann. Aber Sie werden es nie tun, solange Sie in Ihrem Geiste dieses Bild von sich als einem hilflosen Opfer der Umstände sehen, als einer Frau, die keine Freunde hat, weil sie glaubt, so wenig beitragen zu können, als einem Menschen, der hoffnungslos gefangen ist in einem Kerker der Einsamkeit. Wenn Sie fortfahren, sich so zu sehen, werden Sie auch fortfahren, so zu sein. Folglich müssen wir, wenn wir wirklich einen Ausbruch aus dem Gefängnis inszenieren wollen, bei Ihnen anfangen und bei dieser Einstellung, die Sie einmauert.«

»Ist es denn nicht zu spät, in meinem Alter noch eine Einstellung ändern zu wollen?« erkundigte sie sich.

»Das ist genau die Art Einstellung, die wir ändern müssen«, erwiderte ich. »Selbstverständlich ist es nicht zu spät! Wir können gleich damit beginnen. Wir werden aktive Vorstellungskraft kreativ einsetzen und uns ein erfülltes Leben für Sie vergegenwärtigen. Sie sagten, Sie sähen sich als Gefangene — einsam, fast ohne Freunde, in einer trostlosen Abfolge eintöniger Tage, in denen nichts geschieht. Ich fordere Sie jetzt heraus, in ebendiesem Augenblick, dieses müde, alte, negative Bild von sich aus Ihrem Geiste hinauszuwerfen. An seiner Stelle stellen Sie sich eine Frau vor — Sie — mit einem Lächeln auf den Lippen und einem Lied im Herzen, die eine Freundin zu sich zum Mittagessen oder zu einem Film oder zu einem Besuch in einem Museum einlädt — und die ihrerseits eingeladen wird, die vielleicht Klavierstunden nimmt, bis sie gut spielt, die ihre Zeit und Energie als freiwillige Helferin in einem Spital einsetzt, die ein neues Kleid oder einen neuen Mantel kauft, die sonntags zur Kirche geht und neue Leute kennenlernt, die ein, zwei neue Hobbys aufnimmt, zum Beispiel Photographieren, Vogelbeobachtungen, irgend etwas. Aber stellen Sie sich immer ein neues Leben vor, ein lebensbejahendes, erfülltes Leben.«

Ich beobachtete ihr Gesicht, während ich sprach, und ich konnte darin Hoffnung und Zweifel zu gleicher Zeit sehen.

Stellen Sie sich Ihr neues Ich vor!

»Vertreiben Sie diese Zweifel aus Ihrem Kopf, und zwar sogleich«, forderte ich sie auf. »Halten Sie sich das Bild Ihres neuen Ich vor Augen, das ich Ihnen an ihrer Stelle geben werde.

Die Zweifel werden versuchen zurückzukommen, und manche andere, alte, eingefahrene Haltung und Gewohnheit wird das auch tun. Sie müssen sich eben darin üben, alles, was zu einem schlechten Selbstbildnis beiträgt, zu verdrängen und diese Dinge durch realisierbare Ziele zu ersetzen. Was ich darstelle, ist für Sie nicht unerreichbar. Es ist eine Persönlichkeitsveränderung, die Sie erreichen können, wenn Sie sich entschließen, sie zu erreichen, wenn Sie sie von ganzem Herzen wünschen und wenn Sie Gott darum bitten, Ihnen zu helfen, sie zu erlangen. Beginnen Sie jeden Tag mit einem Gebet. Erbeten, vergegenwärtigen, verwirklichen — das ist die Formel für erfolgreiche aktive Vorstellungskraft. Wenn Sie die ersten beiden Schritte mit der ganzen Intensität ausführen, die Sie aufbringen können, verspreche ich Ihnen, daß der dritte Schritt sich ganz von selbst vollziehen wird.«

Seit damals habe ich zweimal von dieser Frau Bericht erhalten. Sie ist zwar nicht über Nacht zu einem ganz und gar extrovertierten Menschen geworden, aber sie gibt sich ernsthaft Mühe und erreicht etwas mit ihrem neuen Selbstbild. Sie ist tätiger, und sie ist glücklicher — und sie hat aufgehört, sich selbst als Gefangene zu betrachten. Sie berichtete, sobald sie spüre, daß jenes alte heimtückische bedrückende Gefühl der Einsamkeit wieder im Begriffe sei, sich in ihr Leben zu stehlen, greife sie zum Telephonhörer und rufe jemanden an, der womöglich noch einsamer als sie sei. Ich hege deshalb keinerlei Bedenken, daß sie ihre Einsamkeit überwinden wird, hat sie doch die beste aller Lösungen gefunden: an andere zu denken statt nur an sich selbst.

Ich habe sagen hören, Vereinsamung sei die große Geisel unserer Zeit und sie trete in geradezu epidemischem Ausmaße auf. Nun, betrachten wir dieses Leiden, das so viele Opfer fordert, etwas näher, und versuchen wir, ein paar Gegenmaßnahmen aufzuzählen.

Als erstes mag es helfen, sich bewußt zu machen, daß allein sein nicht unbedingt einsam sein heißt. Ich kenne nicht wenige Leute, die das Alleinsein geradezu genießen, weil sie die Kunst beherrschen, auf angenehme Weise mit sich selbst zu leben.

Einige Menschen haben das Glück, offenbar schon mit dieser wunderbaren Gabe geboren zu werden. Als unsere Tochter Margaret ungefähr vier Jahre alt war, hörte ich sie eines Abends noch lachen und mit sich selbst sprechen, als sie schon längst hätte schlafen müssen. Ich ging in ihr Zimmer und fragte sie, was denn da los sei. »Oh«, erklärte sie mir, »ich lache nur, weil ich es mit mir so lustig habe.« Und ich erinnere mich, gedacht zu haben: *Wie schön, wenn man so ist!* Man muß jede Minute des Lebens in seiner eigenen Gesellschaft verbringen. Wenn man das nicht gern tut, wird man sich unglücklich fühlen. Wenn man es aber gerne tut, wird einen das Alleinsein niemals bedrücken.

Wenn die Zeit, die man alleine zubringt, angenehm verbracht werden soll, muß man sich selbst kennen — und muß man sich selbst gern haben.

Sich selbst kennen, bedeutet erkennen, was einen glücklich macht, was einen traurig macht, was einen freut und was einen langweilt. Nehmen wir zum Beispiel mich: Ich bin ein Schaffer. Ich arbeite gerne, ich bin es gewohnt zu arbeiten, ich bin am glücklichsten, wenn ich arbeite. Ferien machen mich im allgemeinen unruhig, weil ich das unangenehme Gefühl habe, meine Zeit zu vergeuden. Mich freut die Befriedigung, die man erfährt, wenn man Dinge erledigt. Wenn ich also allein sein muß, bringe ich es dadurch fertig, auf angenehme Weise mit mir selbst zu leben, daß ich meine wachen Stunden mit der Arbeit ausfülle, die ich liebe — wie zum Beispiel dieses Buch zu schreiben.

Haben Sie sich selbst gern!

Die meisten von uns haben meistens eine recht gute Meinung von sich. Es gibt jedoch eine überraschend hohe Anzahl Menschen, deren Selbstachtung zu gering ist. Menschen, die Dinge getan haben, derer sie sich schämen, oder solche, die an einem Minderwertigkeitskomplex leiden, oder solche, die zuviel von sich selbst erwarten und sich dann Vorwürfe machen, wenn sie das nicht erreichen. Wie können sich andere Menschen von ihnen angezogen fühlen, wenn sie sich selbst nicht gerne haben? Die nackte Wahrheit ist die, daß viele vereinsamte Menschen einsam sind, weil sie andere Menschen von sich abhalten. Sie sind reizbar. Oder unhöflich. Oder jammern immer. Oder kritisieren immer. Oder sind egoistisch. Oder sehen immer nur das Negative. Oder sind stur. Oder ganz einfach langweilig.

Manchmal haben sie Eigenarten oder Ticks, die einen die Wände hochgehen lassen. Vor vielen Jahren kannte ich eine Frau — im Grunde eine gütige Person —, die in Zeitlupe durchs Leben zu gehen schien. Sie bewegte sich bedächtig, sie sprach bedächtig, sie dachte bedächtig. Da sie Mitglied eines Komitees war, in dem ich ebenfalls tätig war, mußte ich von Zeit zu Zeit mit ihr essen gehen. Wenn das der Fall war, mußte ich jeweils die Zähne zusammenbeißen, um meine Ungeduld nicht zu zeigen, wenn sie *langsam* jeden Bissen mindestens sechsmal im Teller herumschob, ihn *langsam* zum Mund führte, *langsam* kaute und kaute. Ich konnte es nur aushalten, weil die Rendezvous nicht häufig stattfanden und ich mich immer bemühe, die Leute zu nehmen, wie sie sind. Aber ich erfuhr, daß andere sie in Scharen flohen.

Wenn Sie einsam sind, müssen Sie demnach auch die Möglichkeit in Betracht ziehen, daß etwas an Ihrer eigenen Person diese Vereinsamung bewirkt. Und wenn dem so ist, müssen Sie dieses Etwas aussondern und aktiv etwas dagegen unternehmen.

Versuchen Sie, sich so zu sehen, wie Sie andere sehen mögen. Was für einen Gesichtsausdruck haben Sie gewöhnlich? Lächeln Sie leicht einmal, oder ist Ihnen wohler mit einem finsteren Gesicht?

Wie ist Ihre Haltung? Gehen Sie stolz geradeaus, oder lassen Sie niedergeschlagen den Kopf hängen?

Strahlen Sie Fröhlichkeit und Zuversicht aus, oder würde ein guter Beobachter bei Ihrem Anblick sagen: »Da kommt schlechte Nachricht!«?

Wie steht es mit Ihrer Kleidung und der Pflege Ihres Äußeren? Sind Sie eine ansprechend aussehende Person, eine, der Sie selbst gerne begegnen würden? Und wie steht es mit dem, was Sie sagen? Sind Ihre Meinungsäußerungen größtenteils begeistert und optimistisch — oder das Gegenteil? Übertreffen die Dinge, an denen Sie etwas auszusetzen haben, an Zahl diejenigen, die Sie loben? Wie viele Ihrer Sätze beginnen mit einem großen »Ich«?

Passen Sie ernsthaft auf, was der andere sagt, oder sind Sie zu sehr damit beschäftigt, was *Sie* wieder als nächstes sagen werden?

Haben Sie die Grundregel der erfolgreichen Plauderei gelernt, wonach man sich nach anderer Leute Interessen erkundigt, oder plappern Sie andauernd über Ihre eigenen?

Prüfen Sie Ihre Einstellung Leuten gegenüber ganz allgemein. Seien Sie ehrlich: Haben Sie wirklich gern mit Menschen zu tun? Interessieren Sie sich für sie, und zeigen Sie Ihnen auch, daß Sie sich für sie interessieren? Wenn Sie anderen Leuten ehrliche Teilnahme entgegenbringen, schafft das zwischen Ihnen und den anderen eine Atmosphäre der Harmonie, die unwiderstehlich ist. Die anderen spüren das sofort und gehen stets darauf ein.

Ein weiteres Heilmittel gegen Vereinsamung liegt in der alten Ermahnung: Sitzen Sie nicht einfach herum, unternehmen Sie etwas! Eine der häufigsten Ursachen der Vereinsamung ist Trägheit und die Apathie, die daher rührt, daß man nicht ausgefüllt ist.

Ich kann mich erinnern, einmal von einem Rotarier-Essen gekommen zu sein und in der Hotelhalle eine Frau allein und verlassen sitzen gesehen zu haben. Sie war die Witwe eines Rotariers, der wenige Wochen zuvor gestorben war. Als ich sie fragte, weshalb sie da sitze, antwortete sie, sie fühle sich weniger allein, wenn sie draußen vor der Tür des Rotary-Treffens sitze, das ihrem Mann soviel bedeutet hatte.

»Wenn Sie mit mir kommen«, sagte ich zu ihr, »zeige ich Ihnen eine bessere Lösung.« Ich nahm sie mit zu meiner Kirche, wo einige fröhliche freiwillige Helferinnen Briefumschläge füllten und dabei zusammen viel Spaß hatten. »Hier ist eine neue Helferin«, erklärte ich ihnen. »Nehmt sie auf. Schließt Freundschaft mit ihr. Und vor allem: beschäftigt sie.« Und das taten sie auch. Nachher versicherte sie mir, die Tatsache, etwas Sinnvolles zu tun zu haben und es mit sympathischen Leuten tun zu können, habe sie aus der Verzweiflung gerettet.

Aber denken Sie daran: Wenn Sie einsam sind, können Sie nicht einfach warten, bis jemand kommt und Sie errettet. Sie müssen willens sein, selber einen Schritt zu tun! Machen Sie sich ein Bild von dem interessanten Leben, das Sie führen wollen und in dem Sie viele Freunde und anregende Interessen haben. Halten Sie dieses Bild fest, und bewegen Sie sich stetig darauf zu. Das geistige Bild wird sich als Tatsache reproduzieren. Denn genau *so* hilft positive Phantasie!

In Tat und Wahrheit sind wir alle auf Beziehungen angewiesen, die uns stützen. Ich hörte einmal einen Vortrag, in dem der Redner über die Mammutbäume in Kalifornien sprach, diese herrlichen Waldriesen, die gegen hundert Meter hoch werden. »Man würde doch meinen, so hohe Bäume bräuchten sehr tief gehende Wurzeln«, sagte der Redner. »Tatsächlich haben aber

Mammutbäume ein sehr flach streichendes Wurzelsystem, um möglichst viel Oberflächenfeuchtigkeit aufzunehmen. Diese Wurzeln breiten sich in alle Richtungen aus, und somit greifen die Wurzeln sämtlicher Mammutbäume eines Waldes ineinander. Sie sind miteinander verschlungen, so daß alle Bäume, wenn der Wind weht oder ein Sturm tobt, sich gegenseitig stützen und halten. Darum sieht man auch kaum je einen einzelnstehenden Mammutbaum. Sie brauchen einander, um zu überleben.«

Die meisten Menschen auch.

Das beste Heilmittel gegen Einsamkeit schließlich steht jedem von uns jederzeit zur Verfügung. Unlängst las ich von einem Stromausfall in einem Hotel in Salt Lake City, der bewirkte, daß ein Lift zwischen zwei Stockwerken in völliger Dunkelheit steckenblieb — eine furchteinflößende Situation. Als Rettungshelfer im Liftschacht die Stimme einer Frau hörten, riefen sie: »Sind Sie allein dort drin?« »Es ist niemand anders bei mir«, kam die ruhige Antwort zurück, »aber ich bin nicht allein.« Die Leute begriffen bald, daß sie meinte, Gott sei bei ihr und schütze sie, was ja auch stimmte.

Sie brauchen nicht in einem Lift gefangen zu sein, um sich in Gottes Gegenwart zu üben. Sie können überall, jederzeit, über alles mit Ihm reden, und Er wird zuhören und darauf eingehen.

Jesus hat gesagt: »Ich bin bei euch alle Tage bis an das Ende der Welt« (Matthäus 28,20).

Halten Sie sich fest an dieser Zusicherung, und die dunklen Schatten der Einsamkeit werden vergehen.

8

Die drei wichtigsten Schritte auf der Straße zum Erfolg

Wir reden manchmal so, als sei aktive Vorstellungskraft, positive Phantasie, eine neuzeitliche Erfindung, etwas, das wir mit unserer Weisheit des 20. Jahrhunderts offenbart haben. Vielleicht hat unsere Generation auf eine Art tatsächlich aktive Vorstellungskraft entdeckt, doch in Tat und Wahrheit ist sie älter als die Pyramiden. Viel älter.

Zum Beispiel habe ich neulich an einem Abend einen Artikel über die wunderbaren Höhlenmalereien von Südfrankreich und Nordspanien gelesen, von denen es heißt, sie seien mindestens 25 000 Jahre alt. In diesen Malereien sind speerbewaffnete männliche Figuren dargestellt, die Büffeln oder Bisons ähnlich sehende Tiere angreifen. In dem Artikel stand, die Zeichnungen seien Bestandteil primitiver Rituale, die diesen höhlenbewohnenden Jägern in ihrer unablässigen Suche nach Nahrung Glück bringen sollten.

Mit anderen Worten: Noch vor dem Beginn der Geschichte stellten sich die Menschen lebhaft Ziele vor, die für ihr Überleben unentbehrlich waren, und bekräftigten diese Vorstellungen, indem sie sie mit primitiven, aber dauerhaften Farben an die Decken oder Wände der Höhlen malten, die ihnen als Unterkunft dienten.

Jetzt, Hunderte von Jahrhunderten später, ziehen wir nicht aus, mit zugespitzten Stöcken oder mit Speeren, deren Spitze mit einem Feuerstein versehen ist, langhaarige Mammute zu jagen oder Säbelzahntiger abzuwehren. Aber der Mensch von heute muß noch immer seinen Lebensunterhalt in einer harten, auf Konkurrenzkampf eingestellten und manchmal feindlichen Welt bestreiten. Der Vertreter des 20. Jahrhunderts, der sich durch die Betonschluchten einer modernen Stadt an seinen Kunden heranpirscht, ist von seinem entfernten Vorfahren nicht sehr verschieden, was sein vordringliches Ziel, nämlich für seine Familie Essen auf den Tisch zu bringen, anbelangt. Und genau so, wie der Höhlenmensch die Vorstellung von sich als erfolgreichem Jäger zu bekräftigen suchte, muß der Brotverdiener von heute an seine Fähigkeit, der Welt, die ihn umgibt, ein Auskommen abzuringen, glauben und sie bekräftigen.

Ich bin überzeugt, daß erfolgreiche Leute in allen Laufbahnen fortwährend aktive Vorstellungskraft einsetzen, ob sie's wissen oder nicht. Und darum soll in diesem Kapitel die Rede von der Rolle sein, die aktive Vorstellungskraft beim Anstreben dieses oft trügerischen Irrlichts spielt, das man Erfolg nennt.

Positive Phantasie kann in drei entscheidenden Bereichen helfen. Der erste ist die *Zielsetzung*. Soll irgendeine Anstrengung Erfolg bringen, ist das erste, was man zu tun hat, sich ein Ziel zu stecken, es sich ganz klar und bildhaft vorzustellen und sich einen bestimmten Termin zu setzen, um es zu erreichen.

Vor etlichen Jahren kam ein junger Mann zu mir und verkündete ziemlich ungestüm, daß er es im Leben »zu etwas bringen« wolle. Offenbar dachte er, daß ich ihm dabei helfen könne. »Ich will etwas aus mir machen«, erklärte er und schlug sich die Faust in die Hand. »Jawohl, ich bin entschlossen, es zu etwas zu bringen.«

»Ausgezeichnet«, sagte ich. »Zu was wollen Sie es bringen?«

»Ich weiß nicht genau«, antwortete er etwas überrascht. »Ich will einfach etwas Lohnenswertes erreichen.«

»Nun«, fragte ich, »und wann wollen Sie das erreichen?«

»Oh, früher oder später«, meinte er. »Je früher desto besser.«

Ich nahm noch einen Anlauf: »Nun sagen Sie mir einmal: Was genau wollen Sie mit sich selbst anfangen?«

Er warf mir einen ziemlich gekränkten Blick zu. »Wenn ich das wüßte«, sagte er, »wäre ich nicht hier und würde Sie behelligen«.

»Hören Sie«, ermahnte ich ihn, »Sie müssen doch gewisse Interessen oder Neigungen haben. Was für Dinge sagen Ihnen zu oder fallen Ihnen besonders leicht? Wenn Sie einen Zauberstab hätten und sich damit eine Karriere herbeizaubern könnten, was wäre es?«

Er schüttelte traurig den Kopf. »Das sind schwierige Fragen. Ich weiß wirklich keine Antwort.«

»Lassen Sie mich ganz unverblümt reden«, sagte ich. »Sie sagen, Sie wollen es zu etwas bringen. Nun, Sie werden es nie zu etwas bringen, wenn Sie nicht wissen, was dieses Etwas ist. Sie müssen ein ganz bestimmtes Ziel fest vor Augen haben, ein Ziel, das Sie so klar sehen können, wie Sie mich jetzt gerade vor Ihnen sitzen sehen. Doch nicht nur das, Sie müssen sich auch einen Zeitpunkt setzen, um dieses Ziel zu erreichen. Nicht einen vagen Punkt irgendwo in der Zukunft. Ein wirkliches Datum. Eine äußerste Frist. Und wenn Sie diese einmal festgelegt haben, müssen Sie sich vorstellen, wie Sie sie peinlich genau einhalten. Verstehen Sie, was ich Ihnen sage?«

Ein wenig zögernd sagte er, er verstehe es.

Halten Sie Ihr Ziel schriftlich fest!

»Ich schlage jetzt vor, daß Sie nach Hause gehen und niederschreiben, was Sie mit Ihrem Leben anfangen wollen. Solange Sie ein Ziel nicht schriftlich festhalten, ist es nur ein Wunsch; schriftlich festgehalten, wird es zu einem Ziel im Brennpunkt. Bringen Sie es zu Papier. Wenn es auf dem Papier steht, kondensieren Sie es zu einem einzigen Satz: Was sie tun wollen, wann genau Sie beabsichtigen, damit zu beginnen (was eben jetzt sein sollte), wann genau Sie vorhaben, Ihr Ziel zu erreichen. Nichts Unbestimmtes oder Unklares. Alles ganz scharf, klar und bestimmt. Keine Vorbehalte oder Einschränkungen. Nur *ein* einfacher, aussagekräftiger Satz. Und dann schicken Sie mir von diesem lebensverändernden Satz eine Kopie, denn das ist genau, was er tun wird: Ihr Leben verändern!«

»Mein Leben?« echote er.

»Genau«, bekräftigte ich. »Er wird Sie von einem umhertappenden, umherstolpernden, verwirrten, dahintreibenden Träumer zu einem sicheren, zielbewußten, produktiven, nützlichen Menschen machen. Ich möchte, daß Sie von diesem Satz ein halbes Dutzend Kopien machen und sie dahin heften, wo Sie sie mindestens dreimal am Tag sehen. Ich will, daß dieses Versprechen durch sämtliche Schichten Ihres Bewußtseins hinunter und tief in Ihr Unbewußtes dringt, denn da wird es die Kräfte freilegen, die Sie brauchen werden, um Ihr Ziel zu erreichen. Sie werden aktive Vorstellungskraft mit Macht anwenden.«

Er schüttelte langsam den Kopf. »Wie können Sie von alldem so überzeugt sein?« fragte er. »Wie können Sie das wissen?«

»Ich weiß es«, erwiderte ich, »weil mein Vater von mir, als ich etwa so alt war wie Sie, genau das verlangte, wozu ich Sie jetzt dränge. Ich schwankte zwischen zwei Laufbahnen, einer als Journalist und einer als Geistlicher. Mein Vater forderte mich auf, die Sache durchzudenken und mein hauptsächliches Lebensziel in einem einzigen Satz niederzuschreiben. Der Satz lautete: ›Dem Herrn Jesus Christus dienen und Sein Wort verbreiten, soweit ich im Laufe meines Lebens nur kann.‹

Als ich diesen Satz meinem Vater zeigte, sagte er: ›Also gut. Wenn du diese Worte nun deinem Bewußtsein und deinem Unterbewußten einprägst, ohne Unterlaß betest und wie ein Wilder arbeitest, wird sich dieses Ziel erfüllen.‹ Und das ist, was ich versucht habe. Das ist, was ich noch immer versuche mit jedem Quentchen Kraft und Energie, das ich in mir habe.«

Mein Besucher schwieg eine Zeitlang. Schließlich sagte er: »Gut. Ich gehe jetzt heim und tue das.« Und er tat es wirklich. Er schickte mir eine Kopie des Satzes, den er am Schlusse niedergeschrieben hatte. Es ist ein großes, lobenswertes und schwieriges Ziel, doch wenn er tut, was mein Vater sagte, wenn er es seinem Geiste bildhaft einprägt, es sich vor Augen hält, darum betet und »wie ein Wilder arbeitet«, so weiß ich, daß er es erreichen wird. Er hat — mit Hilfe positiver Phantasie — bereits beachtliche Fortschritte in der vorgezeichneten Richtung gemacht.

Sich ein Ziel vergegenwärtigen ist eine Art Schuldschein, den man auf sich selbst ausstellt. Und selbst wenn diese Versprechungen beiläufig oder nur halb im Ernst gemacht werden, kann sie das Unbewußte hören und darauf reagieren. Ich habe einen Freund, der Romanschriftsteller ist und mir erzählte, daß, als er bei einer kleinen Zeitung als junger, unerfahrener Reporter, eigentlich nicht viel mehr als ein Laufjunge war, sein Vater ob seines scheinbar mangelnden Fortschrittes ungeduldig wurde und ihn in einem Brief fragte, ob er glaube, in seinem erwählten Beruf je etwas ausrichten zu können.

»Ich ärgerte mich ein wenig über sein mangelndes Vertrauen in mich«, sagte mein Freund. »Deshalb setzte ich mich hin und schrieb ihm einen kurzen Brief — halb im Scherz, halb im Ernst. Ich gab zu, daß ich wenig Fortschritte zu machen schien, fügte jedoch hinzu, daß ich erst einundzwanzig sei und einen Haufen Zeit vor mir habe. Außerdem, erklärte ich meinem Vater, wisse ich genau, wohin ich gehe und wann ich ankomme. Ich schrieb, mit Dreißig werde ich ein großer Zeitungsreporter sein, mit Vierzig ein großer Redakteur, mit Fünfzig ein großer Kurzgeschichtenautor, mit Sechzig ein großer Romanschriftsteller, mit Siebzig ein großer Großvater, mit Achtzig ein großer

Bewunderer hübscher Frauen und mit Neunzig ein großer Verlust für die Allgemeinheit.«

Mein Freund fuhr fort, der Brief habe seinen Vater höchst amüsiert. »Aber weißt du«, fügte er bei, »abgesehen von Größe oder Nicht-Größe — meine Laufbahn ist diesem vorausgesagten Muster in erstaunlichem Ausmaß gefolgt.«

»Selbstverständlich ist sie das«, pflichtete ich ihm bei. »Du hattest einen realisierbaren Wunsch, einen realisierbaren Traum, eine realisierbare Vorstellung. Du hast den Kompaß deines Unbewußten in der Richtung dieses Traumes ausgerichtet. Und dorthin hat er dich auch geführt.«

Sie werden bemerkt haben, daß mein Freund sozusagen instinktiv Fristen für die einzelnen Etappen seiner Entwicklung setzte. »Spätestens an meinem dreißigsten Geburtstag werde ich dies sein«, sagte er sich selbst, »an meinem vierzigsten das, an meinem fünfzigsten werde ich dieses Ziel erreicht haben«, und so weiter. Und sein Unbewußtes nahm das recht wörtlich. Es wird einem starken, bestimmten Selbstbild immer gehorchen.

Wenn auf dem Weg zum Erfolg der erste Schritt darin besteht, sich würdige Ziele zu setzen, so besteht der zweite im *Glauben* — nein, in der *Überzeugung* —, daß Sie fähig sind, diese Ziele zu erreichen. In Ihrem Geiste muß das unerschütterliche Bild von Ihnen selbst haften, wie Ihnen die Verwirklichung des Zieles, das Sie sich gesetzt haben, *gelingt*. Je lebhafter dieses Bild ist, desto erreichbarer wird das Ziel.

Große Sportler haben das schon immer gewußt. Der Hochspringer »sieht« sich selbst die Latte überqueren; der Golfspieler, der vor einem schwierigen Schlag steht, stellt sich vor, wie der Ball über die dazwischen liegenden Hindernisse hinwegfliegt und genau auf dem Grün landet. Je intensiver er sich das vorstellt, bevor es geschieht, desto größer ist sein Selbstvertrauen und desto besser sind seine Chancen, daß es tatsächlich so geschieht.

Verbannen Sie das Mißerfolgsbild!

Selbst Leute mit einer langen erfolglosen Vergangenheit können zu ausgesprochenen Erfolgsmenschen werden, wenn sie ihr Bild von sich als Versagern oder Taugenichtsen über Bord werfen und auf Gott vertrauende Geschöpfe werden, deren Erreichung angestrebter Ziele nur eine Frage der Zeit ist, und zwar einer bestimmten Zeit.

In Australien habe ich vor einigen Jahren einen außerordentlichen Mann namens John »Bert« Walton kennengelernt. Wir sind seither eng befreundet. Er erzählte mir, daß er in seinem Leben anfänglich in einem eigentümlichen Mißerfolgsmuster gefangen zu sein schien. Was immer er anpackte, ließ sich gut an und nahm dann ein übles Ende. Als Schüler mußte er aus ebendiesem Grunde verschiedene Schulen aufgeben. Er gelangte zur Überzeugung, daß es sein Schicksal im Leben war, immer einen guten Anfang zu machen und dann zusehen zu müssen, wie er dahinschwand. Und da er sich selbst so sah, traf es selbstverständlich auch immer so ein.

Eines Tages bekam er eine Stelle bei der australischen Tochterfirma einer bekannten amerikanischen Gesellschaft. Das nämliche düstere Muster schien sich anzubahnen: Er begann gut, und dann ging es bergab. Das überraschte ihn nicht sonderlich; er hatte es ja so erwartet.

Dann entsandte die Muttergesellschaft einen Betriebspsychologen, der vor ihren australischen Angestellten reden sollte, und Bert Walton befand sich unter den Zuhörern. Der Besucher versicherte seinen Zuhörern, daß sie alles, was sie nur wollten, erreichen konnten, wenn sie bloß daran glaubten, daß sie es könnten. Er forderte sie auf, sich bildhaft vorzustellen, wie sie in der Firma aufstiegen, wie sie befördert würden, wie sie an Energie und Dynamik zusehends gewännen, bis sie ganz oben angekommen seien. »Sie können es, wenn Sie glauben, daß Sie es können«, sagte er immer wieder. »Die meisten von Ihnen nutzen nur zehn Prozent der Kräfte, die in Ihnen wohnen. Die meisten lassen sich von der Angst vor dem Mißerfolg zurückhalten. Die meisten leben in einem Kerker des Selbstunterschätzung und des negativen Denkens. Alle für den Erfolg erforderlichen Zutaten finden sich in Ihnen drin, wenn Sie bloß umdenken. Sagen Sie sich nicht dauernd, Sie könnten dies nicht und Sie könnten das nicht. Lassen Sie das Wort *nicht* weg. Sie können alles — ALLES —, wenn Sie glauben, Sie könnten es!«

Bert Walton hatte noch nie zuvor in seinem ganzen Leben so etwas gehört. Er sagte mir, daß er von dem Vortrag fast in einem Schockzustand weggegangen sei. Zum ersten Mal wurde ihm bewußt, daß sein Bild von sich als einem Menschen, der gut begann und dann versagte, nur eine fixe Idee war, eine Geisteshaltung, die jederzeit geändert werden konnte, wenn er den klaren Entscheid fällte, sie zu ändern. Er sagte: »Ich ging am Büro des für Neusüdwales zuständigen Bereichsleiters vorbei, und ich stellte mir mich selbst in dieser Stellung vor. Ich stellte mir vor, wie ich selbst an jenem Schreibtisch saß. Ich sagte mir: ›Ich kann diese Stellung haben, wenn ich glaube, daß ich sie haben kann, und von jetzt an glaube ich das. Ich weiß, daß ich sie haben kann. Und ich *werde* sie haben. Und von da werde ich immer weiter vorankommen!‹«

Bert Walton machte sich mit ungeheurer Begeisterung, Zuversicht und Energie wieder an die Arbeit. Er wurde befördert. Er wurde Bereichsleiter für Neusüdwales. Zu guter Letzt wurde er Direktor der Gesellschaft für ganz Australien. Andere australische Freunde sagten mir, er hätte wahrscheinlich auch Direktor der Muttergesellschaft werden können, doch nahm seine Karriere einen andern Lauf. Sein Vater war Besitzer eines Geschäfts und wünschte seinen Sohn zum Mitinhaber zu machen. Und Bert Walton baute das Geschäft zu einer der größten Handelsketten Australiens aus. Er wurde von der Queen geadelt. Während er einstmals von Mißerfolg verfolgt gewesen war, wurde nun alles, was er tat, von Erfolg gekrönt. »Ich bin kein ungewöhnlicher Mensch«, sagte er mir. »Ich bin wirklich nur normal begabt. Es war jene eine Rede, die mein Selbstbild veränderte. Sie bewirkte, daß ich mich selbst anders sah, und so war ich auch anders.«

»Nun, wenn du nur normal begabt bist, so hast du deine Begabung doch auf außergewöhnliche Art eingesetzt«, meinte ich zu ihm. Und das hat er tatsächlich. Sir John Walton ist ein lebendes Beispiel für aktive Vorstellungskraft, positives Denken und Vertrauen.

Menschen, die im Leben Erfolg haben wollen, müssen nicht nur ein starkes Selbstbildnis aufbauen, sondern sie müssen dieses Bild auch den Leuten vermitteln, auf deren Wohlwollen und Unterstützung sie bei ihrem Vorwärtskommen angewiesen sind. Alle erfolgreichen Vertreter wissen das. Ich wuchs in Bellefontaine im Staate Ohio auf, wo es damals nur zwei jüdische Familien gab. Eine davon war auf dem Bekleidungssektor tätig. Emil Geiger führte das erste Herrenbekleidungsgeschäft am Platz. Emil war ein guter Freund meines Vaters; er pflegte in unsere Kirche zu kommen, um meinen Vater predigen zu hören, weil es in der Stadt keine Synagoge gab. Alle mochten Emil gut leiden. Kam ein Kunde ins Geschäft und konnte Emil ihn nicht mit dem Gewünschten bedienen, so verwies ihn Emil höflich an ein anderes Geschäft, das es konnte. »Ich verkaufe nicht einfach nur Kleider«, pflegte er zu sagen. »Ich verkaufe den Ruf Emil Geigers als jemandes, der seinem Mitmenschen helfen will. Das Geheimnis des Erfolges im Geschäftsleben ist dies: die Bedürfnisse des Kunden vor Augen haben, nicht die eigenen. Schaffe das Bild von dir als von jemandem, dem der Kunde und nicht sein Geld am Herzen liegt, und du wirst immer Erfolg haben.«

Emil pflegte mir ab und zu Gelegenheitsarbeiten zu geben.

Ich erinnere mich, daß er einmal einen Haufen im Preis herabgesetzter Anzüge hatte, die niemand kaufen wollte; er überredete mich deshalb, zusammen mit einem Freund mit Roß und Wagen aufs Land hinauszufahren und zu versuchen, die Anzüge Bauern zu verkaufen. »Sagt ihnen, die Anzüge seien gute Ware, auch wenn sie herabgesetzt seien. Und die Anzüge werden ihnen gute Dienste leisten. Versichert euch, daß jeder Kunde mit seinem Kauf zufrieden ist.« Und zufrieden war auch Emil mit unserer Verkaufskampagne.

Jahre danach kam Emil nach New York und hörte mich predigen. In meinem Arbeitszimmer sagte er nachher zu mir: »Nun, Norman, du hast von Bellefontaine aus einen weiten Weg zurückgelegt, aber du bist nach wie vor ein Verkäufer, genau wie ich es dich gelehrt habe. Du bietest etwas an, das die Leute wollen, und du hast ihre Bedürfnisse vor Augen, nicht deine eigenen. Darüber hinaus siehst du dich selbst als erfolgreichen Ideenverkäufer, und darum akzeptieren auch andere Leute dieses Bild von dir und hören auf das, was du zu sagen hast. Wenn du bloß weiterfährst, den Leuten das zu geben, von dem sie wissen, daß sie es brauchen, und ihnen zu spüren zu geben, daß du dich um sie kümmerst, dann werden sie von meilenweit her kommen, dich zu hören.«

Ein anderer Freund von mir, der sein Selbstbild in die Köpfe seiner Kunden projiziert, ist Joe Girard, der im Guinness-Buch der Weltrekorde als größter Autoverkäufer der Welt aufgeführt ist. Es gab im Leben Joe Girards eine Zeit, da er den Anschein des größten Versagers der Welt hatte. Alles, was er anpackte, kam schief heraus. Er steckte bis über beide Ohren in Schulden. Die Bank wollte sein Haus, seinen Wagen, einfach alles pfänden lassen.

Eines kalten Januarabends kam er heim, kletterte über den hinteren Zaun und schlich sich durch die Hintertür ins Haus, um dem Gerichtsvollzieher aus dem Weg zu gehen, falls er wieder vorbeikommen sollte. Als er die Küche betrat, eröffnete ihm seine Frau, daß sie nichts zu essen im Hause habe. Sie könne den Kindern nichts geben. In diesem Augenblick läutete es an der Tür: schon wieder der Gerichtsvollzieher.

Joe Girard öffnete die Haustür nicht. Statt dessen beugte er sich im verdunkelten Korridor vornüber und sandte ein Gebet der Verzweiflung zum Himmel. Er war überzeugt, als Ehemann, als Ernährer, als Mensch völlig versagt zu haben. Er bat Gott, ihm zu helfen, ihm ein anderes Bild von sich zu geben, seinem Leben eine Wende zu verleihen.

Tags darauf ging er zu einer Autohandelsfirma, deren Direktor er kannte, und bat diesen um eine Stelle als Verkäufer. Der Mann hatte Mitleid mit ihm und erklärte sich bereit, ihm auf Provisionsbasis eine Chance zu geben. Joe Girard stellte den ganzen Tag Telephonnummern von Bekannten ein, in der Hoffnung, auf diesem Wege einen Wagen zu verkaufen, doch es führte zu nichts. Der Zeitpunkt war ungünstig, war es doch kurz nach Weihnachten. Es schien für niemanden der Moment zu sein, einen Wagen zu kaufen.

Dank einem ersten Erfolg geht es bergauf

Endlich — es war kurz vor Ladenschluß — kam ein Mann hereingeschlendert. Er wolle sich nur ein wenig umsehen, meinte er. Er habe keinerlei Kaufabsichten. Eigentlich hätte Joe Girard nunmehr sein letztes bißchen Mut verloren haben sollen. Doch irgendwie, als er den Mann ansah, sah er vor seinem geistigen Auge eine warmherzige, freundliche Begegnung, die zu einem Verkauf führte. Er stellte sich vor, wie er das Provisionsgeld erhielt und Taschen voller Lebensmittel heim zu seiner Familie brachte. Er sah, wie das Essen auf dem Tisch dampfte, wie seine hungrigen Kinder es mit Genuß verzehrten. Er fixierte die

Szene in seinem Geiste. Dann begann er in freundlicher, offener Art zu dem Mann zu sprechen, den er nun als verheißungsvollen künftigen Kunden sah. Der Mann war von Joes Aufrichtigkeit beeindruckt und erklärte sich am Ende bereit, einen Wagen zu kaufen. Der Firmeninhaber leistete Joe einen Vorschuß auf seine Provision, der es ihm ermöglichte, Lebensmittel zu kaufen und sie seiner Familie heimzubringen. Der ganze Traum wurde wahr.

Danach war Joe als Verkäufer nicht mehr zu halten. Er ließ es nie zu, daß seine Kunden vergaßen, wer er war oder womit er seinen Lebensunterhalt bestritt. Er führte Karteien und sandte jedem Kunden zum Geburtstag eine Glückwunschkarte. Mit jedem Abschluß verstärkte sich sein Bild von sich als dem tüchtigsten Autoverkäufer der Welt. Und dieses Bild pflanzte er weiterhin dem Denken der Interessenten ein.

Ist der erste Schritt auf dem Weg zum Erfolg die Zielsetzung, der zweite der Glaube, das Ziel erreichen zu können, und der dritte, es sich bildhaft vorzustellen, so ist der vierte und wichtigste dieser: *Lassen Sie Gott Ihren Partner sein.* Gott steht bereit, Ihnen jederzeit zu helfen. Ich weiß das, denn Er hat mir immer geholfen. Daran gibt es keinen Zweifel. Er gewährt ruhige, aber sichere Führung denen, die darum bitten. Er verleiht den Zögernden Entschlossenheit und den Zaghaften Mut.

Der Grund für Joe Girards Erfolg war ebenso einfach wie wirksam. Vertrauen auf Gott behebt Spannung, Angst, Sorge und alle negativen Kräfte, die einen Menschen vom Erfolg abhalten. Ist Gott für Sie (und wenn Ihr Ziel ein würdiges ist, *wird* Er für Sie sein), worum brauchen Sie sich dann noch zu sorgen? Wenn die mächtigste Kraft des Universums auf Ihrer Seite steht, warum sollten Sie da noch Angst vor dem Versagen haben? Eine Art heiterer Gelassenheit überkommt die Menschen, die diese Überzeugung haben, und im Zentrum dieser heiteren Gelassenheit steht des öfteren die sonnenbeschienene Oase, die wir Erfolg nennen.

Heitere Gelassenheit. Das ist ein äußerst wichtiger Beitrag der Religion, nicht wahr? Religion ist eine Reihe von Glaubensanschauungen und Haltungen, die sich abmühenden Menschen Ruhe und Sicherheit verleiht, ihnen den Mut und die Entschlossenheit gibt, die sie benötigen, um durchs Leben zu kommen, und dazu einen Plan, der sie, wenn sie ihm folgen, im Triumph in das künftige Leben führen wird.

Ich sehe diese heitere Gelassenheit immer wieder in gottvertrauenden Menschen ihre Wirkung tun. Unlängst hielt ich mich im Büro eines bekannten Industriellen auf, eines Selfmademans in der Automobilindustrie. Es war am späten Nachmittag vor Büroschluß. Ich wußte, daß er ein unheimlich großes Arbeitspensum hatte, und doch war sein Pult völlig leer, nicht eine einzige Pendenz befand sich darauf. Ich machte ihm ein Kompliment dafür. »Wie machen Sie das nur?« wollte ich wissen.

»Es gab eine Zeit, da ich am Feierabend noch den ganzen Schreibtisch voller Papierkram hatte — lauter ungelöste Probleme. Ich zerbrach mir den Kopf darüber, was ich falsch machte, und kam zum Schluß, daß ich mir zuviel Sorgen machte. Ich zögerte, Entscheide zu fällen, weil ich mir Gedanken machte, ob es wohl die richtigen Entscheide seien. Ich machte mir Gedanken über die Folge der Entscheide, die ich trotz allem fällte. Sich-Sorgen war das, was mich lähmte, mich bremste, mich zurückhielt.«

»Offensichtlich haben Sie das überwunden«, sagte ich. »Wie haben Sie das fertiggebracht?«

»Passen Sie auf, wenn wir dieses Büro verlassen, und Sie werden sehen, wie«, antwortete er.

Als wir ein paar Minuten später weggingen, bemerkte ich an der Wand neben der Tür einen Abreißkalender, die Art Kalender also, die für jeden Tag ein Blatt hat. Unter dem Kalender stand ein Papierkorb. Mein Freund hielt an der Tür inne, riß das oberste Blatt des Kalenders ab und zerknüllte es langsam in der Hand. Er schloß die Augen, und seine Lippen bewegten sich lautlos. Schließlich öffnete er die Hand und ließ das zerknüllte Papier in den Papierkorb fallen.

»Tolle Erfindung, der Papierkorb«, sagte er mit einem Lächeln.

»Wenn man etwas loswerden will, braucht man es nur dort hinein fallen zu lassen, und weg ist es. Also tue ich genau das am Ende jeden Tages mit meinen Sorgen. Ich bitte Gott, über meine Verantwortungen zu wachen, während ich von diesem Büro abwesend bin. Ich danke Ihm für Seine Liebe und Seine Fürsorge. Dann öffne ich die Hand und lasse die Sorgen und Probleme des Tages einfach verschwinden.« Er schnalzte mit den Fingern. »Einfach so! Ich weiß, daß es am nächsten Tag neue Probleme geben wird, aber ich mache mir keine Sorgen darüber. Der Herrgott wird mir helfen, mit ihnen fertigzuwerden. Und auf jeden Fall wird die Energie, die ich damit spare, daß ich mir heute keine Sorgen mache, morgen beim Probleme-Lösen zur Verfügung stehen.«

»Ich bitte Gott, über meine Verantwortungen zu wachen, während ich von diesem Büro abwesend bin.« Dieser Mann hatte auf dem Weg zum Erfolg den vierten und entscheidenden Schritt getan: er hatte Gott gebeten, ihm bei seinen Entscheiden Partner zu sein. Er bat um Unterstützung und Führung. Er stellte sich vor, wie sich die unendliche Weisheit des Allmächtigen auf seine Probleme zentrierte, sie entwirrte, sie klärte und Lösungen ausarbeitete, die, wenn die Zeit gekommen war, in aufblitzendem Scharfsinn oder richtungsweisender Intuition in seinem eigenen Geiste sichtbar wurden. Er baute sein Haus auf den Felsen, denn er wußte, daß es, wenn das Meer der Schwierigkeiten es umbrandete, stehenbleiben würde.

Wenn Sie das tun, brauchen Sie sich keine Sorgen zu machen, wie Sie zu Glück und Erfolg gelangen sollen. Sie werden zu Ihnen kommen.

9

Positive Phantasie — Schlüssel zur Gesundheit?

Gegen Ende des Zweiten Weltkrieges geriet der junge amerikanische Soldat Lew Miller in deutsches Maschinengewehrfeuer. Fünf Kugeln trafen ihn: zwei seinen linken Arm, eine seine Schulter, zwei seinen Kopf. Mehr tot als lebendig wurde er in ein Militärhospital gebracht.

Wochen und Monate vergingen. Sein Gewicht sank von den siebenundachtzig Kilo, die er normalerweise hatte, auf knapp einundvierzig. Er war so schwach, daß er umfiel, wenn er einen Versuch machte zu stehen. Er war ein tapferer Mann, und er kämpfte heldenhaft darum, wieder zu Kräften zu kommen, doch die Heilung war so langsam und schmerzhaft, daß sie fast hoffnungslos schien.

Er versuchte zu beten, aber seine Gebete dünkten ihn kraft- und wertlos. Die Ärzte taten ihr Bestes, doch Ihr Bestes schien wenig auszurichten. Damit die endlosen Stunden schneller vergingen, versuchte Lew Miller manchmal, sich glückliche Szenen aus seiner Vergangenheit in Erinnerung zu rufen, sportliche Erfolge etwa, die er als Knabe gehabt hatte, oder Gelegenheiten, bei denen er Schulpreise oder -auszeichnungen gewonnen hatte. Dann malte er sich den Beifall der Menge aus, den Stolz und die Freude auf den Gesichtern seiner Eltern, seine eigene Befriedigung. Er bemühte sich, diese Ereignisse so lebhaft wie nur möglich vor seinem inneren Auge abspielen zu lassen, denn so gelang es ihm, vorübergehend das Krankenbett zu vergessen, in dem er lag.

Wie er diese Erlebnisse Revue passieren ließ, wurde Lew Miller bewußt, daß die meisten davon einen gemeinsamen Nenner zu haben schienen. Jedesmal, wenn er einen sportlichen Erfolg errungen oder ein Ziel erreicht hatte, war das Erfolgsbild in seinem Geiste vorhanden gewesen, bevor der Erfolg tatsächlich eintrat. Ob es nun darum ging, ein Tennisturnier zu gewinnen, oder darum, unter den ersten Zehn in einem Geländelauf zu sein, er hatte sich im voraus erfolgreich »gesehen«, und wenn er mit unerschütterlichem Glauben an diesem Bild festgehalten hatte, war die Wirklichkeit auf geradezu unheimliche Art dem Traum gefolgt.

Lew Miller hatte viel Zeit zum Nachdenken, und allmählich ging ihm (just wie Jahre später Harry DeCamp) ein Zusammenhang zwischen diesem Vorher-und-nachher-Muster und einigen der großen Verheißungen des Neuen Testaments auf. Er erinnerte sich, daß es hieß: »Alles, um was ihr betet und bittet, glaubet nur, daß ihr es empfangen habt, und es wird euch zuteil werden.« War es möglich, fragte sich Lew Miller, daß eine starke Vorstellung des Geistes, die von innigem Glauben gestützt wurde, eine Art stilles Gebet war, von Worten unbelastetes Gebet? Und wenn dem so wäre, könnte er da nicht seine eigene Genesung vorantreiben, indem er sie sich vergegenwärtigte und gleichzeitig Jesu Christis Verheißung für sich in Anspruch nahm?

Lew Miller hatte schon immer an die Macht Gottes geglaubt; jetzt aber sah er ein, daß es, um diese Macht in seinem eigenen Leben wirken zu lassen, *seine* Aufgabe war, das Bild seiner eigenen Heilung zu erschaffen und es mit Glauben zu nähren. Und somit — in plötzlich aufwallender Entschlossenheit und Energie — begann er genau das zu tun. Er sah sich selbst nach Hause zurückkehren. Er sah sich einen Wagen fahren, einen Beruf ausüben, kurz: wieder ein normales, alltägliches Leben aufnehmen. Wenn er über das alles hinausschaute, sah er sich selbst eine Familie gründen, sich als Bürger engagieren und Karriere machen. Nicht nur vergegenwärtigte er sich diese Dinge immer und immer wieder mit aller nur denkbaren Intensität, sondern er fing auch an, Gott *im voraus* dafür zu danken, daß Er diese Visionen zu Wirklichkeit werden ließ.

»Wir sind im wesentlichen ein Geist mit einem Körper«, sagte sich Lew Miller, »nicht umgekehrt. Und darum kann der Geist auch den Körper beherrschen. Wenn ich meiner Heilung positiv gegenüberstehe und sie mir *bildhaft* vorstelle, werden meine Gedanken stetig ihr körperliches Gegenstück hervorbringen.«

Sowie all diese Überlegungen in Lew Millers Geist Fuß faßten, spürte er ein erstaunliches Ansteigen seiner Hoffnung und seines Wohlbefindens. Zur Verwunderung der Ärzte begann er schnell zu genesen. Heute ist Lew Miller glücklich verheiratet und hat zwei Kinder. Er lebt das normale, glückliche und produktive Leben, das er sich in jenem Militärhospital vor vielen Jahren so lebhaft vorgestellt hatte. Er ist überzeugt, daß er sich seinen Weg zu einer der wirksamsten Heilungskombinationen ertastet hat, die es überhaupt gibt: intensiv angewandte positive Phantasie plus unerschütterlicher Glaube. Und sie hat ihn vom Rande des Grabes in das Reich der Lebenden zurückgebracht.

Was sagt die medizinische Wissenschaft zu solchen Geschichten? Selbstverständlich sind die Meinungen geteilt. Gewisse Ärzte glauben, daß alle Krankheit eine Widerspiegelung geistiger oder seelischer Zustände sei. Andere gehen nicht so weit. Und ein Laie wie ich kann sich sicher nicht zum Richter machen.

Mit Interesse habe ich eine Broschüre gelesen, mit der ein Kurs von Dr. Jeanne Achterberg und Dr. G. Frank Lawlis mit der Bezeichnung »Gesteuerte bildhafte Vorstellung und Körper-Geist-Einstellung zur Erlangung optimaler Gesundheit« angeboten wurde. In dieser Broschüre wurde das Kursprogramm dargelegt, und unter anderem stand da:

Bildhafte Vorstellung ist der rote Faden, der sich über mehr als 3000 Jahre durch die wirkungsvolle medizinische Tätigkeit zieht. Bildhafte Vorstellung scheint die Brücke zwischen Psyche und Soma zu sein. Sie ist von zentraler Bedeutung beim Erlernen eines Bio-Feedback . . . und könnte die Grundlage zum Verständnis und verstärkten Einsatz des Placebo-Effektes sein. Somit könnte sich bildhafte Vorstellung sehr wohl als wichtigste Methode überhaupt im modernen Gesundheitswesen erweisen.

Vor dreißig Jahren schrieb eine Kapazität der Psychosomatik, Dr. Arnold A. Hutschnecker: »Wir selbst wählen den Zeitpunkt, die Art, den Verlauf einer Krankheit und ihre Ernsthaftigkeit.« Und er fügte bei: »Wir nähern uns der Erkenntnis, daß bei jeglicher Art von Krankheit, von der gewöhnlichen Erkältung bis zu Krebs, seelischer Streß eine Rolle spielt.«

Unlängst kam mir ein Zeitungsbericht in die Hände, in dem ein kalifornischer Arzt, Dr. Irving Oyle, zitiert wurde, laut dem die Menschen ein Alter von hundertfünfzig Jahren erreichen könnten, wenn sie bloß eine Verbindung von richtigem Denken und Beten praktizierten. »Positive, gute Gedanken lösen im Körper heilsame Hormone aus, und diese helfen ihrerseits dem Körper, sich selbst zu heilen. Andererseits«, sagte er, »wenn Sie es als gegeben annehmen, daß Sie in einer feindlichen Welt leben, ist die Reaktion auf diese Annahme das, was Ihren Körper abnützt.« Dann fügte er hinzu: »Beten ist eine gute Methode, um Angst zu bekämpfen und Heilung zu fördern . . . Wenn Sie beten, nehmen Sie an, daß es im Universum eine Kraft gibt, die auf Ihrer Seite steht — eine mächtige Kraft. Sowie Sie das tun, entspannt sich Ihr Körper. Und wenn Sie tatsächlich daran glauben, daß Gott auf Sie eingehen wird, so haben Sie auch schon den Heilungsprozeß eingeleitet. Der Glaube selbst bringt die Hormone hervor, die Ihnen ein längeres Leben verleihen.«

Die Schlüssel zur Heilung

Hoffnung, Glaube, Aufrichtigkeit — dies scheinen die Schlüssel zu sein. Wenn Sie sie haben, können Sie sich Ihre Genesung vorstellen und den Heilungsprozeß beschleunigen. Wenn Sie sie nicht haben, so können Sie das nicht. Dr. Sanford Cohen, Chefarzt der Psychiatrie an der *Boston University School of Medicine*, hat Studien durchgeführt, die anzuzeigen scheinen, daß Hoffnungslosigkeit — das heißt die Vorstellung, daß keine Heilung stattfinden werde — geradezu tötet. Stellt ein Arzt die Diagnose einer tödlichen Krankheit und teilt dies seinem Patienten mit, so tritt der Tod rasch ein, wenn der Patient die Hoffnung aufgibt und resigniert. Eine Autopsie mag zwar die Bösartigkeit aufzeigen, doch keinen Grund dafür, daß der Patient so bald hätte sterben sollen.

Ich kannte einmal eine Frau, deren Vater von einem Taxi angefahren wurde, als er in Manhattan die Straße überquerte, und mit siebenundachtzig Jahren starb. Als eine Autopsie vorgenommen wurde, war der Arzt sehr überrascht. »Ihr Vater hatte allerlei Verletzungen und Leiden, an denen er eigentlich schon vor zwanzig Jahren hätte sterben müssen«, eröffnete er der Frau. »Und doch sagen Sie, er sei bis zum Ende lebhaft und energiegeladen gewesen. Wie erklären Sie sich das?«

»Ich weiß nicht«, antwortete die Frau, »es sei denn, der Grund liege darin, daß er jeden Morgen zu mir sagte: ›Das wird heute ein großartiger Tag.‹« Diese tägliche Gewohnheit positiver Vorstellungskraft machte sich offenbar bezahlt.

Ein befreundeter Arzt zeigte mir einmal Röntgenbilder von drei menschlichen Herzen. Er fragte mich: »Was hältst du von diesen Herzen?«

»Ich verstehe nichts von Herzen oder von Röntgenbildern«, antwortete ich. »Ist etwas damit nicht in Ordnung?«

Der Arzt erklärte mir: »Du siehst hier drei geschädigte Herzen. Ihre Besitzer waren negative Menschen, sie erwarteten alle, krank zu werden oder zu sein; zwei von ihnen erwarteten, jung zu sterben. Darüber hinaus lebten alle drei verantwortungslos. Man könnte wohl sagen, ihr Leben war voller Sünde.«

»Hast du ihnen helfen können?« fragte ich.

»Zum Teil«, erwiderte er. »Ich habe deine Arbeit übernommen. Ich zeigte ihnen mit Hilfe dieser Röntgenbilder, wie ihr Lebenswandel und ihre Denkweise ihre Herzen angriffen. Ich sagte ihnen, wenn sie noch lange so weitermachten, würden ihre Herzen die Fähigkeit zu schlagen verlieren, wenn sie jedoch ihre Gewohnheiten und ihr Denken änderten, könnten sich ihre Herzen noch immer erholen dank des wunderbaren Erneuerungsvermögens, das ihnen der Schöpfer eingebaut habe.« Er lachte in sich hinein. »Man könnte sagen, daß ich ihnen einen schönen Schrecken eingejagt (beziehungsweise die Sünden ausgetrieben) habe. Diese Menschen sind heute gesunde, tatkräftige, lebendige Leute, weil sie endlich den Zusammenhang zwischen ihrem Geist und ihrem Herzen, zwischem moralischem oder unmoralischem Leben und der Funktionstüchtigkeit des wichtigsten Organs in ihrem Körper begriffen haben. Du könntest daraus eine Predigt machen, Norman. Wenn du das tust, schlage ich vor, daß du deinen Kirchgängern erklärst, daß ihr Körper manche Mißhandlungen aushalten wird, aber einmal ist der Punkt erreicht, wo er nicht mehr erträgt — und die Leute sollten negatives Denken und falschen Lebenswandel gescheiter aufgeben, bevor dieser Punkt erreicht ist, denn nachher ist es zu spät.«

Ruth und ich haben nun schon einige Jahre hinter uns, und wir beide sind die ganze Zeit in erstaunlichem Maße von Krankheit verschont geblieben. Ruth schreibt ihre gute Gesundheit zum Teil der Tatsache zu, daß sie in ihrer Kindheit einfache Speisen, größtenteils Gemüse, aß. Geld war in der Familie Stafford rar, und so gab es selten Fleisch. Ruth versichert, sie habe weder

Steak noch Roastbeef gekostet, bevor sie aufs College ging. Sie ist auch der Ansicht, daß es zwischen harter Arbeit und guter Gesundheit einen engen Zusammenhang gebe. »Wenn man wirklich emsig tätig ist, hat man keine Zeit, über sich oder seine Gesundheit nachzudenken. Oder seine mangelnde Gesundheit«, meint Ruth.

Was mich angeht, so bin ich überzeugt, daß die Menschen gesund sein *sollen*; wir sind gemacht, gesund zu sein; das wollte der Schöpfer so, als Er uns erschuf. Ich stelle mir mich fortwährend als von Krankheit freier Mensch vor. Es erinnert mich an das, was ein Pilot einmal zu mir sagte, als er einen Gang durch die Flugzeugkabine machte, um die Passagiere zu begrüßen. Ich sagte zu ihm: »Ich staune immer wieder, wie diese großen Flugzeuge überhaupt in der Luft bleiben können. Dieses ungeheure Gewicht, all der Treibstoff, all die Leute und all ihr Gepäck — es ist einfach unfaßbar!«

»Im Grunde genommen nicht«, meinte der Pilot. »Es liegt in der Natur von Flugzeugen, in der Luft zu bleiben. Sie sind zum Fliegen gemacht. Sie wollen in der Luft bleiben. Es ist sehr schwierig für ein Flugzeug, *nicht* in der Luft zu bleiben, weil sie so zusammengesetzt sind.«

Gott hat auch uns so zusammengesetzt: In jedem Alter gesunde, tatkräftige, kreative und dynamische Menschen zu sein.

Davon bin ich überzeugt.

Aber wir haben auch die Verantwortung, unseren Körper nicht mit Alkohol, Nikotin, Drogen oder anderen schädlichen Stoffen — übrigens auch nicht mit übermäßigem Essen — zu mißhandeln. Und wir sollten uns auch nicht mit übermäßiger Anspannung verbrauchen. Es ist schwierig, die Leute zu überzeugen, daß sie diese Dinge meiden sollen, vor allem junge Leute, weil sie viel Lebensenergie haben und glauben, sie seien gegen Schwierigkeiten gefeit und könnten endlos weitermachen.

Sie müssen durch eigene Erfahrung klug werden, und das kann unangenehm sein.

Kürzlich las ich eines Abends in einem Buch meines Freundes Art Linkletter, der vom Fernsehen bekannt ist. Art rührt keinen Tabak an, und in dem Buch sagt er auch, warum. Als er noch ein Junge war, bekam er Arbeit als Schweißer. Viele der älteren Schweißer kauten Tabak oder schnupften, und Art — der dazugehören wollte — war willens, eins von beiden oder auch beides auszuprobieren.

Indes, einer der Schweißer, ein großer, zäher Kerl, sagte zu ihm: »Ich will dir etwas zeigen, Junge. Zieh einen Schuh und eine Socke aus.« Als Art das getan hatte, steckte der Mann ein dickes Päckchen Tabak zwischen zwei von Arts Zehen. »Zieh jetzt deinen Schuh und deine Socke wieder an«, sagte er, »und wart ab, was passiert.«

Nach kurzer Zeit begann sich Art krank zu fühlen. Und auf einmal wurde ihm sterbensübel. Die chemischen Substanzen im Tabak hatten durch die Haut zwischen seinen Zehen seinen ganzen Organismus angegriffen. Und Art schreibt in seinem Buch: »Damals schwor ich mir, niemals zu rauchen.« Und das hat er auch nie getan.

Das war rein chemische Ursache und Wirkung. Die Wechselwirkung zwischen Geist und Körper ist feiner, aber genauso wirklich. Und die Wechselwirkung zwischen dem unendlichen Geiste, der Gott ist, und dem menschlichen Organismus über die Brücke in Form von Gebeten ist noch viel geheimnisvoller. Aber jeder Geistliche und die meisten Laien haben unvergeßliche Beispiele davon gesehen.

Als ich in Syracuse, New York, als junger Seelsorger tätig war, erhielt ich eines Abends einen Telephonanruf von Dr. Gordon Hoople, einem mir bekannten Arzt. Er erklärte mir, daß er eine Patientin habe, die auf keine Behandlung anspreche. Eine Krise zeichne sich ab. Er bat mich, unverzüglich herzukommen.

Als ich dort ankam, waren Dr. Hoople und eine junge Krankenschwester bei der Patientin, einer Frau mittleren Alters, die sich im Koma zu befinden schien. Die Krankenschwester erkannte ich als Mitglied meiner Kirchengemeinde.

»Diese Frau ist sehr krank«, sagte der Arzt. »Medizinisch habe ich alles für sie getan, was ich kann, doch das genügt nicht. Ich behandle meine Patienten, aber es ist Gott, der die Heilung vollzieht. Das wissen Sie so gut wie ich. Wir sind nun drei Gläubige, die sich bei dieser bewußtlosen Frau befinden. Versuchen wir, diesen Raum mit der heilenden Gnade des größten aller Ärzte, Jesu Christi, zu erfüllen. Wir wollen uns vorstellen, daß sie auf die schöpferische Lebenskraft reagiert. Eigentlich gibt es keinen medizinischen Grund, weshalb sie sterben sollte. Aber ihr Lebensgeist scheint schwach. Füllen wir diesen Lebensgeist mit Glauben!«

Die Bibel erreicht das Unbewußte

Wir setzten uns an das Bett. Zuerst betete ich. Dann betete Hoople. Dann betete die junge Krankenschwester. Dann begannen wir Stellen aus der Bibel zu zitieren. Es war ein seltsames und bewegendes Erlebnis. Ich hatte das Gefühl, als gebe es in dem Raum zwei Kräfte, die im Widerstreit miteinander standen, eine regenerierende und eine zerstörende, und daß wir durch unser Beten und unser Bezeugen des Glaubens durch die Bibel den Lebensstrom stärkten. Ich wurde gewahr, daß ich sozusagen jede Bibelstelle, die ich wollte, in meinem Geist abrufen und sie wörtlich wiedergeben konnte, obwohl ich das normalerweise nicht gekonnt hätte. Später erzählten mir Hoople und die Krankenschwester, daß es ihnen gleich ergangen sei.

Stunden vergingen. Es änderte sich nichts. Dann, plötzlich, schlug die Patientin die Augen auf, lächelte uns matt zu und fiel in ruhigen Schlaf. Ich weiß noch, wie Hoople die Hand ausstreckte, um ihr den Puls zu fühlen. »Jetzt ist es gut«, sagte er. »Die Krise ist vorbei. Unsere Gebete und unser bejahender Glaube haben sie durchgebracht.« Und sie wurde tatsächlich gesund.

Ein weniger dramatischer Vorfall — aber doch einer, an den ich mich lebhaft erinnere — ereignete sich vor ein paar Jahren. Ich fuhr mit dem Wagen von Dayton, Ohio, zu dem kleinen Dorf Bowersville, wo ich geboren bin. Die Ortschaft feierte gerade ihr hundertjähriges Bestehen, und man hatte mich als Einheimischen gebeten, die Ansprache zur Hundertjahrfeier zu halten.

Während der Fahrt bekam ich plötzlich auf einer Seite Ohrenschmerzen. Seit meiner Kindheit hatte ich nie mehr Ohrenschmerzen gehabt, doch nun hatte ich sie, und sie wurden schlimmer. Als wir Bowersville endlich erreichten, litt ich Qualen. Ich bat Ruth, in den Saal zu gehen, in dem ich die Ansprache halten sollte, und den Verantwortlichen mitzuteilen, daß ich unpäßlich sei, daß sie die Ansprache verschieben sollten, ja daß ich sie vielleicht überhaupt nicht halten könne.

Als sich Ruth entfernt hatte, saß ich im Wagen und hielt mir mit beiden Händen den Kopf; ich konnte es kaum fassen, daß ein einziges unartiges Ohr so unsägliche Schmerzen bereiten konnte. Wie ich so dasaß, hörte ich ein Klopfen an der Scheibe, und ein Unbekannter redete mich an. Ich erinnere mich, daß es ein fester Mann mit einem ruhigen, gütigen Gesicht war. Er wußte offensichtlich, wer ich war, denn er redete mich mit Namen an. »Sie fühlen sich nicht wohl?« fragte er. Ich versicherte ihm, daß ich mich alles andere als wohl fühle. »Ich bin ein gläubiger Mensch«, erklärte er, »und ich habe die Gabe zu heilen. Ich möchte Sie gesundbeten. Ich glaube, das könnte nützen.«

Ich war mißtrauisch. »Und wie soll das vor sich gehen?« wollte ich wissen.

»Ich werde die Hände auf Ihre Ohren legen und ein Gebet für Ihre Gesundung sprechen. Ich werde Gott sagen, daß man Sie heute abend hier braucht. Der Ort hat Geburtstag, und die Leute warten darauf, Sie zu hören. Ich werde Ihn bitten, den Schmerz wegzunehmen.«

»Und was muß ich tun?« erkundigte ich mich.

»Glauben«, erwiderte er, »und sich bildhaft vorstellen, daß Sie von diesem Schmerz, der Sie quält, befreit werden.«

Ich war einverstanden. Während er betete und dabei die Hände über meine Ohren hielt, versuchte ich, mich im Geiste mit zwei gesunden, schmerzfreien Ohren zu sehen. Und zu meiner Verwunderung begann der Schmerz fast augenblicklich nachzulassen. Er verschwand nicht von einer Sekunde auf die andere, aber er nahm doch stetig ab. Die Linderung war so auffallend, daß ich es kaum fassen konnte. Ich wollte dem Mann danken, doch er lächelte nur und ging weg.

Bald darauf kam Ruth zurück. Sie hatte einen Arzt gefunden und ihn mitgebracht. Ich erzählte ihnen, was geschehen war. Der Schmerz war nunmehr wesentlich schwächer geworden.

»Das ist ja prima«, meinte der Arzt, »aber ich möchte Ihnen trotzdem eine Antibiotikumspritze geben.«

Auf Ruths Drängen ließ ich ihn mir die Spritze geben, und gewiß wirkte sie auch. So oder so ließ der Schmerz immer mehr nach, und nach kurzer Zeit war ich in der Lage, meine Ansprache sozusagen beschwerdefrei zu halten. Wer hatte mich geheilt? Der Gesundbeter oder der Arzt? Beide, vielleicht, und die Macht der kreativen Vorstellung. Wie immer sich das erklären läßt, ich habe bis auf den heutigen Tag keine Ohrenschmerzen mehr gehabt.

Wie können wir uns die göttliche Kraft erklären, wenn man sich auf diese Weise an sie wendet? Wir können sie uns nicht erklären, aber wir wissen, daß sie da ist. Wir wissen, daß sie wirkt. Wenn für einen Kranken eine Gebetskette organisiert wird, mit Dutzenden, ja Hunderten von Leuten, die für dasselbe Ergebnis beten, so kann diese gemeinschaftliche aktive Vorstellungskraft zur Besserung des Patienten ungeheure Heilkräfte freisetzen. Ich habe das immer und immer wieder sich ereignen sehen.

Glaube in die Kraft des Gebets und in höhere Vorgänge sollte keineswegs unsere Achtung vor der medizinischen Wissenschaft und unsere Erkenntlichkeit ihr gegenüber schmälern. Beide sind Gottesgaben, und beide sollten meiner Meinung nach bei Bedarf voll ausgeschöpft werden. Doch die Wissenschaft hat ihre Grenzen. Die Macht des Gebets dagegen ist grenzenlos in dem Maße, als sie uns ermöglicht, die Verbindung zu Gott herzustellen, der unsern Körper erschaffen hat. Ich weiß noch, wie mein alter Freund Dr. Smiley Blanton einen schwierigen Psychiatriefall behandelte. Er versuchte, die Sache auf jedem nur möglichen medizinischen Weg anzugehen. Nichts half. Schließlich gab der berühmte Psychiater, damals bereits ein alter Arzt, dem Manne eine Bibel. »Da«, sagte er, »nehmen Sie das. Gehen Sie und lesen Sie sie. Dann tun sie all das, was Jesus sagt. Sehen Sie sich als normalen, gesunden Menschen. Wenn sie das nur tun werden, wird es Ihnen gut gehen.«

Aktive Vorstellungskraft wirkt Wunder

Ich entsinne mich eines ungewöhnlichen Falles, in dem negative Bilder zu einem positiven Zweck eingesetzt wurden. Der betreffende Mann nahm in literarischen und verlegerischen Kreisen in New York eine wichtige Stellung ein. Beruflich war er sehr erfolgreich, er war jedoch Alkoholiker. In nüchternem Zustand war er geistreich und charmant, in betrunkenem aber ein höchst unangenehmer Grobian, der seine Freunde brüskierte, seine Frau demütigte, seine Autos zuschanden fuhr und überhaupt eine ausgesprochen unerfreuliche Erscheinung war.

Dieser Mann trank jeweils wochenlang, manchmal sogar monatelang nicht. Dann redete er sich ein, daß er das Problem besiegt habe und einen oder zwei Drinks vertragen könne. Er konnte das aber nie. Wenn er einmal den ersten Drink gehabt hatte, konnte er nicht mehr aufhören. Er trank dann, bis er ohnmächtig wurde, manchmal in einer Bar, manchmal auf der Straße, aber meist nachdem er eine schreckliche Szene gemacht hatte.

Kam er nach diesem Debakel wieder zu sich, wurde er von Gewissensbissen geplagt und von Abscheu und Ekel sich selbst gegenüber erfüllt. Dann schwor er sich jeweils, nie wieder einen Tropfen Alkohol anzurühren. Doch dann, wenn die Erinnerung verblaßte, tat er wieder den ersten verhängnisvollen Schritt, und die alte, üble Geschichte nahm einmal mehr ihren Lauf. Nichts schien das Muster zu durchbrechen. Er versuchte es mit einer sonst erfolgreichen Entziehungskur, doch nicht einmal diese konnte ihm helfen.

Eines Morgens erwachte er, nachdem er sich wieder einmal dem Trunke ergeben hatte, im Krankenhaus. Er war krank, zitterte, fühlte sich elend, war von Schuldgefühlen erfüllt und verdammte sich selbst. Um ihn herum waren die Anblicke, Geräusche und Gerüche einer Spitalabteilung, die mit menschlichen Ruinen jeglicher Art belegt war. »Ich bin in der Hölle«, dachte er, »und ich habe mich selbst hierher gebracht. Wenn ich mich bloß jederzeit erinnern könnte, wie mir jetzt zumute ist, wie ich mich schäme, wie unbeschreiblich gräßlich das alles ist, würde ich nie wieder einen Tropfen anrühren.«

»Wenn ich mich bloß erinnern könnte . . .« Nachdem er entlassen worden war und eine weitere Zeitspanne der Nüchternheit angetreten hatte, hörte er immer wieder Echos dieses Satzes, und es kam ihm die Idee, daß, würde er sich nur einmal jeden Tag wieder auf der Alkoholikerstation vorstellen, sich jeden erbärmlichen Aspekt davon in Erinnerung rufen und jede grausige Einzelheit wiedererleben, der Abscheu so groß wäre, daß er an dem Tag keinen Tropfen zu sich nehmen würde.

Er beschloß also, jeden Tag, wenn sich ihm die Vorstellung von Alkohol das erste Mal darbot — ein Whisky-Inserat in der Zeitung, eine Bierreklame irgendwo, die beiläufige Erwähnung einer Cocktailparty oder sonst irgend etwas —, in dem, was er gerade tat, innezuhalten und sich eine volle Minute lang so lebhaft wie möglich die Schrecken vorzustellen, die er jedes Mal durchgemacht (und anderen angetan) hatte, wenn er einmal jenen ersten Drink genommen hatte.

Er machte sich das zur eisernen Regel und hielt sie peinlich genau ein. Selbst wenn er ein Telephongespräch führte und das Thema Alkohol gestreift wurde, entschuldigte er sich, versprach zurückzurufen und vertiefte sich eine volle Minute lang in die bildhafte Vorstellung, er liege wieder auf der Alkoholikerabteilung — krank, elend, voller Scham und Gewissensbisse.

Und es funktionierte. Er rührte nie wieder einen Tropfen an — ein einzigartiges Beispiel, wie positive Kraft aus einer negativen Vorstellung hervorgehen kann!

Ich glaube, die beste Krankenversicherung, die man haben kann, besteht darin, sich mit Stolz und mit Demut zugleich als Schöpfung Gottes zu sehen. Gott, der unendlich fähig und unendlich weise ist, macht keine schlechte Arbeit. Wenn Er Sie nach Seinem Bild erschaffen hat — und das tat Er —, heißt das, daß Seine Vollkommenheit, Sein Können in Sie eingebaut sind. Daraus folgt doch, daß die beste Methode, Sein eigenes Werk funktionstüchtig zu erhalten, darin besteht, Ihm nahe zu sein.

Jüngst begrüßte mich in einem Ort, wo ich einen Vortrag gehalten hatte, ein Mann voller Frohsinn, Lebensfreude und guten Willens mit den Worten: »Ich habe den Hahn noch immer.«

Ich konnte mir darauf keinen Reim machen. »Was für einen Hahn denn?«

»Oh«, meinte er, »wissen Sie nicht mehr? Die Idee mit dem Wasserhahn habe ich von Ihnen.« Und er berichtete mir von einer Rede, die ich rund zwanzig Jahre zuvor gehalten hatte, und auf einmal erinnerte ich mich an das zur Veranschaulichung gegebene Beispiel, auf das er anspielte. Damals las ich gerade T. E. Lawrences Buch *Die sieben Säulen der Weisheit*. Lawrence war der große Wüstenkämpfer des Ersten Weltkrieges, der sich mit den Arabern identifizierte und einer ihrer Anführer im Aufstand gegen die Türken wurde.

Nach dem Kriege nahm Lawrence einige seiner arabischen Freunde von der brennenden Sandwüste mit zu den Boulevards von Paris. Er brachte sie in einem der feinsten Hotels unter. Er zeigte ihnen all die Sehenswürdigkeiten: Die Champs-Elysées, den Eiffelturm, das Grabmal Napoleons. Doch sie zeigten für all das nur laues Interesse. Was sie in Paris wahrhaft faszinierte, war der Wasserhahn der Badewanne in ihrem Hotel. Lawrence traf sie jeweils um die Badewanne versammelt an, wo sie mit Ausrufen des Entzückens den Hahn aufdrehten und den starken Wasserstrahl betrachteten, den sie nach Belieben regulieren konnten. Immer wieder riefen sie aus: »Ist das nicht wunderbar? Man braucht bloß ein kleines Rad zu drehen, und schon bekommt man soviel Wasser, wie man will!« Für Männer, die ihr Leben lang in der heißen, trockenen Sandwüste gelebt hatten, war das ein Wunder.

»Ihr Narren«, sagte Lawrence zu ihnen.

»Wißt Ihr denn nicht, daß dieser Wasserhahn an eine Leitung angeschlossen ist, die zu einem Leitungsnetz führt, das zu großen Rohren führt, die zu gewaltigen Reservoiren führen? Und wißt Ihr denn nicht, daß diese Reservoire so plaziert sind, daß das Schmelzwasser und das Regenwasser aus den Bergen in sie hineinfließen? Man kann kein Wasser aus einem Wasserhahn fließen lassen, wenn er nicht an einen Wasservorrat angeschlossen ist.«

Der Mann, der mich diese Geschichte wiedergeben hören hatte, erklärte mir nun: »Diese kleine Parabel leuchtete mir irgendwie ein. Ich wurde mir bewußt, daß ich dringend eines Hahnes bedurfte, der an das unermeßliche Reservoir der Macht Gottes angeschlossen ist. Ich beschloß, mit Gott als der führenden Kraft in meinem Leben zu gehen.« Er sagte weiter, er habe aufgehört, gewisse Dinge zu tun, die er bis dahin getan hatte, und wo es zuvor in seinem Leben keinen Kraftstrom gegeben habe, da ströme die Kraft nun und habe nicht aufgehört zu fließen.

Wenn also Ihre Gesundheit nicht so gut ist, wie sie sein sollte, wenn Ihr Leben nicht so erfüllt ist, wie Sie es haben möchten, wenn Sie noch nicht erreicht haben, was Sie zu erreichen wünschen, dann können Sie das tun, was so viele glückliche, erfolgreiche Menschen getan haben: Schließen Sie sich an den Strom göttlicher Macht an! Sie können sich an diese unsagbare Macht anschließen, indem Sie es wollen; Sie können sich daran anschließen, indem Sie glauben, sich vorstellen und das Wort befolgen.

Wenn Sie einmal daran angeschlossen sind, werden Sie mit der Macht leben, die durch Sie hindurchfließt. Diese Macht ist keine Einbildung! Sie ist Wirklichkeit, absolute Wirklichkeit, und zwar eine von unsagbarer Stärke. Sie kann — und tut dies auch — auf so wunderbare Art und Weise in gläubige Menschen und damit in Situationen hineinfließen, daß sich jedermann, wie skeptisch er auch sein mag, überzeugen lassen müßte, daß das Sich-Vorstellen der Macht Gottes auf Menschen und selbst auf Situationen unter den schwierigsten Umständen einzuwirken vermag.

In einem Brief aus Auckland in Neuseeland bat mich ein Mann um Erlaubnis, gewisse Stellen aus unseren Werken für ein eigenes Buch wiederzuverwenden. Über sein eigenes Buch schrieb er: »Ich habe versucht, daraus einen praktischen Ratgeber zu machen, wie man sich ein gesundes Selbstbild schafft und wie man Erfüllung im Leben findet, indem man nach einem Plan, sich die Meisterung jedes Problems vorzustellen, vorgeht.«

Es war das PS zu diesem Brief, das Zeugnis ablegte von der unglaublichen Kraft der gottvertrauenden aktiven Vorstellungskraft; es lautete:

Ich bin blind gewesen, doch durch die Macht Jesu, gepaart mit der Inspiration, die von Ihnen ausging, und durch das Können eines Chirurgen habe ich auf dem linken Auge das Augenlicht wiedergewonnen. Als die hiesigen Ärzte meinten, es sei nichts zu machen, weigerte ich mich, das zu glauben, und sagte ihnen: »Es muß irgend jemanden geben, irgendwo auf der Welt, der mir helfen kann.« Auf wunderbare Weise wurde ich zu einem Spezialisten in Melbourne gelenkt und wurde dort bahnbrechenden Operationen unterzogen. Ich nahm Ihr Büchlein (»Man kann jedes Problem überwinden«) mit mir ins Krankenhaus und pflegte es Tag und Nacht in die Finger zu nehmen. Ich wurde mit Medikamenten vollgestopft nach Hause geschickt und durfte zwei Jahre lang nicht arbeiten und auch danach nur über kurze Zeitspannen.
Der Tag kam, an dem ich langsam den Titel *Man — kann — jedes — Problem — überwinden* lesen konnte, doch der Rest blieb leer. Ich betete fortwährend und hielt Ihr Büchlein in den Händen, und der Tag kam, an dem ich Ihren Namen lesen konnte. Und endlich, Gott sei Lob und Dank, kam die Zeit, da ich auch das lesen konnte, was im Innern steht. Die Stelle »Darum lassen Sie sich niemals von einem Problem einschüchtern . . .«, die ich mit Ihrer Erlaubnis gerne zitieren möchte, ist für mich einer der bedeutendsten Abschnitte

im dem Büchlein. Im NAMEN CHRISTI weigere ich mich, mich einschüchtern zu lassen. Ich danke Ihnen.

Bruce G. Hardie

Die Mitteilung ist in der Tat eindrücklich: »Im Namen Christi weigere ich mich, mich einschüchtern zu lassen.« Stellen Sie sich die Macht vor, die Wunder wirkende Macht, wie sie heilt und wiederherstellt. Was Sie sich vorstellen können, das können Sie auch wirklich sein.

Im Grunde genommen wird die kreative Heilwirkung des positiven Denkens, des Glaubens, des Gebetes und der aktiven Vorstellungskraft von der Wissenschaft mehr und mehr anerkannt.

In einem Reader's-Digest-Artikel vom September 1980 beschreibt Laurence Cherry das Werk Dr. Lewis Thomas', des Präsidenten des berühmten *Memorial-Sloan-Kettering*-Krebszentrums in New York, den er folgendermaßen zitiert: »Die natürliche Veranlagung des menschlichen Körpers ist es, gesund zu sein. Wir sind erstaunlich zäh und belastbar.« Dr. Thomas betrachtet anscheinend die allgemeine Gesundheit des Menschen optimistisch. »Ich glaube fest an unsere Spezies und habe keinerlei Nachsicht mit der gegenwärtigen Mode, den Menschen schlechtzumachen. Im Gegenteil: Wir sind ein einzigartiger, großartiger Ausdruck des Lebens. Wir sind von Bedeutung. Wir sind das Neuste, Jüngste, Hellste rundum.« Das erklärt Dr. Thomas in seinem Buch »Die Meduse und die Schnecke«.

Dr. Thomas vertritt die Ansicht, daß die meisten Bakterien entweder harmlos oder nützlich seien, wie diejenigen in unserem Körper, welche die Verdauung fördern, oder aber ganz einfach kein Interesse an uns hätten. Die wenigen Bakterien, die uns tatsächlich angriffen, würden gewöhnlich bald schon von den weißen Blutkörperchen im Körper vernichtet.

»Was Krankheiten anbelangt, deren Behandlung gegenwärtig nicht bekannt ist, glaubt Dr. Thomas, daß die Wissenschaft bald herausfinden wird, wie sie auszurotten sind«, schreibt Laurence Cherry und fügt hinzu, daß »wir nach Dr. Thomas' Voraussage in nicht allzu ferner Zukunft in der Lage sein werden, unsere Lebenszeit zu durchleben, ohne uns um Krankheiten sorgen zu müssen. Manche der als unvermeidlicher Bestandteil des Alters betrachteten Beschwerden sind im Grunde genommen das Ergebnis eines Krankheitsablaufs, wobei wahrscheinlich Viren beteiligt sind. Es gibt keinen Grund, weshalb nicht auch diese schließlich eliminiert werden sollten«, erklärt er.

Da das kreativste Element in uns Menschen, der überlegene Faktor unseres ganzen Wesens, der Geist ist, würden wissenschaftliche Erkenntnise wie diejenigen von Dr. Lewis Thomas und anderen hervorragenden Denkern gewiß die These unterstützen, daß geistige Tätigkeit, das Sich-Vorstellen oder Sich-Ausmalen von Gesundheit, ein wirksames und fruchtbares Verfahren ist. Es bestätigt den bejahenden Glauben, daß man das, was man sich vorstellen kann, auch sein kann.

Führen Sie sich also Ihr eigenes Wohlbefinden bildhaft vor Augen! Sehen Sie sich selbst heil, gesund und voller Energie! Üben Sie kreative positive Phantasie und aktive Vorstellungskraft — das ist der Schlüssel zur Gesundheit!

10

Das Wort,
das Ehen zerstören kann

Bekanntlich ist die Scheidungsquote in einigen westlichen Ländern derart gestiegen, daß zum Beispiel in gewissen Staaten der USA bereits jede zweite Ehe in die Brüche geht. In Europa steht es kaum besser. Dies ist eine zutiefst betrübliche Sachlage, denn die Ehe ist der Kitt, der die Familie zusammenhält — und die Familie ist die Grundzelle der Gesellschaft, ja der Zivilisation überhaupt. Cicero hat gesagt: »Das Reich liegt am Herd.«

Was ist denn in unserer Zeit mit der Ehe nur los? Ich glaube, daß es nicht die Ehe ist, mit der etwas nicht stimmt, sondern die Idee — das heißt das Bild — der Ehe, das sich in den letzten zwei, drei Jahrzehnten, vor allem bei den jungen Leuten, durchgesetzt hat.

Kürzlich saß ich in einem Flugzeug zwischen Boston und New York neben einem leutseligen, mir unbekannten Mitpassagier. Als ich ihn beiläufig fragte, was ihn nach New York führe, antwortete er, daß er am Nachmittag der Hochzeit seiner Tochter beiwohnen werde.

»Oh, herzlichen Glückwunsch«, sagte ich. »Das ist ja wunderbar.«

Er verzog das Gesicht zu einem schiefen Lächeln. »Ja«, meinte er, »aber ein bißchen eintönig. Das ist ihre dritte.«

»Ah!« Ich wußte nicht, was ich sonst sagen sollte.

»Sie ist ein gescheites Mädchen«, erklärte er. »Sie hat eine prima Stelle. Und doch nimmt sie nun mit vierundzwanzig Jahren schon den dritten Anlauf zum Ehestand. Zweimal ist es schiefgegangen; ich hoffe, daß es diesmal endlich klappt.«

»Das hoffe ich auch«, sagte ich.

»Aber wissen Sie«, fuhr er etwas finster fort, »ich weiß eigentlich nicht, warum es klappen sollte. Der Bursche, den sie jetzt heiratet, scheint ganz nett. Aber das waren die beiden anderen auch, von denen sie sich hat scheiden lassen. Der jetzt ist selbst auch geschieden, und er ist erst fünfundzwanzig. Ich weiß einfach nicht, was mit der Ehe als Institution geschieht. Die Jungen scheinen sie heutzutage als eine Art unterhaltende Stuhlpolonaise anzuschauen.« Er starrte durchs Fenster auf den Wolkenteppich unter uns und schüttelte langsam den Kopf. »Es ist seltsames Gefühl, zur dritten Hochzeit seiner Tochter zu fahren und sich sagen zu müssen: ›Vielleicht klappt's, vielleicht nicht.‹«

»Vielleicht«, bemerkte ich trocken, »darin liegt das ganze Problem — in dem Wort *vielleicht*.«

Und genau so ist es. Ich möchte das erklären.

Nach vielen Jahren erfüllten und glücklichen Ehelebens neige ich — das ist mir bewußt — dazu, die Ehe von einem Standpunkt aus zu betrachten, der einigen Vertretern der jüngeren Generation recht altmodisch erscheinen muß. Ich bin für Monogamie, Treue und vollständige Verpflichtung dem Ehepartner gegenüber. Ich glaube an diese Dinge, weil das Wort Gottes uns sagt, daß die Menschen nach ihnen leben sollen. Und Gott weiß ganz sicher Bescheid.

Ruth und ich wissen aus eigener Erfahrung, daß die Belohnung für ein Leben nach diesen Grundsätzen so groß ist, daß jegliche Abweichung schlicht unsinnig erscheint. Für uns ist die Ehe ein mit Liebe besiegelter Vertrag, der nicht gebrochen werden kann. Sie ist ein von zwei zustimmenden Erwachsenen einander abgegebenes Versprechen, ihr Leben zu vereinigen und durch dick und dünn zusammenzuhalten, in guten und in schlechten Zeiten, bis ans Ende des Lebens. Da gibt es kein *Vielleicht* für uns. Absolut und unbedingt keines.

Während der letzten zwei, drei Jahrzehnte jedoch hat sich dieses Wort vielerorts in die Auffassung von der Ehe geschlichen und wird in diesem Zusammenhang bald zum meistgebrauchten Wort.

Die verhängnisvolle Vielleicht-*Haltung*

»Ich heirate, und ich hoffe, die Ehe klappt, vielleicht aber auch nicht. Und wenn nicht, kann ich ja vielleicht einfach aussteigen und einen anderen Partner suchen. Warum auch nicht? Das machen alle so.«

»Ich bin verheiratet, aber vielleicht habe ich einen Fehler gemacht. Vielleicht habe ich ein wenig unter meiner Würde geheiratet. Vielleicht entwickle ich mich noch immer, während mein Partner aufgehört hat, sich zu entwickeln. Vielleicht ist unser Geschlechtsleben nicht so, wie es sein sollte. Vielleicht wäre ich glücklicher, wenn ich mit jemand anderem verheiratet wäre. Vielleicht wäre ich glücklicher, wenn ich gar nicht verheiratet wäre . . .«

Vielleicht. Vielleicht. Vielleicht. Jedes einzelne dieser *Vielleichts* ist eine Form negativer Vorstellungskraft. Sie alle stehen für Bilder von gescheiterten Ehen. Sie lassen stets eine Notluke offen. Und je mehr man daran denkt oder mit dem Gedanken spielt oder darüber brütet, desto eher wird die Notluke auch tatsächlich benützt.

Vor zwei, drei Jahren kam eine junge Frau zu mir und erzählte, ihr Mann vernachlässige sie. Er sei ein glänzender junger Medizinstudent, doch sie beklagte sich darüber, daß er Tag und Nacht studiere. Er gehe nie mit ihr ins Theater oder ins Kino. Er gehe nie mit ihr tanzen. Sie gingen nur selten in ein

Restaurant. Sie hätten kaum Geld für das Nötigste und überhaupt keines für Luxusartikel. Die ganze Zeit sitze er über den Büchern.

Mehrere Minuten lang fuhr sie fort, so zu quengeln. Zu guter Letzt sagte sie: »Ich weiß überhaupt nicht, warum ich Tom geheiratet habe. Es gab da noch einen anderen, Gerald, der mich auch heiraten wollte. Ich habe ihm einen Korb gegeben — zugunsten von Tom, aber vielleicht habe ich einen Fehler gemacht. Vielleicht hätte ich Gerald heiraten sollen —«

»Halt!« unterbrach ich sie. »Jetzt will ich Ihnen einmal etwas sagen, junge Frau: Ihr Mann vernachlässigt Sie nicht — Sie vernachlässigen ihn. Er schuftet sich zu Tode, um ein Leben im Dienste an den Mitmenschen vorzubereiten. Er braucht jede nur denkbare Unterstützung von einer loyalen, liebenden Ehefrau, und nicht Schmollen und schlechte Laune von einem verwöhnten, wollig-weichen kleinen Kätzchen. Und darum rate ich Ihnen: Gehen Sie zurück zu Ihrem Mann. Danken Sie Gott jeden Tag Ihres Lebens dafür, das Glück zu haben, mit einem solchen Mann verheiratet zu sein. Verbannen Sie all diese lächerlichen *Vielleichts* aus Ihrem Kopf. Das einzige *Vielleicht*, das Sie anwenden können, ist, sich selbst zu sagen: ›Vielleicht finde ich einen neuen Weg, Tom zu lieben und zu unterstützen.‹«

Harte Worte? Mag sein. Aber sie mußte sie zu hören bekommen. Als sie ging, war sie sehr nachdenklich, und offensichtlich nahm sie sich einiges von dem Gesagten zu Herzen, denn sie ist nach wie vor mit Tom verheiratet, und nicht mit Gerald oder sonst jemandem, und Tom ist so weit, eine erfolgreiche Karriere als Arzt beginnen zu können. So nebenbei empfahl ich Tom, doch hie und da Feierabend zu machen und wenigstens in ein kleines Lokal zu einem bescheidenen Essen zu gehen. Das tat er denn auch, und sie genossen es beide.

Junge Leute sind allerdings nicht die einzigen, die heutzutage eine falsche Auffassung von der Ehe haben. Ruth und ich bekommen einen Haufen Post von älteren Leuten, die mit ehelichen Schwierigkeiten kämpfen, und in einem beachtlich hohen Prozentsatz kommt eine Erscheinung vor, die wir manchmal das »Davonläufer-Problem« nennen. Brief um Brief enthält den Bericht von einer bestürzten, unglücklichen, gebrochenen Frau, sie sei nach fünfzehn, zwanzig, ja dreißig Ehejahren plötzlich von ihrem Lebenspartner verlassen worden. Manchmal ist eine andere Frau im Spiel, manchmal auch nicht. Manchmal geben die Ehemänner eine Erklärung für ihr Handeln, manchmal auch nicht. Das Endergebnis ist dasselbe: Der Ehemann, oftmals der Hauptverdiener, ist plötzlich nicht mehr da und überläßt es der zurückgebliebenen Frau — und häufig auch den zurückgebliebenen Kindern —, ihr Leben neu aufzubauen oder auch nur zu überleben.

Wiederum scheint es mir klar, daß hinter dieser düsteren und immer häufiger vorkommenden Sachlage ein falsches Bild von der Ehe steht. Für den davonlaufenden Ehemann ist die Ehe zum Symbol eines von Plackerei, Eintönigkeit und unbelohnter Aufopferung erfüllten Verhältnisses geworden. Er sieht sich selbst als sich abrackernden, duldsamen, langmütigen Träger endloser finanzieller Lasten. *All die Jahre*, sagt er sich, *habe ich diese Last geschleppt. Fünfundneunzig Prozent meines Verdienstes gehen für den Unterhalt der Frau und der Kinder drauf. Und was bleibt für mich?*

Was kann er als Lohn für die ganze Anstrengung vorzeigen? Eine Frau, die körperliches Über- und geistiges Untergewicht hat. Kinder, die ausfliegen, die ihr eigenes Leben leben. Die Zeit vergeht, und er und seine Frau haben immer weniger gemeinsam, immer weniger miteinander zu reden. Er ist nun fünfzig oder fünfundfünfzig. Wahrscheinlich hat er noch ein paar nicht schlechte Jahrzehnte vor sich. Er denkt: *Warum sollte ich nicht diese Lasten abwerfen und ein bißchen leben?* Vielleicht lerne ich eine Frau kennen, die von attraktiverem Äußeren und geistig anregender ist. Wer weiß, statt gänzlich von ihm abhängig zu sein, könnte sie eine starke Persönlichkeit sein, die ihm bei der Lösung seiner Probleme helfen würde — ein Partner statt ein Hemmschuh. *So oder so,* sagt er, *ich habe genug. Ich habe meine Pflicht getan. Ich habe meine Zeit abgedient. Ich steige aus!*

Und zur Konsternation aller — Frau, Kinder, Freunde, Nachbarn — geht er.

Das Traurige an diesen Fällen ist, daß sie ja kaum über Nacht geschehen. Fast immer ist die Unzufriedenheit des Ehemannes (oder der Ehefrau im umgekehrten Fall) über eine lange Zeitspanne angewachsen, und der unzufriedene Partner hat allerlei Warnzeichen von sich gegeben. »Um Gottes willen, Agnes, hör endlich auf, mit mir zu quengeln, ich soll zur Kirche mitgehen!« »Alfred, warum sprichst du nie mehr mit mir? Alles, was du tust, ist heimkommen, einen trinken und den Fernseher anstarren!«

Die Signale sprechen eine deutliche Sprache. Doch sie werden ignoriert. Kommunikation erstirbt. Keiner der beiden Partner ist willens oder fähig, seine eigene Leistung realistisch zu betrachten oder die Schuld an der langsamen Verschlimmerung mit zu teilen. Und so überschreiten sie den Punkt, von dem es kein Zurück mehr gibt, und gleiten schneller und schneller den Abhang hinunter, an dessen Fuße Imstichlassen und Scheidung liegen.

Gibt es nun ein Gegenmittel für all das? Was kann man tun, um einem so düsteren Ende einstmals strahlend-schöner Hoffnungen und Träume vorzubeugen? Was können Leute, deren Ehe sich in Schwierigkeiten befindet, unternehmen?

Ich glaube, das Wichtigste, was sie tun können, ist, das Bild von der Ehe als einer erfolgreichen, lohnenden, lebenslangen Partnerschaft, in der die Pluspunkte die Minuspunkte bei weitem übertreffen, wiederzuerlangen und wiederzubeleben. Ich finde, sie sollten aufhören, Ihr Augenmerk auf die schlimmsten Aspekte ihres gemeinsamen Lebens zu richten, und sich nach den besten ausrichten — darauf zählen, darauf hoffen, darum beten, darauf hinarbeiten und sich das bildhaft vorstellen, bis es abermals zur Wirklichkeit wird.

Manchmal denke ich mir, es wäre von Nutzen, wenn Pfarrer, die junge Paare trauen, die mit glänzenden Augen vor ihnen stehen, diesen nahelegten, sich in die Zukunft zu versetzen, sich eine glückliche Kinderschar aufziehen zu sehen, sich zu vergegenwärtigen, wie sie gemeinsam Probleme meistern — als Team — und wie sie sich gegenseitig unterstützen, einander lieben und einander treu sind. Sie sollten ermuntert werden, sich ihre späteren Jahre vorzustellen, wenn Großkinder nachkommen und eine enge und erfüllte eheliche Partnerschaft an Intensität noch zunimmt. Sie sollten aufgefordert werden, sich diesen Traum so lebhaft wie möglich auszumalen, und sie sollten versichert werden, daß die Wirklichkeit dem Traum folgen werde, wenn sie ihn sich fest genug vorstellten, dafür arbeiteten und darum beteten.

Aktive Vorstellungskraft? Ja, natürlich. Aber sie schafft eben tatsächlich eine Ambiance, in der eine sich immer mehr vertiefende Verbindung wachsen und gedeihen kann.

Ein Experiment rettet eine Ehe

Aktive Vorstellungskraft kann auch in angeschlagenen Ehen eine heilende Wirkung ausüben. Vor einigen Jahren schrieb mir ein Paar, das ich getraut hatte, es stehe bei ihnen nicht mehr zum besten und sie stünden vor der Scheidung. Sie seien der Ansicht, daß sie — da ich sie getraut hätte — mich das wissen lassen sollten.

In meiner Antwort legte ich ihnen nahe, ein einwöchiges Experiment durchzuführen, das, wie ich meinte, ihre wackelige

Ehe retten könnte. Ich riet ihnen, sich einen Wecker zu nehmen, und zwar einen, der laut tickte, und sich jeden Morgen in einen Raum mit zwei Stühlen zu begeben und dort zwanzig Minuten in ununterbrochenem Stillschweigen zu verbringen.

Während der ersten zehn Minuten sollte sich jeder von ihnen bis in die letzte Einzelheit im Geiste vergegenwärtigen (das war aktive Vorstellungskraft, doch ich nannte es nicht so), wie sein Leben nach der Scheidung aussehen würde: wie sich das auf die Kinder auswirkte — die Einsamkeit — das Schuldgefühl — das Gefühl des Verlusts und zerstörter Träume — die finanziellen Belastungen und Verwirrungen — das Partei-Ergreifen unter früheren Freunden — die ganzen traurigen Nachwirkungen.

Während der zweiten zehn Minuten sollten sie sich dann so lebhaft wie möglich einige der glücklichsten, zärtlichsten Zeiten, die sie zusammen erlebt hatten, in Erinnerung rufen. Wiederum aktive Vorstellungskraft: die Erinnerung an vergangenes Glück vermag den Kompaß des Unbewußten auf ein ähnliches Glück in der Zukunft als Ziel ausrichten.

Schließlich sagte ich ihnen, wenn sie genau auf das laute rhythmische Ticken des Weckers achteten, würden sie hören, daß es immer wieder das Wort wiederholte, das all ihren Schwierigkeiten zugrunde liege: *selbst, selbst, selbst, selbst!* Ich forderte sie beide auf, Gott zu bitten, in ihre Herzen zu kommen und die universalste aller Sünden wegzuräumen: die Selbstsucht. Wenn sie das täten, sagte ich ihnen, dann würden sie zusammen beten. Und ich fügte hinzu, daß ich in meiner ganzen Erfahrung kein einziges Paar gekannt habe, das sich habe scheiden lassen, nachdem es zusammen gebetet habe.

Die Sache klappte. Und ein großes Verdienst kam dabei aktiver Vorstellungskraft zu.

Ich erinnere mich auch noch an andere Fälle, in denen aktive Vorstellungskraft gefährdete Ehen rettete. Während des Zweiten Weltkrieges wurden viele Ehen harten Proben unterzogen: es gab lange andauernde Trennungen — die Frauen waren allein zu Hause, ihre Männer als Soldaten weit weg in Übersee. In einem recht typischen Fall verliebte sich ein in England stationierter junger Ehemann in eine ebenfalls dort stationierte amerikanische Rotkreuzhelferin. Bei Kriegsende kehrte der Soldat zu seiner Frau zurück und eröffnete ihr, es tue ihm leid, aber er habe eine andere Frau kennengelernt, sie hätten sich ineinander verliebt, und sie seien überzeugt, füreinander geschaffen zu sein. Er sagte, es sei ihm gar nicht recht, daß das so gekommen sei, zumal er und seine Frau zwei kleine Kinder hatten, die vor dem Krieg geboren worden waren, doch er wünschte, daß seine Frau in die Scheidung einwillige. Er war sicher, daß sie dies unter den gegebenen Umständen auch tun würde.

Die Ehefrau jedoch war in quäkerischem Sinne erzogen worden und besaß somit eine ruhige innere Kraft. Sie geriet nicht in Panik. Sie wurde auch nicht von rasender Eifersucht gepackt. Sie sagte ihrem Mann, sie kenne ihn besser als er sich selbst. Er sei — so ihre Worte — im Grunde genommen ein guter Vater und ein guter Ehemann. Und diese Seite von ihm würde sich eines Tages auch durchsetzen. Bis dahin würde sie einfach warten. In eine Scheidung willigte sie nicht ein.

Der Ehemann machte Einwendungen, er bat und flehte und versicherte seiner Frau, er liebe sie nicht mehr, denn er liebe die Rotkreuzhelferin. Er erklärte, damit, daß sie ihn nicht freigebe, stürze sie sie alle ins Unglück. Er meinte auch, jung und attraktiv, wie sie sei, würde seine Frau zweifellos wieder heiraten. Sie erwiderte, sie habe schon eine Ehe. Diese, räumte sie ein, durchlebe zwar eine schwierige Zeit, doch früher oder später würde sie gestärkt daraus hervorgehen. Sie könne den Tag ganz klar vor ihrem inneren Auge sehen. Sie vergegenwärtigte sich im Geiste, wie sie beide ihr Leben fortsetzten, ihre Kinder aufzögen und möglicherweise noch weitere bekämen. Sie stellte sich vor, wie sie einander wieder liebten und dieses ganze düstere Zwischenspiel vergessen sei. Mit ruhiger Heiterkeit versicherte sie ihm, sie glaube daran, daß dies Gottes Plan für sie beide sei. Und darum könne sie in die Scheidung nicht einwilligen.

Der Ehemann ging, wütend und frustriert. Er kehrte zu der Rotkreuzhelferin zurück, die in ihrer Heimatstadt auf ihn wartete. Er erklärte ihr, daß seine Frau am Ende ihre Starrköpfigkeit aufgeben würde. Es sei bloß eine Frage der Zeit. Er befinde sich in einer schwierigen und demütigenden Lage. Sie müßten ganz einfach warten.

Und das taten sie. Sie warteten und warteten. Und mit der Zeit wurde es der Rotkreuzhelferin klar, daß sie diejenige war, die sich in einer demütigenden Lage befand. Schließlich teilte sie ihrem Geliebten mit, daß sie es müde sei, darauf zu warten, daß seine starrköpfige Frau den Weg endlich freigebe. Ihr Verhältnis habe seinen Zauber verloren. Sie wolle einen Mann für sich, und nicht einen, der an eine andere Frau gekettet sei. Sie sagte ihm, er solle verschwinden.

Um diese Zeit begann auch der Ehemann, sich die Sache reiflich zu überlegen. Wie seine Frau gesagt hatte, gab es eine Seite in ihm, welche die Verpflichtungen seiner Frau und seinen Kindern gegenüber erkannte. Und es wurden ihm auch tiefe Gefühlsbindungen zunehmend bewußt, von denen er wußte, daß es sie gab. Es beeindruckte ihn, daß seine Frau tatsächlich ein großartiger Mensch war. Schließlich kehrte er schüchtern und reuevoll nach Hause zurück. Seine Frau hieß ihn ruhig willkommen. Sie war nicht überrascht. Es war alles so gekommen, wie sie es sich bildhaft vorgestellt hatte. Es gab keine Beschuldigungen. Sie nahm ihn einfach zurück. Und die Ehe bestand erfolgreich fort, weil sie durch die Ruhe und Gleichmut und das richtige Gefühl einer starken Frau gerettet worden war, die sich ihren Weg durch eine arge Situation vor Augen gehalten hatte und ihn siegreich hinter sich brachte.

Positive Phantasie
bringt eine Ehe zum Erfolg

Ich weiß von einem weiteren Fall, der sich in einer Kleinstadt abspielte und in dem eine Frau mit einem notorischen Schürzenjäger verheiratet war. Er hatte bei Frauen ungemein Erfolg, und wann immer ihm die Versuchung über den Weg lief, befolgte er Oscar Wildes Rat, sich der Versuchung zu entledigen, indem man ihr nachgebe. Und wie es in Kleinstädten nun einmal ist, waren seine Affären und Seitensprünge allgemein bekannt, und von Zeit zu Zeit fanden gewisse Damen der Gemeinde, selbstverständlich selber Stützpfeiler der Gesellschaft, es sei ihre Pflicht, die Frau über die Vergehen ihres Ehemannes zu informieren.

Sie erfuhren dabei jedoch nie große Befriedigung. Die Frau nämlich pflegte zu lächeln, den Kopf zu schütteln und zu sagen, sie wisse schon, daß sie es gut meinten, aber sie hätten unrecht. Sie kenne ihren Mann. Sie vertraue ihm. Sie wisse, daß er sie liebe. Es sei ihr unmöglich, sich eine Untreue dieser Art von seiten ihres Mannes vorzustellen. Ihre Informanten seien ganz einfach falsch informiert. Und die Informanten gingen jeweils verwirrt und frustriert wieder weg, weil sie sehr wohl wußten, daß sie recht hatten.

Stellte sich nun diese Frau tatsächlich einen Ehemann vor, der ein Ausbund an ehelicher Treue war, oder war sie einfach bemerkenswert geduldig und weise? Da ich ein Mann bin, kann ich die Frage nicht beantworten. Was ich aber weiß, ist, daß die Liebesabenteuer des Ehemannes mit der Zeit seltener wurden. Endlich hörten sie überhaupt auf. Und wenn ihn ein vertrauter Freund nicht wenig erstaunt fragte, was passiert sei, erwiderte der Mann: »Nun, weißt du, als meine Frau mir vertraute und sich weigerte, das, was die Leute ihr erzählten, zu glauben, auch wenn es stimmte, kam ich mir immer mehr als nichtsnutziger, gemeiner Schuft vor. Wenn sie mich so sehr liebte, dann war das mindeste, was ich tun konnte, zu versuchen, ihrer Vorstellung von mir nachzuleben. Und das werde ich von nun an tun.«

Mit anderen Worten: Der Mann ging auf das Bild von sich ein, das er in den Augen seiner Frau widerspiegelt sah — und begann, sich wie ein ausgewachsener Ehemann statt wie ein Schurke zu benehmen.

Selbst wenn man sich ein klares, beständiges Bild einer glücklichen Ehe vor Augen hält, geht es doch um eine Verbindung, die unablässig überwacht, angepaßt und gestärkt werden muß. Im folgenden sind sieben Empfehlungen aufgeführt, die Ruth und ich Ehepartnern geben, die ihr Eheglück bewahren wollen.

1. *Versuchen Sie, eine reife Vorstellung von der Liebe zu haben.*
Für allzu viele Leute ist Liebe eine atemberaubende romantische Glut, in der sie ihre emotionalen Bedürfnisse zu befriedigen hoffen. Einige Leute, und zwar vor allem junge, tun nicht viel mehr, als von einer Station zur anderen laufen auf der Suche nach dieser Art Aufmerksamkeit von seiten eines Angehörigen des andern Geschlechts. Sie sind süchtig danach. Sie müssen es einfach haben, und bekommen sie's nicht, so schmollen sie.

Das aber ist Abhängigkeit, nicht Liebe. Es ist oberflächlich, nicht tiefgehend. Es ist ein Gefühl, nicht eine Bindung — ein Gefühl, das sich ändern kann wie Launen oder Umstände, und wenn das Gefühl dahinschwindet, so ist es einfach, zu der Meinung zu gelangen, die Liebe sei jetzt eben vorbei. Romantische Liebe verändert niemanden wirklich. Reife Liebe dagegen besitzt eine seelische Dimension, die einen Menschen tiefgehend verändert und ihn von einem auf sich selbst ausgerichteten zu einem auf den andern ausgerichteten Menschen macht. In der reifen Liebe wird das Wohl und Glück des geliebten Menschen wichtiger als das eigene;

wahre Liebe ist, wie jemand sagte, das genaue Erkennen und Erfüllen der Bedürfnisse des andern. Noch eine andere Definition: Liebe ist das, was aus dem gemeinsamen Durchleben von Schwierigkeiten erwächst. Diese Begriffe sind weit entfernt von der romantischen, sexdurchtränkten Darstellung von Liebe, die in unserer westlichen Kultur so populär und allgemein verbreitet ist. Doch sind sie der Wahrheit sehr viel näher.

Gewisse Leute lernen nie, daß Liebe nicht einfach nur ein angenehmes Gefühl ist; es ist eine Art und Weise, einen andern Menschen zu achten und mit ihm umzugehen. Eine junge Frau, die unlängst mit steinerner Miene in meinem Büro saß, erklärte mir: »Ich liebe meinen Mann nicht mehr.« Ich fragte: »Wie wissen Sie das?«

Sie antwortete: »Ich fühle ihm gegenüber keine Liebe mehr — darum. Ich fühle gar nichts mehr.«

»Liebe ist mehr als ein Gefühl«, belehrte ich sie. »Wenn Sie während eines Monates einfach liebend handeln, wo es um Ihren Mann geht — und zwar ungeachtet des Gefühls, das Sie haben oder nicht haben —, dann kann es sein, daß die Zuneigung zurückkommt, die Sie einst für ihn hegten. Handeln Sie, als ob Sie ihn liebten — ob Sie glauben, Sie täten das, oder nicht. Das Wesentliche ist im gegenwärtigen Zeitpunkt, wie Sie handeln, nicht wie Sie fühlen. Wenn Sie sich dazu bringen, auf liebende Art zu handeln, wenn Sie Ihrem Mann einfach Rücksicht und Freundlichkeit entgegenbringen, dann gelingt es Ihnen möglicherweise, Ihre Ehe zu retten.«

So zu handeln ist keine Täuschung. Es ist als würde ein erhofftes Bild künftiger Dinge zum Leben erweckt. In diesem Falle arbeitet die Frau noch immer daran, und das mit Erfolg, denn die Ehe hält noch immer.

2. *Pflegen Sie die Kommunikation ohne Unterlaß.* Wie lange Sie auch verheiratet sein mögen, Sie dürfen Ihre Kommunika-

tionswege niemals als selbstverständlich annehmen. Sie müssen fortwährend benützt, getestet und wenn nötig instand gesetzt werden.

Sind Mann und Frau während des größten Teils des Tages voneinander getrennt, wie dies bei vielen Ehepaaren der Fall ist, so ist es ratsam, eine bestimmte Zeit — vielleicht früh am Morgen, vielleicht vor dem Zubettgehen — dafür zu reservieren, Pläne und Probleme, Klagen und Mißverständnisse, irgendeinen oder auch alle Aspekte des Zusammenlebens zu besprechen. Auf diese Weise können Schwierigkeiten bekämpft werden, solange sie noch Maulwurfshaufen und nicht schon Berge sind. Hat man es sich einmal zur Gewohnheit gemacht, alles im Gespräch miteinander zu teilen, wird die Ehe viel widerstandsfähiger gegen Druck und Belastungen, denen sie ausgesetzt ist.

Man muß sich vor Augen halten, daß die Ehe ein Vertrag ist, der immer wieder neu ausgehandelt werden muß — mit Kompromissen, Konzessionen und gesundem Menschenverstand. Es ist auf Gebiete zu achten, in denen keine Kommunikation stattfindet, und hier müssen Sie versuchen, einen Dialog in Gang zu bringen.

Es gibt in der Ehe viele Kommunikationsformen. Mitfühlendes Zuhören ist manchmal die beste davon; manchmal die, zu wissen, wann man schweigen muß. Manchmal ist es gemeinsame Arbeit, manchmal ein Spiel zusammen. Manchmal ist es eine beiläufige zärtliche Berührung, manchmal nur ein Blick. Manchmal gemeinsames Lachen. Manchmal geschlechtliches Beisammensein. Welche Form die Kommunikation auch haben mag — sie ist der Pulsschlag der Ehe. Hört er auf, so stirbt die Ehe.

3. *Lernen Sie, Vergnügen und Befriedigung zurückzustellen.* Das ist eine Kombination von Selbstbeherrschung und Geduld. Beide Ehepartner müssen zu gewissen Zeiten bereit

sein, unmittelbare Vergnügen oder Befriedigung zu verschieben oder aber darauf zu verzichten, um in der Zukunft größeren Nutzen zu gewinnen. Das mag selbstverständlich tönen, aber ich habe zusehen müssen, wie viele Ehen Schiffbruch erlitten, weil das nicht eingehalten wurde. Manche Leute sind unfähig, Geld zu sparen oder in langfristigen Plänen oder Investitionen anzulegen. Andere weigern sich, Überstunden zu machen, selbst wenn ihnen Überstunden-Arbeit letztlich eine bedeutsame Belohnung brächte. Sie sind zu sehr darauf aus, ihr Vergnügen oder ihre Unterhaltung sofort zu haben.

Positive Phantasie, aktive Vorstellungskraft hilft auch hier, denn wenn Sie sich ein angestrebtes Ziel lebhaft genug vorstellen, wenn Sie sich die Belohnung für Geduld und Selbstdisziplin klar genug vergegenwärtigen, vermögen Sie oft, sich die Motivation zu verschaffen, die sonst vielleicht fehlen würde.

Manchmal denke ich mir, wenn zerstrittene Ehepaare am Rande der Scheidung nur diese eine Befriedigung ein paar Wochen oder Monate lang zurückstellten, könnten sie am Ende eine stärkere Ehe als zuvor haben. Sie könnten lernen, daß Schwierigkeiten oder gar Schmerz der Auslöser zu Wachstum sein können. Sie könnten sich sogar, wenn sie es sich überlegen, bewußt werden, daß die Flucht durch die Hintertür der Ehe die Grundprobleme, mit denen sie zu kämpfen haben, wohl kaum ändert; diese Probleme werden wahrscheinlich ganz einfach mit ihnen in die nächste Verbindung mitgehen, die sie einzugehen versuchen.

4. *Übernehmen Sie Verantwortung.* Akzeptieren Sie die Wahrheit, daß die Ehe das ist, was Sie und ein einzelner anderer Mensch daraus machen — nicht besser und nicht schlechter. Seien Sie sich bewußt, daß Sie Ihren Partner in einer Meinungsverschiedenheit oder einem Streit kaum, wenn über-

haupt, ändern werden. Der einzige Mensch, den Sie wirklich ändern können, sind Sie selbst. Doch wenn Sie sich tatsächlich ändern — indem Sie ab und zu eine Schuld auf sich nehmen, indem Sie sich zuweilen entschuldigen, indem Sie von Zeit zu Zeit einen Kompromiß eingehen —, dann ändert sich die ganze menschliche Gleichung, und das Ergebnis ist oft doch das, welches Sie sich eigentlich wünschen.

Unlängst sagte ein Mann zu mir: »Meine Frau trinkt, und so habe ich gebetet, damit Gott ihr helfe, damit aufzuhören.« »Und hat sie zu trinken aufgehört?« erkundigte ich mich. »Nein«, erwiderte er, »aber ich habe aufgehört, an ihr herumzunörgeln. Ich habe aufgehört, mich mit dem Gedanken zu tragen, sie zu verlassen. Ich glaube, ich habe die Kraft gefunden, mit ihr weiterzuleben und sie zu lieben, was immer passiert. Ich glaube, ich habe die Geduld gefunden, sie zu der Hilfe hinzuführen, die sie braucht. Und eines Tages, meine ich, wird sie sich ändern.«

Das meine ich auch. Ein kluger Mensch hat einmal gesagt: »Beten ändert nicht unbedingt die Dinge für dich, aber es ändert dich für die Dinge.«

5. *Lernen Sie, Kompromisse zu schließen.* Kompromisse schließen heißt nicht nachgeben. Es heißt bloß, daß Sie anerkennen, daß jede Angelegenheit ihre zwei (oder mehr) Seiten hat.

Als Ruth und ich vor über dreißig Jahren ein Heim auf dem Lande kauften, war sie von dem Haus begeistert, aber mich störte es, daß jenseits der Straße eine riesige Scheune stand, die uns einen Teil der Aussicht wegnahm. Ruth tröstete mich immer wieder damit, wie malerisch die Scheune doch sei, aber sie störte mich trotzdem. Tatsächlich störte sie mich dann die ganzen folgenden einundzwanzig Jahre lang. Dann ergab sich die Möglichkeit, ein anderes Haus in einer Entfernung von weniger als einem Kilometer zu kaufen, wo die

Aussicht durch nichts verstellt wurde. Ruths Herz hing mittlerweile sehr an dem Haus, das wir hatten, doch wußte sie, daß mich die Scheune so sehr störte. Sie sagte sich, daß sie einundzwanzig Jahre lang ihr Recht gehabt habe und daß es nun an der Zeit sei, mich zum Zuge kommen zu lassen. Und somit erklärte sie sich wohlwollend bereit umzuziehen. Kompromiß — das ist das Schmieröl im Getriebe einer Ehe! (Nebenbei bemerkt: Ruth hat jetzt Freude an dem Haus, in das wir zogen.)

6. *Zollen Sie Anerkennung.* Jedermann schätzt ein lobendes Wort. Gewisse Psychologen sind der Meinung, das Verlangen nach Bestätigung sei einer der stärksten menschlichen Züge, vielleicht sogar der stärkste überhaupt. Warum also nicht gelegentlich ein Kompliment, warum nicht eine kleine unerwartete Geste machen, die ausdrückt »Ich finde dich wunderbar genau so, wie du bist«? Ein Blumenstrauß ohne besonderen Anlaß. Ein paar Liebesworte in einer Tasche oder unter dem Kopfkissen.

Ich glaube, es war Arnold Bennett, der (in seiner Junggesellenzeit) sagte, ihm schiene die Ehe fast immer das Ende der Höflichkeit zwischen Mann und Frau zu bedeuten. Das muß aber nicht so sein. Versuchen Sie, Ihrer Frau oder Ihrem Mann nur einmal jeden Tag ein Kompliment zu machen. Der Ansturm von Zuneigung, der daraus resultiert, wird Sie überraschen. (Falls der andere Teil vor Verwunderung nicht umfällt!)

7. *Streben Sie stets nach Verstärkung der religiösen Seite Ihres Zusammenlebens.* Die Ehe ist eine schwierige und anspruchsvolle Beziehung; die beteiligten Menschen brauchen jede nur denkbare Hilfe. Eine einfache und überaus zweckmäßige Regel ist die, Gott im Zentrum Ihres Lebens zu behalten; dadurch werden Entscheidungen vernünftiger, Freuden größer, Schwierigkeiten erträglicher, Lasten leichter

sein. Ein Geschäftsmann sagte mir etwas Überraschendes, Unerwartetes: »Wenn ich von zu Hause fort bin, rufe ich meine Frau jeden Abend an. Und dann versuche ich mir zu vergegenwärtigen, wie Gott als Drittperson unser Gespräch mithört, unsere Probleme mit uns teilt, unsere Bedürfnisse versteht und über uns beide wacht. Es ist eine Art Gebet, glaube ich. Jedenfalls tut es uns beiden ausgesprochen gut.« Natürlich tut es das. Und das erfahren Ehepaare, die zusammen beten, zusammen zur Kirche gehen, zusammen die Bibel lesen, zusammen glauben. Es gibt eine Bibelstelle, die das zusammenfaßt: »Wenn der Herr nicht das Haus baut, so mühen sich umsonst, die daran bauen« (Psalmen 127,1).

Ich hörte einmal einen klugen Eheberater die Ehe mit dem Basislager vergleichen, das Bergsteiger aufschlagen, wenn sie die Besteigung eines hohen Gipfels wie des Mount Everest planen. Der Berg versinnbildlicht das Leben. Die Ehe als Basislager ist der Ort, wo die Bergsteiger — die Ehepartner — ihre Ausrüstung und ihre Vorräte bewahren, die sie zur Bezwingung des Berges benötigen.

Das Basislager versinnbildlicht im Grunde das Überleben; wenn in einem Zwischenlager in größerer Höhe etwas schiefgeht, können die Bergsteiger jederzeit zum Basislager zurückkehren, um dort Nahrung, Wärme und Schutz zu finden und für einen weiteren Versuch neue Kräfte zu sammeln. Jeder Bergsteiger ist frei, hinauszugehen und verschiedene Routen zum Gipfel auszuprobieren. Das Basislager aber ist der Ort, wo die Kommunikation stattfindet, wo Pläne gemacht und Entscheidungen gefällt werden. Erfüllt das Basislager die ihm zukommende Funktion nicht, scheitert die Expedition.

Wenn Sie also verheiratet sind oder beabsichtigen, je zu heiraten, so halten Sie sich das Bild eines sorgfältig und gut gewählten Basislagers vor Augen, das mit Liebe und Kameradschaft ausgerüstet ist und von Loyalität, Treue und Vertrauen gewärmt wird. Und vergessen Sie niemals, Gottes Segen für alles, was geschieht, zu erbeten. Und dann ziehen Sie zuversichtlich aus, die höchsten Gipfel zu erklimmen, die das Leben bereithält.

11

Die heilende Kraft des Verzeihens

Wenn am Sonntagmorgen die Zeit kommt, da ich meine Predigt halten muß, habe ich gewöhnlich den Inhalt so gründlich vorbereitet, daß ich ihn recht genau im Kopf habe. Wenn um 11.15 Uhr der Gottesdienst beginnt, muß diese Vorbereitung abgeschlossen sein. Kürzlich eines Sonntagmorgens jedoch hatte ich noch um 10.45 Uhr mit meiner Predigt Schwierigkeiten. Ich brauchte für eine bestimmte Sache eine Veranschaulichung, hatte aber keine, und es kam mir einfach keine in den Sinn, die Uhr tickte, und mir wurde immer unbehaglicher.

Wie ich so am Schreibtisch in meinem Arbeitszimmer saß, glitt mein Blick zufällig hinauf auf den Bücherschrank, wo ein kleiner Spielzeug-Kohleneimer stand, der mit Miniatur-Spielzeug-Kohlenstücken gefüllt war. Dieser Kohleneimer hatte mitsamt seiner Spielzeugschaufel während mindestens dreißig Jahren dort gestanden, ohne daß ich mir dessen noch bewußt gewesen wäre. Aber das war die Veranschaulichung, die ich brauchte!

Vor dreißig Jahren hatte man mich nämlich zu einer Patientin in ein Krankenhaus gerufen. Die betreffende Frau hatte in ihrem Leben viel Pech gehabt. Gewisse Leute waren sehr böse zu ihr gewesen. Sie hatten sie betrogen und belogen und beinahe zugrunde gerichtet, und sie haßte sie. Dieser Haß trübte all ihre Gedanken und verfärbte sie rabenschwarz. Das wiederum hatte sich auf ihre Gesundheit auszuwirken begonnen. Sie erzählte mir, daß sie bald die meiste Zeit in einem Krankenhaus verbringe, was unter den gegebenen Umständen nicht verwunderlich war. Sie bat mich, ihr zu helfen.

Ich versuchte es, aber ich hatte nicht viel Erfolg. Ich redete ihr zu, den Leuten zu verzeihen, die ihr unrecht getan hätten, doch sie sagte, das könne sie nicht. Ihre Wut und ihr Groll beherrschten ihr Inneres mittlerweile dermaßen, daß es unmöglich war, sie zum Verschwinden zu bringen. Selbst als ich ihr klarzumachen versuchte, daß diese Gedanken wahrscheinlich der Grund für all ihre gesundheitlichen Probleme seien, schien sie unfähig, sie aufzugeben. Sie fuhr fort, vor Wut zu kochen. Sie versicherte, ihre Wut sei berechtigt, und das war wohl möglich, aber sie richtete sie dennoch zugrunde.

Als ich mich eines Tages auf der Suche nach Weihnachtsgeschenken für meine eigenen Kinder befand, stieß ich zufällig auf den kleinen Spielzeug-Kohleneimer, und sogleich kam mir die Frau mit ihren Problemen in den Sinn. Ich kaufte den Kohleneimer und brachte ihn ihr ins Krankenhaus. »Ich habe da ein Geschenk für Sie«, erklärte ich. »Aber es ist mehr als nur ein Geschenk, es ist eine Verordnung, die Ihnen helfen kann, all Ihre gesundheitlichen Probleme zu überwinden. Ich weiß, daß Sie die Leute hassen, die Ihnen unrecht getan haben, doch Haß ist ein Bumerang, und ein Teil davon kehrt um und kommt auf Sie zurück und fügt Ihnen Schaden zu.«

Ich nahm die Spielzeugschaufel und schaufelte einen Teil der Spielzeugkohle aus dem Eimer. »Diese Haßgedanken sind so hart und so schwarz wie diese kleinen Kohlenstücke«, sagte ich. »Und darum sollen Sie von jetzt an immer dann, wenn Sie einen dieser häßlichen Gedanken haben, diese kleine Schaufel zur Hand nehmen und damit ein kleines schwarzes Kohlenklümpchen aus dem Eimer heben und es unter das Bett werfen — außer Sichtweite. Während Sie das tun, stellen Sie sich vor, wie der düstere Gedanke aus Ihrem Bewußtsein hinausgeworfen wird. Je mehr schwarze Gedanken Sie aus Ihrem Geist hinauswerfen, desto schneller wird Ihr Geist seine ursprüngliche Farbe zurückerhalten, die nicht schwarz, sondern rein und weiß ist. Und wenn einmal Ihr Geist normal und gesund ist, wird auch Ihr Körper normal und gesund werden.«

Ich sehe noch vor mir, wie sie den kleinen Kohleneimer anschaute und lachte. »Soll das ein Scherz sein?« fragte sie. Dann setzte sie langsam hinzu: »Aber wie ich mich gefühlt habe, ist kein Scherz, nicht wahr? Also gut. Ich werde es versuchen.«

»Ausgezeichnet«, sagte ich. »Und wenn die Kohlenstücke alle weg sind, sagen Sie der Schwester, sie solle sie zusammenkehren, und dann fangen Sie von vorne an.«

Sie tat es, und offenbar gelang es ihr, die Übertragung dieser einfachen, symbolischen Handlung in den tiefgehenden Heilungsprozeß, dessen sie so sehr bedurfte, zu vollziehen, denn allmählich ging es ihr besser. Sie verbrachte keine Zeit mehr in Krankenhausbetten. Sie wurde eine gesunde Frau, eine starke, praktizierende Christin, die ohne das Gift des Hasses in der Seele oder im Herzen lebte. Am Ende gab sie mir den Kohleneimer zurück, weil er, wie sie mir versicherte, seine Aufgabe erfüllt hatte. Ich stellte ihn oben auf den Bücherschrank, und da blieb er, bis ich dafür in meiner Predigt an jenem Morgen Verwendung fand, deren Thema die heilende Kraft des Verzeihens war.

Eine der wichtigsten Lektionen, die die Menschen auf ihrem Lebensweg lernen müssen, ist das Verzeihen. Der Herr hieß uns unseren Feinden vergeben — nicht einmal, nicht siebenmal, sondern siebzigmal siebenmal. Vielleicht lächelte Er, als Er das sagte, doch daß Er so von der Vergebung sprach, zeigt, daß Er erkannte, wie schwierig es sein kann, jemandem zu vergeben, der uns unrecht getan hat. Es ist schwierig, furchtbar schwierig, und doch betonte Jesus Christus immer und immer wieder, wie wichtig es sei. Er sagte sogar, wenn man mit jemandem Streit habe, »wenn einer wider den andern eine Klage hat« (vergleiche Kolosser 3,13), so sei es nutzlos, Gaben zum Altar Gottes zu bringen und um Segen zu bitten, wenn man nicht vorher diesem Menschen die Hand zur Versöhnung reiche. Wut, Groll und Haß errichten Barrieren, die einen Menschen seelischer Kraft berauben. Chronische Mißgunst, schwelende Wut oder irgendein schrecklicher, andauernder Groll sind Krebsgeschwüren nicht unähnlich.

Vergebung ist demnach nicht bloß eine schöne, lobenswerte Tugend, die man entfalten sollte, weil es christlich ist, das zu tun. Vergebung ist ein notwendiger Schutz für einen selbst. Sie ist ein Mittel gegen Gifte, die den Körper verderben und die Seele schädigen können.

Mitfühlendes Urteil

Wie werden Sie zu einem vergebenden Menschen? Zuerst beschließen Sie durch einen Willensakt, kein urteilender Mensch zu sein. Die Bibel sagt sehr klar: »Richtet nicht . . .« (Matthäus 7,1), und der Grund für dieses Verbot ist offenkundig: Wir besitzen nie die ganze Information, die uns ein absolut gerechtes Urteil ermöglichen würde. Es gibt immer Dinge, die uns verborgen bleiben, Dinge, von denen nur Gott weiß. Daher ist es besser, Ihm das Urteil zu überlassen. Ist eine Bestrafung vonnöten, so lassen Sie das Sache Gottes sein. »Mir gehört die Rache, ich will vergelten, spricht der Herr.« Auf jeden Fall ist niemand von uns so vollkommen, daß er sich erlauben könnte, hart und gänzlich unversöhnlich gegenüber Menschen zu sein, deren Handlungen ihn verletzen oder ihm mißfallen.

Ich gebe zu, daß es einer beträchtlichen Anzahl Lebensjahre bedarf, um dies einzusehen. Die Leute fragen Ruth und mich manchmal, ob sich die Art und Weise, wie wir den Menschen bei ihren Problemen helfen, über die Jahre hinweg sehr verändert habe. Eigentlich nicht; ich meine aber, wir seien etwas toleranter, etwas mitfühlender als zur Zeit, da wir begannen. Wir wissen, daß Menschen Fehler machen werden, weil sie eben genau das sind — Menschen. Und abgesehen davon, machen wir selbst ja auch Fehler. Wir haben auch gelernt, daß jeder von uns ein ungemein heikles und kompliziertes Stück Maschinerie ist, das allen möglichen Arten von Druck und Belastung ausgesetzt ist, und wenn man sämtliche Faktoren in einem gegebenen Fall berücksichtigt, ist es eigentlich erstaunlich, wie gut es die Menschen im großen und ganzen machen.

Vor ein paar Monaten sprach ich mit einer Frau, die mich um Hilfe angegangen hatte, weil sie sich in großen Schwierigkeiten befand. Sie arbeitete bei einer Versicherungsgesellschaft und hatte durch Fälschungen von Versicherungsansprüchen von der Firma Geld erschwindelt. Indem sie die Namen von Ärzten erfunden und medizinische Fälle, die sich nie zugetragen hatten, erdacht hatte, hatte sie die Firma um beinahe fünfzigtausend Dollar betrogen. Nun hatte sie furchtbare Angst, daß die Verantwortlichen in der Firma Verdacht schöpfen und eine Untersuchung in Gang setzen könnten. Von Gewissensbissen und Angst geplagt, wandte sie sich an mich.

Nun, die Frau war eine Betrügerin — daran gab es nichts zu rütteln. Ein Geständnis war unumgänglich. Das Geld mußte zurückerstattet werden. Und doch, glaube ich, war meine Reaktion ein bißchen anders, als sie vor dreißig Jahren hätte sein können. Damals hätte ich vielleicht mit rechtschaffener Entrüstung reagiert. »Sie haben Geld gestohlen«, hätte ich vielleicht gesagt. »Es ist besser, wir zeigen das sogleich an. Recht ist recht, und unrecht ist unrecht. Sie haben sich eines Vergehens schuldig gemacht, und nun müssen Sie die Folgen tragen.«

Durch die Jahre hindurch habe ich jedoch gelernt, mehr zuzuhören und weniger zu urteilen. Dieser verirrten Frau hatte man, wie ich erfuhr, mit sechsundzwanzig die Gebärmutter entfernt, und somit hatte sie in jungen Jahren die Fähigkeit verloren, Mutter zu werden. Ich begann einzusehen, daß ihr zwanghaftes Verlangen nach materiellen Gütern — das sie wiederum dazu verleitet hatte, ihre eigene Firma zu betrügen — einem bemitleidenswerten Versuch entsprach, eine Kompensation für die Kinder, die sie niemals haben konnte, zu finden. Ich entschuldigte nicht, was sie getan hatte. Aber sie tat mir leid.

Deshalb rief ich — nachdem ich die Angelegenheit mit Ruth besprochen hatte — einen guten Freund von mir an, der im Versicherungswesen tätig ist, schilderte ihm den Fall und fragte ihn, was wir seiner Meinung nach tun sollten. Er meinte, die Frau sollte zum Generaldirektor ihrer Firma gehen oder zum höchsten Verantwortlichen, an den sie gelangen konnte, gestehen, was sie getan hatte, und um Verzeihung und die Chance bitten, das Geld nach und nach zurückzuzahlen. »Ich glaube, sie dürften mit ihr ziemlich nachsichtig sein«, sagte mein Freund. »Der Betrag, der ihr so hoch erscheint, ist nicht so hoch für die Leute von der Gesellschaft. Laut dem, was du sagst, bereut es die Frau aufrichtig und will Schadenersatz leisten. Kann sein, daß man darum herum kommt, die Sache vor Gericht zu bringen.«

So gingen wir dann auch vor, und am Ende kam es tatsächlich so heraus, wie mein Freund vorausgesagt hatte. Entscheidend daran ist, daß eine junge Frau, die einen schweren Fehler begangen hatte, vor einem schlechten Leumund bewahrt wurde, weil Ruth und ich die Jahre hindurch gelernt hatten, toleranter und, wie ich hoffe, verständnisvoller zu sein.

Teilnahmsvolle Einfühlung und die bewußte Weigerung, ein urteilender Mensch zu sein, sind folglich die ersten Schritte, die getan werden müssen, um sich die Fähigkeit zu verzeihen zu erwerben. Trotz allem bleibt es ein schwieriges Unterfangen, sich diese Haltung zu erarbeiten, wenn man glaubt, daß einem Unrecht geschehen sei. Die instinktive, tierische Reaktion ist, zurückzuschlagen, zu verletzen, weil man selbst verletzt worden ist. Dies ist jedoch genau die Reaktion, die Jesus Christus aus unserm Herzen auszuschließen suchte, als Er sagte »Liebet eure Feinde und bittet für die, welche euch verfolgen« (Matthäus 5,44).

Er sagte uns das, weil Er wußte, daß Vergebung enorme heilende Kräfte sowohl in dem, der vergibt, als auch in dem, dem vergeben wird, freisetzt. Kürzlich hörte ich von einem Arzt in New York, einem Krebsspezialisten, der auf seinem Gebiet hohes Ansehen genießt. Kommt ein neuer Patient zu ihm in die Sprechstunde, so versucht dieser Arzt, bevor er mit irgendeiner Behandlung anfängt, über den Patienten zu erfahren, was er nur kann, insbesondere über sein Verhältnis zu Eltern, Geschwistern oder irgendeinem nahestehenden Verwandten oder Freund. Er ist überzeugt, daß emotionale Faktoren wesentlich zur Anfälligkeit eines Menschen für Krebs beitragen, und legt großen Wert darauf, die emotionale Ambiance zu verstehen, in der die Krankheit ihren Anfang nahm.

Zu dem, was dieser Arzt unternimmt, gehört nun, daß er alle Mitglieder der betreffenden Familie zu einer, wie er es nennt, Stunde der Vergebung versammelt. Bei diesem eher außergewöhnlichen Treffen werden alle Anwesenden aufgefordert, freimütig jeglichen Groll oder jegliches Ressentiment zu äußern, die sie gegen den Patienten oder selbst gegeneinander hegen mögen. Sind diese versteckten Animositäten einmal ans Tageslicht gebracht worden, wird jeder, der solche hegt, ganz einfach aufgefordert, dem zu vergeben, der ihm unrecht oder vermeintlich unrecht getan hat. Bei diesen Sitzungen treten erstaunliche Dinge zutage, und oft werden Streitigkeiten gleich bei dieser Gelegenheit geregelt.

Wenn diese verborgenen Grollgefühle durch die Kraft der

Vergebung neutralisiert worden sind, beruft der Arzt eine zweite Sitzung ein, die er Stunde der Liebe nennt und bei der jeder Beteiligte für den andern Zuneigung und Anteilnahme äußert. Zuerst Vergebung. Dann Liebe. Das Ergebnis, so meint dieser außerordentliche Arzt, ist eine Atmosphäre, in der die Heilkräfte, die er anzuwenden beabsichtigt, wirkungsvoller arbeiten werden.

Wie kann nun hier aktive Vorstellungskraft eingesetzt werden? Auf verschiedene Arten. Wenn Sie mit einem Freund oder einer Freundin Meinungsverschiedenheiten haben, so ist es gewiß von Nutzen, sich vorzustellen, daß dieser Streit beendet, die alte Beziehung wiederhergestellt und das Gefühl von schmerzlicher Entfremdung aufgehoben sei. Wenn Sie sich dieses Bild im Geiste verankern können, haben Sie bereits einen gewaltigen ersten Schritt getan.

Wenn Wut und Ressentiments sehr tief gehen, hilft es manchmal, sich klar und lebhaft das Gesicht der Person zu vergegenwärtigen, die Ihnen unrecht getan hat, sich sodann das Gesicht Jesu vorzustellen, wie Sie glauben, daß es aussehe, und dieses Bild über das andere zu legen und laut zu sagen: »Ich verzeihe dir im Namen Jesu. Amen.« Das ist ein Versöhnungsgebet, und zwar ein wirksames. Das Amen am Schluß heißt »so sei es« und ist im Grunde genommen ein Befehl an Ihr Unterbewußtes, die negativen, auf Strafe ausgerichteten Gedanken, die in Ihrer Seele so tiefe Wurzeln geschlagen haben, aufzugeben. Reißen Sie sie aus, und werfen Sie sie für immer fort.

Beten ist nötig, weil Verzeihen manchmal so schwierig ist, daß wir es alleine einfach nicht zustande bringen. Es erfordert unzweifelhaft, daß die göttliche Gnade in unsere Seele komme und sie ändere, bevor wir überhaupt anfangen können, uns selbst zu ändern. Doch wenn wir Gottes Macht und Liebe als Lösungsmittel wirken lassen, kann selbst die tiefste Bitterkeit weggewaschen werden. Und das ist eine Tatsache, glauben Sie mir!

Die beispielhafte Geschichte einer Familie

Vor einigen Jahren lebte im amerikanischen Bundesstaat Pennsylvania eine wackere Farmersfamilie, zu der Jay Meck, seine Frau Ruth und drei prächtige Söhne gehörten. Der jüngste von ihnen war Nelson, ein fröhlicher Schuljunge mit einem Sommersprossengesicht. Seine Lehrer nannten ihn »Sonnenschein«, weil er ein so liebenswertes Wesen und so ein sonniges Lächeln hatte. Eines Tages, als Jay und Ruth Meck Nelson von der Schule zurückerwarteten, kam der Fahrer des Schulbusses kreidebleich und außer sich den Weg hinaufgerannt. Nelson war von einem Wagen angefahren worden, als er aus dem Schulbus stieg. Man hatte eine Ambulanz gerufen, aber es war bereits zu spät. Nelson war tot.

Der Fahrer des betreffenden Wagens war ein Polizist aus New York, der nicht im Dienst stand. Zusammen mit seiner Frau hatte er eine Fahrt durch die friedliche Landschaft Pennsylvanias gemacht. Der Schulbus hatte angehalten; seine Brems- und Warnlichter leuchteten auf. Doch irgendwie übersah sie der Fahrer aus New York. Er versuchte am Bus vorbeizufahren. Und der kleine Nelson fand den Tod.

Jay und Ruth Meck waren verzweifelt. Das waren auch ihre beiden andern Söhne. Ihre Nachbarn waren wütend; sie wollten, daß die härtesten Strafen gefordert würden. Die Schulbehörde wollte den schuldigen Fahrer, einen Außenstehenden, einen Großstadtfremden, exemplarisch bestrafen.

Die Tage vergingen, von Kummer und Schmerz verschwommen. Ein Versicherungsmann kam, um die Entschädigung zu besprechen. Er hatte auch mit dem Polizisten und seiner Frau in Verbindung gestanden, und irgend etwas trieb Jay Meck dazu, sich nach ihnen zu erkundigen.

»Sie scheinen gebrochen«, sagte der Versicherungsmann zu ihm.

Gebrochen. Die Mecks wußten, was dieses Wort bedeutete; es bedeutete, daß auch dem andern Paar elend zumute war. Sie dachten darüber nach, besprachen es und beteten dafür. Zu guter Letzt beschlossen sie, das New Yorker Ehepaar, das Frank und Rose Ann hieß, zu sich zum Abendessen einzuladen. Und die beiden kamen.

Es war mühsam, gewiß. Doch die vier sich grämenden Menschen setzten sich zusammen und brachen Brot miteinander. Die Mecks erfuhren, daß Frank seit acht Jahren Polizist mit makelloser Laufbahn gewesen war. Der Unfall, meinte er, könnte ihn seine Stelle kosten. Rose Ann hatte wie Ruth drei Kinder. Sie hatte sie zu ihren Eltern geschickt, weil sie Angst vor der Begegnung mit den Nachbarn hatten. Sowohl Frank wie Rose Ann sahen schrecklich aus. Sie hatten dunkle Augenringe und waren stark abgemagert.

Als die beiden gegangen waren, setzten sich Ruth und Jay Meck an den Küchentisch und sahen einander an. Sie sahen noch etwas anderes: daß nämlich Frank und Rose Ann beinahe so sehr litten wie sie selbst. Die Wahrheit wurde klar erkennbar, daß sie alle allein durch Mitgefühl, allein durch die Art Liebe, die ihr Glaube vertrat, allein durch Vergebung, die gewährt und angenommen werden mußte, Frieden finden konnten. Und daher beschloß Jay Meck, als die Gerichtsverhandlung stattfand, die Anklage zu mildern. Abgesehen von einer Verkehrsbuße, zu der man Frank verurteilte, wurde er freigesprochen.

Vergebung. Was ist das eigentlich? Vielleicht ist es nichts anderes als die Gelegenheit, es noch einmal zu versuchen, es besser zu machen, von den Strafen und Fesseln vergangener Fehler befreit zu werden. Was es auch sein mag — es ist etwas, dessen wir alle bedürfen und nach dem wir uns sehnen. Das ist der Grund, warum wir gerührt sind und unsere Augen feucht werden, wenn wir wahrhaft großen Beispielen davon begegnen.

Ich entsinne mich einer einzigartigen Vergebungsgeschichte,

die vom berühmten Zeitungsreporter Bob Considine vor über zwanzig Jahren wiedergegeben wurde. Die Protagonisten darin waren Karl Taylor, Angestellter in einem staatlichen Lagerhaus, und seine Frau Edith. Die Taylors waren seit dreiundzwanzig Jahren verheiratet und schienen einander in Treue verbunden zu sein. Immer, wenn es Karls Arbeit erforderte, daß er sich auswärts aufhielt, schrieb er Edith jeden Abend einen langen Brief und schickte ihr von überallher kleine Geschenke.

1949 schickte die Regierung Karl für ein paar Monate nach Okinawa, um dort in einem Lagerhaus zu arbeiten. Allein im kleinen Städtchen Waltham in Massachusetts zurückgelassen, versuchte Edith, das Beste daraus zu machen, während die langen Monate langsam dahinkrochen. Sie beschäftigte sich damit, ein kleines unausgebautes Landhaus zu kaufen und es als Überraschung für Karl auf seine Heimkehr herzurichten.

Karl aber zögerte die Heimkehr hinaus, und seine Briefe wurden immer seltener. Schließlich kam nach wochenlangem Stillschweigen ein kurzer Brief, in dem stand: »Liebe Edith, ich wünschte, ich wüßte eine freundlichere Art, dir mitzuteilen, daß wir nicht mehr verheiratet sind . . .« Karl hatte schriftlich in Mexiko die Scheidung eingereicht. Und er hatte sie per Post erhalten. Er schrieb Edith, er werde eine junge Japanerin namens Aiko heiraten, die als Dienstmädchen seinem Quartier zugeteilt worden war. Sie war neunzehn. Edith war achtundvierzig.

Edith hatte allen Grund, verbittert und niedergeschmettert zu sein. Nach allen Gesetzen der Menschlichkeit hätte sie die Japanerin hassen und Karl verachten müssen. Doch irgendwie trat das nicht ein. Vielleicht war Ediths Liebe zu Karl so groß, daß sie ihn ganz einfach nicht hassen konnte. Auf jeden Fall war sie imstande zu verstehen, was passiert war. Ein einsamer Mann, weit weg von zu Hause, der manchmal etwas zuviel trank. Ein schutzloses Mädchen ohne Geld.

Selbst in ihrem Kummer versuchte Edith, an Karls Benehmen noch etwas Gutes zu finden. Zumindest war er ehrlich genug gewesen, die Scheidung einzureichen und das Mädchen zu heiraten. Er hatte Aiko nicht sitzenlassen. Edith glaubte allerdings nicht, daß die Ehe gut gehen würde. Die Unterschiede in Alter und Herkunft waren zu groß. Eines Tages würden Aiko und Karl das einsehen. Dann würde Karl vielleicht nach Hause kommen. Edith verkaufte das kleine Landhaus, an dem sie so lange gearbeitet hatte. Sie erwähnte es Karl gegenüber nie. Sie arbeitete weiter in der Fabrik, bei der sie eine Stelle hatte. Und sie wartete.

Karl kam nie wieder nach Hause. Er schrieb Edith, daß er und Aiko ein Kind erwarteten. Marie wurde 1951 geboren, ein weiteres Mädchen, Helen, 1953. Edith sandte den Kindern kleine Geschenke. Sie behielt ihre Stelle in der Fabrik in Waltham bei, doch der wirkliche Mittelpunkt ihres Lebens befand sich in Okinawa.

Dann kam eines Tages eine furchtbare Nachricht: Karl litt unheilbar an Lungenkrebs. Der Brief war von Angst erfüllt; Karl sorgte sich weniger um sich selbst als vielmehr um Aiko und die beiden Kinder. Die Behandlungskosten zehrten seine Ersparnisse auf. Was würde aus den Kindern werden?

Da wußte Edith, was sie zu tun hatte. Ihr letztes Geschenk an Karl konnte ein Stückchen Seelenfrieden sein. Sie schrieb ihm, daß sie die beiden Kinder zu sich nach Massachusetts nehmen würde.

Aiko war ihre Mutter und wollte sie nicht gehen lassen. Doch was konnte sie ihnen außer Armut und Hoffnungslosigkeit bieten? 1956 erklärte sie sich schließlich einverstanden. Die Kinder wurden zu Edith geschickt. Sie paßten sich dem Leben in Amerika rasch an, und Edith war glücklich wie schon seit Jahren nicht mehr.

Aiko aber, die nun allein auf Okinawa war, fühlte sich zutiefst unglücklich. Sie schrieb Edith verzweifelte Briefe, in denen etwa stand: »Tante, sag mir, was sie machen — ob Marie und Helen weinen oder nicht.« Schließlich erkannte Edith, daß ihre Liebe zu Karl noch ein Letztes verlangte: die Mutter der Kinder auch noch zu sich zu nehmen.

Es war nicht einfach. Aiko hatte noch immer die japanische Staatsbürgerschaft, und die Einwanderungsquote war voll und die Warteliste lang. Doch Edith Taylor schrieb Bob Considine und bat ihn um Hilfe. Er brachte die Geschichte in seiner Zeitungsrubrik. Andere halfen mit. Am Ende erhielt Aiko 1957 die Erlaubnis, in die Vereinigten Staaten einzureisen.

Bob Considine beschrieb das Treffen der beiden Frauen folgendermaßen:

Als das Flugzeug am Internationalen Flughafen von New York ankam, hatte Edith plötzlich einen Augenblick lang Angst. Was, wenn sie diese Frau, die ihr Karl weggenommen hatte, hassen sollte?

Der letzte Passagier, der das Flugzeug verließ, war ein junges Mädchen; es war so klein und mager, daß Edith zuerst glaubte, es sei ein Kind. Es kam die Treppe nicht herunter, es blieb einfach oben stehen und umklammerte das Geländer. Da wußte Edith: wenn sie selbst Angst gehabt hatte, so war Aiko geradezu von Panik ergriffen.

Sie rief Aikos Namen, und das Mädchen stürzte die Treppe herunter, geradewegs in Ediths Arme. In dem kurzen Augenblick, da sie sich in den Armen lagen, hatte Edith einen außergewöhnlichen Gedanken. »Hilf mir«, sagte sie bei sich und hielt dabei die Augen fest geschlossen. »Hilf mir, dieses Mädchen zu lieben, als ob es ein Teil Karls sei, der zurückkommt. Ich habe dafür gebetet, daß er zurückkomme. Nun hat er es getan — in seinen beiden kleinen Töchtern und in

171

diesem sanften Mädchen, das er liebte. Hilf mir, Gott, das vor Augen zu haben.«

Ich habe gehört, Edith und Aiko Taylor lebten noch heute zusammen, und zusammen hätten sie die beiden Kinder Karls großgezogen, die nun vortreffliche junge Frauen seien. Weshalb berührt uns diese Geschichte von Selbstlosigkeit und Vergebung so sehr? Weil sie etwas Göttliches an sich hat. »Vater, vergib ihnen . . .« hat Jesus am Kreuze gesagt (Lukas 23,34). Das ist das Vorbild, das vollkommene Beispiel, das immer vor uns steht. Doch wenigen nur — wie Edith Taylor — gelingt es, ihm nachzuleben.

Wenn Sie also das Glücksgefühl, die Erleichterung und die Zufriedenheit erfahren wollen, die aus praktizierter Vergebung kommen, denken Sie an die folgenden fünf Schritte:

1. *Widerstehen Sie der Versuchung zu urteilen.* Vergessen Sie nicht: Nur Gott kennt alle näheren Umstände. Überlassen Sie das Urteil Ihm.

2. *Lernen Sie, sich in andere einzufühlen.* Die beste Methode ist die, seine Phantasie einzusetzen. Versetzen Sie sich in die Lage des andern. Fragen Sie sich, ob der Fehler ausschließlich bei der andern Person liege oder ob nicht auch auf Ihrer Seite eine gewisse Schuld da sei, die ehrlich anzuerkennen ist.

3. *Sehen Sie das Problem im Umfeld einer Versöhnung vor sich.* Stellen Sie sich das entzweite Verhältnis wiederhergestellt vor. Vergegenwärtigen Sie sich befreit von dem Gifte der Wut und der Ressentiments. Lassen Sie Ihre positive Phantasie hoffnungsvolle Dinge anregen, die Sie mit der erhöhten Energie, die Sie damit gewinnen, verwirklichen werden.

4. *Beten Sie für den Menschen, der Sie verletzt hat.* Wenn das schwierig ist (und es wird schwierig sein), beten Sie darum, daß die göttliche Gnade in Ihr Herz kommen und Ihnen Kraft verleihen möge, es zu tun. Rufen Sie sich selbst immer wieder in Erinnerung, daß der Akt der Vergebung Ihnen mehr bringt als der andern Person.

5. *Beschließen Sie Ihr Gebet mit dem Vaterunser.* Legen Sie Nachdruck auf die Stelle, in der Gott gebeten wird, uns unsere Schulden zu vergeben, wie auch wir vergeben unseren Schuldigern.

Tun Sie diese fünf Dinge, und Sie werden über die heilende Kraft des Verzeihens erstaunt sein. Wenn Sie es zulassen, kann es Ihr Leben verändern.

12

Wie man sich die Angespanntheit wegvorstellt

Was ist dieses schmerzhafte Gefühl eigentlich, das man Angespanntheit nennt? Es ist nicht leicht zu definieren. Angst kann es hervorbringen, aber es ist nicht genau wie Angst. Sorge kann es hervorbringen — ebenso Schuldbewußtsein, Haß oder Frustration. Eins ist sicher: Wir alle kennen das schreckliche Gefühl, wenn Anspannung von uns Besitz ergreift. Das Gefühl von Belastung. Das Gefühl der Unzulänglichkeit. Der Pessimismus. Der tiefe Siedepunkt. »Ich bin mit den Nerven fertig«, sagen wir. »Ich könnte die Wände hochgehen.«

Es gibt in unserem Leben gewiß zuviel Angespanntheit, zuviel Nervosität; das bezeugen allein die Häufigkeit zu hohen Blutdrucks und der astronomische Absatz von Beruhigungsmitteln. Indes, ein bißchen davon kann Ansporn, also gut sein. Dr. Hans Selye, die berühmte kanadische Kapazität auf diesem Gebiete, hat bewiesen, daß andauernder Streß bei Ratten — und bei Menschen — zu allerlei Krankheiten führen kann. Und doch räumt selbst Dr. Selye ein, daß ein gewisses Maß an Streß unvermeidlich und sogar wünschbar ist, wenn ein Organismus den Herausforderungen seiner Umgebung wirkungsvoll begegnen soll.

Ich weiß das aus eigener Erfahrung. Jedesmal, wenn ich eine Predigt oder einen Vortrag halte, fühle ich eine gewisse Spannung in mir. Vielleicht ist es ein Rückfall in meine alten Tage, da ich von Minderwertigkeitsgefühlen geplagt wurde; vielleicht ist es die unklare Erinnerung an den kleinen Jungen, den man ins Wohnzimmer schleppte, damit er dort den Verwandten, die auf Besuch da waren, Gedichte hersage. Was für einen Grund es auch haben mag — es ist schmerzlich, und es ist mir unangenehm. Und doch weiß ich, daß es eine Art Ansporn ist, mein Bestes zu geben. Ohne Anspannung würden die meisten von uns kaum das Potential ausschöpfen, das der Herrgott in uns gelegt hat.

In diesem Kapitel soll nicht von diesem normalen und wünschbaren Maß an Streß und Spannung die Rede sein. Ich möchte von der Angespanntheit sprechen, welche den Menschen Schaden zufügt und sie behindert — und davon, was dagegen getan werden kann.

Vor Jahren stieß ich zufällig auf ein Mittel gegen akute Angespanntheit, das ich seither immer wieder angewandt und empfohlen habe. Es ist ein dreiteiliges Mittel, wobei ein Teil positive Phantasie beinhaltet, obwohl dieser Begriff damals noch nicht gebraucht wurde.

Als ich eines Abends müde, angespannt und nervös nach Hause kam, ließ ich mich in meinen Lieblingssessel fallen und warf einen Blick auf den Beistelltisch neben dem Sessel; meine liebende Gattin hat die Gewohnheit, auf dieses Tischchen Bücher und Zeitschriften zu legen, von denen sie glaubt, daß sie mich interessieren. Diesmal hatte sie unter anderem eine Versicherungsbroschüre dorthin gelegt. Ich erinnere mich, daß auf der Titelseite in großen roten Buchstaben das Wort *Sie* stand und eine Hand mit ausgestrecktem Zeigefinger abgebildet war, der in anklagender Weise geradewegs auf den Leser gerichtet war. »Sie«, hieß es da, »sind voller innerer Spannung! Sie sind hypernervös! Sie werden jeden Augenblick die Beherrschung verlieren!« *Ja*, dachte ich, *das ist keine üble Beschreibung des Zustandes, in dem ich mich befinde. Vielleicht sollte ich mir mal ansehen, was die sonst noch über Nervosität zu sagen haben.*

In der Broschüre stand im weitern, um übermäßige Angespanntheit loszuwerden, müsse man drei Dinge tun. Als erstes müsse man bewußt den Körper entspannen. »Lassen Sie sich in Ihrem Sessel zurückfallen«, hieß es. »Beginnen Sie, jeden Muskel zu entspannen, wobei Sie bei den Zehen beginnen. Strecken Sie die Beine durch, ziehen Sie die Füße an und die Zehen ganz fest gegen sich. Dann lassen Sie alles erschlaffen. Lassen Sie Ihren Kopf zurückfallen. Rollen Sie ihn, damit sich die Nackenmuskeln lockern. Lassen Sie jede Hand auf ein Knie fallen, und lassen Sie sie dort liegen wie ein nasses Blatt auf einem Holzklotz. Öffnen Sie Ihre Augen weit, dann stellen Sie sich vor, an Ihren Augenlidern seien unsichtbare Gewichte befestigt, die sie langsam zuziehen. Stellen Sie sich vor, eine weiche, sanfte Hand berühre Ihr Gesicht leicht und glätte die Falten der Anspannung. Vergegenwärtigen Sie sich im Geiste, wie die Spannung aus Ihrem Körper wegfließt und er ruhig, friedlich und entspannt zurückbleibt.

Nun sind Sie bereit für die zweite Etappe, die darin besteht, den Geist zu entspannen. Dazu bedarf es der Anstrengung, sich konzentriert etwas vorzustellen. Sehen Sie sich selbst an einem wundervollen Sommertag allein in den Wäldern einer traumhaft schönen Landschaft. Sie sitzen mit dem Rücken an einen Baum gelehnt; Sie können die rauhe Rinde durch Ihr Hemd spüren. Ringsherum sind Sie umgeben von Fichten, Tannen und Föhren. Die Luft ist von Balsamduft erfüllt. Sie können den sanften Wind in den Baumkronen säuseln hören. In der Ferne heben sich blaue Hügelzüge vom friedlichen Himmel ab. Dieser Himmel spiegelt sich in einem glänzenden See, dessen glatte Oberfläche einzig ab und zu von einem hochspringenden Fisch bewegt wird. Die kleinen Wellenringe dehnen sich aus und verlieren sich. Die warmen Sonnenstrahlen fallen auf Ihr Gesicht wie ein Segen. Irgendwo ruft ein Vogel, und ein anderer antwortet. In der Stille, die darauf folgt, umgibt Sie die heilende

Schönheit der göttlichen Schöpfung. Ihre Nervosität schwindet dahin, wird kleiner und immer kleiner, bis sie endlich ganz verschwunden ist. Es gibt keine Angespanntheit mehr. Sie sind in Frieden . . .«

Die Broschüre nannte diese Art der geistigen Entspannung eine Übung in konzentriertem Sich-Vorstellen einer Sache. Das ist es gewiß. Es ist aber auch ein gutes Beispiel aktiver Vorstellungskraft.

Der dritte Teil bestand in einem willentlichen Versuch, die Seele zu erfrischen, indem man sich wichtige Stellen und große Verheißungen aus der Schrift in Erinnerung ruft und darüber meditiert. Ich habe schon vielfach die Erfahrung gemacht, daß eines der besten Mittel gegen Nervosität darin besteht, den Dreiundzwanzigsten Psalm laut aufzusagen. »Und ob ich schon wanderte im finstern Tal, ich fürchte kein Unglück; denn du bist bei mir, dein Stecken und Stab, der tröstet mich« (Vers 4). Und das ist wahrhaftig so.

Je öfter Sie in Ihrer Bibel lesen, je mehr Sie Teile daraus auswendig lernen und je mehr Sie diese Bruchstücke alter Weisheit in die Tiefen Ihres Wesens sinken lassen, desto weniger verletzlich werden sie den Ängsten, Ungewißheiten und Verwirrungen gegenüber sein, die zu Angespanntheit führen.

Es gibt so manche dieser seelenerfrischenden Stellen! »Euer Herz erschrecke nicht! Glaubet an Gott und glaubet an mich! In meines Vaters Hause sind viele Wohnungen . . .« (Johannes 14,1.2). »Frieden lasse ich euch zurück, meinen Frieden gebe ich euch . . .« (Vers 27). »Bewährten Sinn bewahrst du in Frieden, weil er auf dich vertraut« (Jesaja 26,3). »Fürchte dich nicht, denn ich bin mit dir! Blicke nicht ängstlich . . .« (Jesaja 41,10).

Die dreiteilige Botschaft jener Versicherungsbroschüre war klar: Irgendwie muß man versuchen — gleichviel, wie sehr uns Streß und Anspannung bedrängen —, inneren Gleichmut zu bewahren, eine Gelassenheit, die nicht durch äußere Umstände erschüttert werden kann, wie beschwerlich oder schmerzlich sie auch sein mögen.

Der amerikanische Dichter Edwin Markham schrieb einmal: »Im Herzen jedes Wirbelsturms, der den Himmel zerreißt, befindet sich ein Ort zentraler Ruhe.«

Wir haben in Pawling im Staate New York, wo Ruth und ich unser altes Bauernhaus haben, keine Wirbelstürme. Doch auch bei uns gibt es böse Stürme, die im späten August oder im September die Küste hinauffegen und wütend über Quaker Hill hereinfallen, wo unser Haus steht, und wie zehntausend Furien heulen.

Die Ruhe im tobenden Sturm

Ich entsinne mich eines solchen Abends, als Ruth und ich in unserem gemütlichen Wohnzimmer am Kamin saßen. Draußen wütete ein Sturm. Der Wind stürzte über das Haus her und schüttelte es nur so. Überall knarrte und knackte es. Dann kam jeweils plötzlich eine Windstille, in der wir die alte Uhr auf dem Kaminsims ticken hören konnten.

Mit der Zeit wurde der Sturm so bedrohlich wild, daß ich befürchtete, einige unserer großen Ahornbäume könnten gefällt werden. Ich nahm eine Taschenlampe und wankte in den Wind hinaus. Ich richtete den Strahl der Taschenlampe in die Höhe und sah, wie die großen Äste sich krümmten und bogen und umhergeschlagen wurden. Es sah beängstigend aus. Ich fragte mich, ob wohl das Haus abgedeckt werden könnte. Ich kämpfte mich zum Haus zurück und sagte drinnen zu Ruth: »Das ist ein mörderischer Sturm. Ich bin sicher, daß wir ein paar Bäume verlieren werden. Wenn der Wind noch stärker wird, kann das ganze Haus noch zusammenkrachen!«

Ein paar Sekunden lang sagte Ruth nichts. Dann meinte sie ruhig: »Hör einmal auf die Uhr.«

Und so hörte ich auf die Uhr. Ticktack, machte sie. Ticktack. Ohne Eile. Ohne Sorge. Dieses alte Haus steht seit hundertfünfzig Jahren hier, schien sie zu sagen. Es hat Stürmen wie diesem in der Vergangenheit getrotzt, und es wird weiteren Stürmen in der Zukunft trotzen. Warum regst du dich also so auf? Alles ist in Ordnung — ticktack — Ordnung — ticktack — Ordnung — ticktack . . .

Es ist schon ein wenig seltsam, daß einem eine Uhr zu Seelenruhe verhelfen können soll, aber das ist genau das, was mir an jenem Abend widerfuhr.

Wenn Streß und Anspannung sich in mir zu stauen begannen, pflegte ich vor Jahren manchmal mit meiner Familie für ein, zwei Tage nach Atlantic City zu flüchten. Damals war es noch ein friedlicher Ort, und es gab nichts besonders Anstrengendes zu tun. Die Leute promenierten auf dem Strandsteg oder am Strand. Zur Winterszeit wickelten einen besorgte Hotelangestellte in eine Wolldecke und setzten einen in einen Liegestuhl mit Blick auf den Ozean, so daß man nichts als die majestätisch heranwogende Brandung sehen und nichts als ihr Rauschen und den Schrei der Möwen hören konnte, die über dem ruhelosen Wasser kreisten.

Einmal dachte ich mir: Warum muß ich hierher kommen, um diese Ruhe zu finden? Warum kann ich sie nicht im Geiste mit mir nehmen und sie jederzeit in mir wiedererstehen lassen, wenn ich es nötig habe — in einer Woche, in einem Monat, in einem halben Jahr oder in einem Jahr? Und dann versuchte ich jeweils, genau das zu tun, wenn der Druck in New York unerträglich wurde. Aktive Vorstellungskraft war das. Die Kraft positiver Phantasie, die einen in die Lage versetzt, selbst inmitten der Anspannung sich loszulösen und Ruhe zu erreichen.

Manchmal frage ich mich, wann all dieses Hasten und Hetzen, all diese Nervosität unsere westliche Welt überkommen habe. Soweit ich mich erinnere, gab es nichts von alledem, als ich als Knabe im Mittleren Westen aufwuchs. Gewiß hatten die Leute Probleme, aber nervöse Anspannung gehörte selten dazu. Das Lebenstempo mit den pferdebespannten Wagen, den ersten Autos, mit den gemütlichen Läden und den ruhigen Gaststätten, die kleinen Landkirchen, an deren Eingangstüren die Getreidefelder fast heranreichten und sich von da wie ein smaragdfarbener Ozean bis zum Horizont erstreckten, die Wolken, die wie dicke weiße Schafe auf den blauen Weiden des Himmels weideten, und die so tiefe Stille, daß man ein Heimchen zirpen hörte — das hatte etwas unsagbar Beruhigendes an sich.

Wenn man heute zu Fuß durch New York geht, zerreißen einem Sirenen fast das Trommelfell, grell aufleuchtende Lichter blenden einen, Lastwagen dröhnen und stinken wie Drachen, die Luft ist erfüllt von Kohlenmonoxyd, das knapp unter der tödlichen Grenze liegt, die Straßen sind mit Unrat bedeckt, und Leute mit gequältem Gesichtsausdruck strömen ein und aus in den U-Bahn-Zügen, die so verschmiert und verkritzelt sind, daß sie der Hölle zu entstammen scheinen.

Auf psychischer Ebene wird die Angespanntheit noch erhöht durch die kreischend-aufdringliche Art der Medien und deren Beschäftigung mit Düsternis und Untergang, mit Verderben, Unglück und Verbrechen, mit Mord und schwerer Verletzung, mit Überschwemmungen und Hungersnöten, mit Pornographie, Perversion, Inflation und allem sonst noch Unangenehmen, das die Menschheit kennt.

Früher pflegte man zu sagen, schlechte Münzen vertrieben gute, womit gemeint war, daß, wenn unterwertige Münzen in Umlauf gesetzt wurden, die Leute die guten horteten und sie nicht mehr ausgeben wollten. Dies war das sogenannte Greshamsche Gesetz. So eine Art Greshamsches Gesetz scheint es auch bei den Medien zu geben, in denen schlechte Nachrichten die guten vertreiben. Wenn Sie mir nicht glauben, so blättern Sie doch einmal Ihre Zeitung durch, und suchen Sie nach guten Nachrichten. Dann werden Sie sehen, was ich meine.

Die Leute setzen sich gegen diese Art Umgebung so gut sie können zur Wehr. Mein Zahnarzt in New York ist ein kluger Mann. Er leistet harte Arbeit und muß dabei den ganzen Tag stehen und hat das Brausen und Brummen des Lärms der Großstadt just vor dem Fenster. An der Wand des Sprechzimmers aber hat er das Bild einer alten gedeckten Brücke in Vermont hängen, die einen wunderschönen ländlichen Fluß überspannt, in dem er als Kind jeweils schwimmen ging. Jedesmal, wenn er aufblickt, kann er das Bild sehen. Es ist so friedlich, daß sogar dem Patienten fast friedlich zumute wird — kein schlechter Trick für den, der auf dem Zahnarztstuhl sitzt. Es ist eine wirksame Hilfe zu aktiver Vorstellungskraft, und das soll es ja auch sein.

Begraben in einer neun Meter hohen Schneewehe

Selbst wenn eine Situation hoffnungslos erscheint, vermag ruhig und bestimmt angewandte aktive Vorstellungskraft Verzweiflung fernzuhalten. Vergangenen Winter las ich in der Zeitung von einem Lastwagenfahrer in einem Staate des Mittleren Westens, der in einen fürchterlichen Blizzard geraten war. Seine Frau hatte ihn gebeten, die Fahrt an jenem Abend nicht zu machen, hatte doch das Radio einen größeren Schneesturm vorausgesagt. Er hatte jedoch eine Ladung Stahldraht an ihrem Bestimmungsort abzuliefern, und so hörte er nicht auf seine Frau. Auf halbem Weg fiel der heulende Sturm über ihn her. Als es unmöglich wurde weiterzufahren, verließ er mit seinem Lastwagen die Straße, stellte ihn ab und legte sich schlafen.

Als er wieder erwachte, war alles um ihn dunkel. Er wußte

nicht, daß der Lastwagen in einer neun Meter hohen Schneewehe begraben war. Der Wagen war vollständig zugedeckt; von
der Straße aus war auch nicht der kleinste Teil davon sichtbar.
Der Fahrer konnte die Türen nicht öffnen. Er war gefangen. An
seinem CB-Funk konnte er schwach und undeutlich die Stimmen der Staatspolizei und anderer Rettungsmannschaften hören,
doch er konnte nicht mit ihnen in Verbindung treten. Sein CB-
Funk konnte durch all den Schnee hindurch zwar empfangen,
aber nicht übermitteln.

Fünf Tage und fünf Nächte harrte er in seinem eisigen Grabe
aus. Er hatte nichts zu essen. Um den Durst zu stillen, aß er
Schnee. Fünf Tage und fünf Nächte lang. Einhundertzwanzig
endlose Stunden. Aber er geriet nicht in Panik. Er verzweifelte
nicht. Er wartete still und stoisch darauf, gerettet zu werden.
Und am Ende wurde er gerettet.

Als ich den Zeitungsbericht gelesen hatte, war ich so beeindruckt, daß ich den Lastwagenfahrer anrief und ihm meine
Bewunderung für seinen Mut und seinen Durchhaltewillen ausdrückte. »Hatten Sie denn keine Angst?« fragte ich ihn.

»Nein«, antwortete er. »Ich wußte, daß mein Bruder mich
suchen würde. Ich wußte, daß er nicht ruhen würde, bis er mich
gefunden hatte. Ich konnte ihn im Geiste sehen, wie er suchte,
die ganze Autobahn hinauf und hinunter, ohne sich entmutigen
zu lassen, ohne aufzugeben. Ich konnte mit aller Deutlichkeit
sehen, wie er schließlich die Schneewehe ausfindig machte, in
der ich eingeschlossen war. Und solange ich ihn so vor mir
sehen konnte, hatte ich keine Angst. Die Frage war nur, wann
er mich finden würde, und nicht, ob er mich finden würde. Und
schließlich fand er mich ja auch.«

Ein klassischer Fall positiver Phantasie: ein Mann in einer
äußerst schwieriger Situation, der das erstrebte Ziel oder
Ergebnis lebhaft vor sich sieht und es standhaft in seinem Geiste
festhält, bis es Wirklichkeit wird. Er hätte sich ja vorstellen kön-

nen, daß er verhungere oder erfriere oder ersticke, doch das tat er nicht. Er hielt sich das Bild vor Augen, wie er gerettet würde, und dieses Bild hielt die Wölfe der Angst und Panik in Schach.

Unter den nützlichen Methoden von aktiver Vorstellungskraft im Dienste der Bewältigung von Gespanntheit, auf die ich aufmerksam geworden bin, befindet sich ein einzigartiges Verfahren, das von Jo Kimmel in ihrem Buch »Schritte zum wirksamen Beten« dargelegt wird. Sie empfiehlt ein Vorgehen aktiver Vorstellungskraft, bei dem man sich bildhaft vorstellt, wie das ganze ungesunde Gedankengemisch, das Spannung hervorruft, durch die Zehen und die Finger aus dem Körper hinausfließt, bis aller Streß aus ihm geschwunden ist.

Diesem Ausleervorgang folgt ein Auffüllvorgang, bei dem man sich vorstellt, ein gesundes Gedankengemisch aus Heiterkeit, Ganzheit, Freude und Frieden fließe in den Körper herein, um hier alsbald im ganzen Wesen zu zirkulieren. Das Ergebnis ist ein Gefühl der Entspannung und Erholung.

Ich möchte dieses Kapitel mit einem einmaligen Beispiel dessen schließen, was aktive Vorstellungskraft, die von Glauben unterstützt wird, auch hier vermag. Ich bin darauf in einem Bericht gestoßen, den die Lehrerin Marilyn Ludolf aus North Carolina über sich geschrieben hatte. Fast sechzehn Jahre lang war ihr Leben wegen eines häßlichen Hautausschlags im Gesicht unglücklich und von Spannung geprägt gewesen. Er verunstaltete sie und verursachte ihr gräßliche Kopfschmerzen. Es hieß, man könne nichts dagegen tun. Sie suchte mehrere Dermatologen und andere Ärzte auf; sie versuchte es mit allerlei Hautpräparaten; sie nahm Vitamintabletten; sie probierte unzählige Diätarten aus. Es half alles nichts.

Frau Ludolf war Sonntagsschullehrerin, und eines Tages, als sie eben ihre Klasse unterrichtete, kam ihr plötzlich die Geschichte von der Frau in den Sinn, die den Saum des Gewandes Jesu berührte und von einer Krankheit geheilt wurde, die sie

— wie ihre eigene — jahrelang gequält hatte. Sie wurde sich auf einmal bewußt, daß sie alles ausprobiert hatte, außer sich an Gott zu wenden, sich *voll* und ganz im Glauben an Ihn zu wenden, daß Er sie heilen könne und würde.

Sie beschloß daher, wie ein Sportler zu trainieren; doch bei ihr würde es ein Training sein, das ihren Glauben stärken sollte. Sie wußte, daß ihr Glaube einer Stärkung bedurfte, weil sie ihn nicht eingesetzt hatte und er dadurch — wie ein Muskel, den man nicht braucht — schlaff und kraftlos geworden war. Sie nahm eine Bibel mit einer Konkordanz und schlug alle Verse nach, die unter den Stichwörtern *Heilung, Gesundheit* und *Glaube* aufgeführt waren. Sie fand vierunddreißig davon über die ganze Bibel verteilt. Sie schrieb sie sich Wort für Wort auf — »gewissermaßen als Trainingsleitfaden für meinen Glauben.« (Sie sind am Schluße dieses Kapitels aufgeführt.)

Dann begann sie, diese Bibelsprüche überallhin mitzunehmen. Wenn sie mit dem Wagen vor einem Rotlicht warten mußte, in einer freien Minute im Klassenzimmer, während der Arbeit im Haushalt, abends vor dem Einschlafen, kurz bei jeder Gelegenheit las sie die Verse und meditierte darüber. Sie machte es sich zur dauernden Pflicht. Und allmählich prägten sich die vierunddreißig Bibelstellen ihrem innersten Wesen ein. Sie begann zu glauben, aufrichtig zu glauben, daß sie geheilt werden könne.

Schließlich tat Frau Ludolf in ihrem Glauben einen entscheidenden Schritt vorwärts: Sie setzte einen bestimmten Tag ein paar Wochen danach fest und kreiste ihn auf dem Kalender ein. »Hergott«, betete sie, »auf diesen Tag bitte ich Dich um vollständige Heilung.«

Dann begann sie eine letzte Übung: Sie stellte sich ihre Haut rein und glatt vor. Das war besonders schwierig, bestanden doch sowohl der gräßliche rote Ausschlag als auch die starken Kopfschmerzen fort. »Doch nach einer Weile«, schrieb sie,

»prägte sich dieses Bild — genau wie die Bibelsprüche — langsam der tief in mir drin liegenden, gläubigen Stelle meines Wesens ein.« (Das ist eine poetische und zutreffende Beschreibung des Unterbewußten.) Sie begann auch, Gott innig für die Heilung zu danken, obwohl es noch keinerlei Anzeichen dafür gab, daß Er sie geheilt hatte.

Nebenher fuhr sie fort, ihre abgegriffenen Bibelverse zu lesen, obwohl sie längst alle auswendig kannte. Ein Tag nach dem andern verging. Und Tag für Tag meditierte sie, bekräftigte sie ihren Glauben und betete sie. Nach und nach verblaßte ihr Ausschlag und klangen die Kopfschmerzen ab. Und an dem Tag, den sie sich auf dem Kalender angezeichnet hatte, schaute sie mit tränenerfüllten Augen in den Spiegel, denn der Spiegel sagte ihr, daß ihr Leiden verschwunden war.

»Euch geschehe nach eurem Glauben!« (Matthäus 9,29). Glauben Sie, beten Sie, üben Sie aktive Vorstellungskraft, danken Sie — und Anspannung wird aus Ihrem Leben schwinden.

Frau Ludolf gelang es — es wird auch Ihnen gelingen.

Abschließend seien die *vierunddreißig* Bibelsprüche aufgeführt, die Frau Ludolf anwandte:

Sprüche 4,20—22; Römer 10—17; Matthäus 7,7/11; Matthäus 8,7/13; Matthäus 9,29/35; Matthäus 14,14; Matthäus 15,30; Matthäus 17,20/21; Matthäus 19,2; Markus 1,34; Markus 5,34; Markus 10,52; Markus 9,23; Markus 11,22—24; Lukas 6,19; Johannes 14,13/14; Apostelgeschichte 10,38; Johannes 10,10; 3. Johannes 2; Hebräer 13,8; Maleachi 4,2; Matthäus 4,23/24; Psalmen 91,9/10; Sprüche 3,7/8; Exodus 15,26; Jakobus 5,15; 1. Petrus 2,24; Psalmen 42,11; Psalmen 6,2; Psalmen 41,4; Psalmen 103,2/3; Jesaja 53,4/5; Jeremia 17,14; 1. Johannes 4,4.

13
Wie man seinen Glauben vertieft

In den Hunderten und aber Hunderten von Briefen, die Ruth und ich von Leuten mit Problemen bekommen, ist eines der häufigsten Themen fehlender Glaube.

»Ich fürchte, ich bin nicht sehr gläubig«, lautet der unglückliche Refrain. »Ich versuche zu glauben, aber mein Glaube steht auf schwachen Füßen.«

»Andere Leute scheinen gläubiger zu sein als ich; was soll ich tun, um so zu sein wie sie?«

»Alle sagen mir, ich solle glauben, aber niemand sagt mir, wie man das macht.«

»Warum ist mein Glaube nicht stärker? Was soll ich tun, um ihn zu vertiefen?«

So steht es Monat für Monat, Jahr für Jahr in den Briefen.

Ich habe Mitleid mit diesen Menschen, die sich so sehr nach Glauben sehnen, doch im Grunde genommen behindern sie sich selbst. Wenn man sich nämlich selbst als Menschen mit unzureichendem Glauben *sieht*, wenn man die Vorstellung *akzeptiert*, man sei in diesem entscheidenden Bereich unzulänglich, wenn man dieses Bild von sich anderen *vermittelt*, so zeigt man damit seinem Unterbewußten an, daß man ein armer, an dauerndem Glaubensmangel leidender Mensch sei. Wenn dann das Unbewußte dieses Bild akzeptiert, was es letztlich auch tun wird, wird es sich — und den betreffenden Menschen — so programmieren, daß dieser unglückliche Zustand erhalten wird. Genau darum neigen die Menschen dazu, das zu sein und zu bleiben, was sie sich zu sein einreden.

Als erstes muß demnach ein Mensch, der seinen Glauben zu vertiefen wünscht, mit Hilfe positiver Phantasie das negative Bild von sich selbst als einem Ungläubigen ändern.

Eine Methode, diese Änderung herbeizuführen, besteht darin, aktive Vorstellungskraft auszuüben, die auf vier einfachen Wörtern beruht: *so tun als ob*. Sie glauben also, Sie seien nicht sehr gläubig? Macht nichts — tun Sie, als ob Sie es seien. Handeln Sie so, als wäre die ganze Geschichte vom Leben und Lehren Jesu, die frohe Botschaft Jesu, daß Gott uns liebe und für uns sorge, die wunderbare Verheißung, Er werde uns nie verlassen, Seine Versicherung, unsere Sünden könnten uns vergeben werden, wenn wir sie bereuten, Sein Versprechen, wenn wir gehorchten und glaubten, würden wir ewiges Leben haben — handeln Sie, als wäre das für Sie alles wahr. Machen Sie sich nichts daraus, wenn Sie finden, das sei zu schön, um wahr zu sein; machen Sie sich nichts daraus, wenn Ihre Zweifel allzu stark scheinen; *handeln Sie, als ob Sie glaubten.*

Wenn Sie das tun, wird Ihr Unterbewußtes entsprechend reagieren. Es wird sich sagen: »Da *handelt* dieser Mensch nun wie ein Gläubiger, also werde ich ihn auf den Glauben hin programmieren statt davon weg.« Und ist diese Idee einmal in Ihrem Unbewußten verankert, werden Sie erfahren, wie Sie von einem immer stärker werdenden Strom von den öden Wüsten der Zweifel zu den grünen Gefilden religiöser Gewißheit getragen werden.

Noch etwas ist wichtig: Während Sie tun als ob, danken Sie dafür, daß sich diese Veränderung in Ihrem Leben tatsächlich jetzt vollzieht. *Auch wenn Sie nicht sehen können, wie sie eintritt, auch wenn Sie nicht mit Sicherheit wissen, ob sie überhaupt eintritt, danken Sie dafür, denn der Akt des Danksagens für noch nicht erfahrene Wohltaten ist an sich schon eine starke Glaubensform.*

Große Persönlichkeiten waren sich dessen stets bewußt. Jemand fragte einst Joseph Haydn, wie er es schaffe, seine wundervolle Musik zu komponieren. Er erwiderte darauf: »Wenn ich etwas komponieren will, bete ich und danke Gott dafür, daß es vollbracht wurde. Dann verwirkliche ich es. Wenn es mir das erste Mal nicht gelingt, bete ich wiederum. Und dann gelingt es mir!« Das ist ein klassisches Beispiel der Abfolge Beten/Sich-Vorstellen/Verwirklichen, die durch Danksagen im voraus gestärkt wird. Vielleicht hat das betreffende Ereignis noch gar nicht stattgefunden, aber das Bild, die Vorstellung davon besteht im Geiste des Menschen und, wenn dafür gebetet wird, auch im zeitlosen Geiste Gottes. Unter diesen Umständen Danksagen ist ein Ausdruck reinen Glaubens, und Glaube ist Treibstoff im Tank des unsichtbaren Seelenmotors, der wunderbare Dinge zustandebringt.

So tun als ob war der bevorzugte Ratschlag Dr. Samuel M. Shoemakers, eines alten Freundes von mir. Wenn ihn irgendein Ungläubiger fragte, wie er sein Leben mit Glauben erfüllen könne, hielt er ihn an, genau das zu tun. Gerne empfahl er auch eine »Sechs-Stufen-Methode«. Die sechs Stufen, meinte er, ermöglichten es dem Menschen auf seiner Suche nach Glauben ganz logisch voranzuschreiten. Sie lauteten:

Sich-Aussetzen
Erklären
Erproben
Erfahren
Ausdrücken
Ausbreiten

Die erste Stufe, *Sich-Aussetzen*, ist von großer Bedeutung. Wie wollen Sie Glauben gewinnen oder vertiefen, wenn Sie nicht dafür sorgen, daß Sie damit in Berührung kommen, wenn Sie sich nicht dahin bemühen, wo er zu finden ist?

Das heißt zur Kirche gehen, weil die Atmosphäre einer Kirche, die durch das Beten und die Zeremonie geschaffen wird, der Rahmen ist, in dem Glauben am ehesten zu finden ist. Der beste Ort, eine Person kennen und verstehen zu lernen, ist ihr Heim. Desgleichen ist es leichter und natürlicher, an Gott zu glauben, wenn man sich im Hause Gottes befindet. Man wird hier gestärkt vom Glauben anderer Leute; unser Gebet mischt sich unter das ihre. Hier herrschen die besonderen Bedingungen, die durch die Umgebung geschaffen werden: die Architektur, die Kirchenmusik, die vertrauten Stellen aus der Bibel oder aus dem Gebetbuch, ein ganzer Hintergrund, der sich im Laufe von zwei Jahrtausenden entwickelt hat und dazu beitragen soll, daß sich die Menschen voll und ganz auf Gott konzentrieren. Wenn Sie Ihren Glauben stärken wollen, ist es daher fast unerläßlich, daß Sie zur Kirche gehen.

Eine weitere Form des Sich-Aussetzens ist das Lesen der Bibel. Gibt es denn ein besseres Mittel, Gott zu verstehen, als Sein Wort zu lesen?

Wiederum eine andere Form des Sich-Aussetzens ist der bewußte Kontakt zu Leuten, zu deren Wesen tiefe Gläubigkeit gehört, sie zu beobachten und darauf zu achten, wie der Glaube ihr Leben erhellt. Vielleicht färbt ihr Glaube auf Sie ab! Es gibt heutzutage viele solche gläubige Menschen, und sie sind allenthalben zu finden.

Die nächste Stufe heißt *Erklären*, denn es gibt mancherlei Aspekte der Religion, die der Erklärung bedürfen. Der Weg zur Erlösung ist ein logisches Gedankengerüst, das so solide ist, daß es seit bald zweitausend Jahren besteht, doch vieles davon muß dem fragenden Geiste erklärt werden. Bibellesekurse, kleine Gebetgruppen, religiöse Bücher und Schriften, ja selbst Predigten können Teil dieses Erklärvorganges sein. Und es ist ein Vorgang, der niemals endet. Eine Vielzahl von Leuten studiert heute die Bibel — gewiß mehr denn je.

Den dritten Schritt tut man, wenn man das, was man gelernt hat, zu *erproben* beginnt. Vielleicht fangen Sie an, ein Gebettagebuch zu führen, und blättern nach einem Monat darin zurück, um zu sehen, wie viele Ihrer Gebete erhört worden sind. (Sie werden erstaunt sein, glauben Sie mir!) Oder vielleicht fassen Sie den Entschluß, damit zu experimentieren, wie wir es nannten: Zehnten zu zahlen, oder damit, jemandem zu verzeihen, der Ihnen unrecht getan hat. Man kann aus solchen Dingen in religiöser Hinsicht viel gewinnen; man muß sie jedoch erproben, ehe man sich davon überzeugen lassen kann.

Die vierte Stufe erreicht man, wenn man diesen Gewinn zu *erfahren* beginnt oder möglicherweise wenn man ein lebensveränderndes religiöses Erlebnis hat, das ohne wachsenden Glauben unmöglich gewesen wäre.

Die fünfte Stufe erreicht man, wenn man sich bereit fühlt und es einen drängt, seine sich vertiefenden Überzeugungen *auszudrücken* und die Macht Gottes in seiner eigenen Erfahrung und die Bereicherung, die man durch Ihn erfahren hat, zu bezeugen.

Die sechste Stufe ist diejenige, auf der die Liebe zu Gott sich *ausbreitet*, bis sie unser ganzes Bewußtsein erfüllt und unser ganzes Leben leitet.

Diese Sechs-Stufen-Formel hat schon manchen Leuten geholfen. Eine weitere wirksame Methode, seinen Glauben zu stärken, besteht darin, sich mit positiver Phantasie vorzustellen, wie Gott in unser Leben kommt und ein Problem löst, das uns plagt, wie wenn es tatsächlich und buchstäblich so geschähe.

Ich habe kürzlich ein Buch gelesen, das von Dr. David L. Messenger, einem Arzt, geschrieben wurde und den Titel »Dr. Messengers Leitfaden zu besserer Gesundheit« trägt. Dr. Messenger, ein gläubiger Christ, glaubt an das, was er »Ganzheitliche Medizin« nennt. Sie beinhaltet die Behandlung des Patienten als ganzen — also Körper, Geist und Seele — und nicht die Beschränkung auf eine einzige Symptomgruppe oder ein ganz bestimmtes Leiden.

Bevor er die Behandlung des Körpers aufnimmt, versucht dieser brillante Arzt, seelische Verletzungen festzustellen und sie zu lindern. In einer anschaulichen Metapher schreibt Dr. Messenger, Wut sei wie ein Tintenfisch, der mit seinen Tentakeln, die Groll, Haß, Feindseligkeit und Verbitterung hießen, im Innern negative Reaktionen auslöse. An anderer Stelle schreibt er, daß Menschen, die »gesund dächten«, auch eher gesund blieben und solche, die »krank dächten«, öfter krank würden. Ich selbst habe diese Ansichten seit Jahren vertreten und gehe deshalb mit Dr. Messenger völlig einig. Auch die Bibel sagt: »Gram im Herzen eines Mannes beugt ihn nieder« (Sprüche 12,25).

Was einem am meisten weh getan hat

Um auf aktive Vorstellungskraft zurückzukommen: Dr. Messenger stellt seinen Patienten oft die Frage: »Von all dem, was Ihnen widerfahren ist, was hat Ihnen am meisten weh getan?« Als er das eines Tages eine Patientin fragte, begann sie zu weinen und erzählte ihm, am schmerzlichsten sei für sie die unaufhörliche erbitterte Streiterei zwischen ihrem Vater und ihrer Mutter gewesen, die schließlich dazu geführt habe, daß ihr Vater für immer von zu Hause weggegangen sei. Ihre allerschlimmste Erinnerung in diesem Zusammenhang sei die Szene, als ihre Mutter so wütend geworden sei, daß sie zu einem Fleischmesser gegriffen und versucht habe, den Vater zu erstechen.

Dr. Messenger hieß die Patientin sich entspannen, die Augen schließen und sich im Geiste jene Szene wieder vergegenwärtigen, genau so, wie sie sich fünfundzwanzig Jahre zuvor abgespielt hatte: das erschrockene Kind (sie selbst), die wütenden

Erwachsenen, das Aufblitzen des tödlichen Messers, als ihre Mutter es vom Küchentisch an sich riß. Er forderte sie auf, all die schmerzlichen Gefühle wieder zu durchleben: die Angst, das Grauen, den Schrecken. Dann sagte er zu ihr: »Seien Sie sich der Gegenwart Jesu bewußt — der warmherzigen, liebenden, gütigen Person Jesu Christi. Und nun beobachten Sie die Szene, und lassen Sie Jesus das tun, was Er tun will. Wenn Sie fertig sind, erzählen Sie mir davon.«

Nach ein paar Minuten öffnete die Frau die Augen und schilderte, wie Jesus auf die Mutter zugegangen sei und ihr auf sanfte Art das Messer weggenommen habe. Dann habe Er Seine Arme gleichzeitig um die Mutter und den Vater gelegt und durch die Kraft Seiner unendlichen Liebe ihrem Haß und ihrer Bitterkeit ein Ende gesetzt. Dann habe Er das kleine Mädchen (sie selbst) auf die Arme genommen und es beruhigt und getröstet. Und diese einfache, aber intensive Anwendung positiver Phantasie brachte laut Dr. Messenger eine Heilung der schmerzlichen Erinnerungen zustande und war auch der erste Schritt zur körperlichen Heilung der Patientin.

Diese Art aktiver Vorstellungskraft kommt dem Beten sehr nahe, und Beten ist seinerseits wahrscheinlich die sicherste und direkteste Methode, den eigenen Glauben zu stärken. Wenn man jemanden trifft, der anziehend und ansprechend wirkt, und man diesen Menschen näher kennenlernen möchte, was tut man in einem solchen Fall? Man spricht doch zu ihm, nicht wahr? Man versucht, mit ihm in Verbindung zu treten. Man bahnt etwas an, von dem man hofft, daß es zu einem sich stets erweiternden Austausch von Gedanken, Zuneigung und Vertrautheit werde. Nun, genau das ist Beten — ein Austausch zwischen Ihnen und dem erhabenen Vater, der alles Leben schuf — auch Ihres. Es ist ehrfurchtgebietend und beinahe unfaßbar, daß dieses unermeßliche Wesen, diese unendliche Kraft für einen solchen Austausch zugänglich sein soll. Und doch ist Er es. Das ist die wunderbare Wahrheit, die frohe Botschaft des Evangeliums, die Botschaft auch, die Jesus Christus uns selbst überbrachte.

Wenn Sie diese Wahrheit bezweifeln, so öffnen Sie negativer aktiver Vorstellungskraft Tür und Tor. Wenn Sie sich sagen, »Ich bin mir da gar nicht so sicher, daß Gott da ist oder ob es überhaupt einen Gott gibt, ich verspüre keinerlei Gewißheit, daß ich mit Ihm in Verbindung treten kann«, dann lassen Sie den Zweifel über den Glauben obsiegen, und diese Ungewißheit wird sich wie ein schriller Mißton durch all Ihre wichtigen Lebensbereiche ziehen.

Wenn Sie den Zweifel überhandnehmen lassen, werden Sie wahrscheinlich gar nicht erst versuchen zu beten, und wenn Sie nicht beten, verschließen Sie sich einer unermeßlichen Quelle des Friedens und der Kraft. Ich weiß das aus eigener Erfahrung, denn ich suche den ganzen Tag über zu Gott zu sprechen. Nichts Formelles oder Vornehmes. Ich spreche zu Ihm ganz einfach wie zu einem lieben Freund, der mir immer zur Seite ist. So erfülle ich das biblische Gebot »Betet ohne Unterlaß« (1. Thessalonicher 5,17), so gut ich kann. Dieses Gebot ist allerdings in unserem hektischen, zersplitterten Leben schwer zu befolgen. Wenn Sie jedoch trotz allem Zeit finden, eine gewisse ununterbrochene Zeit lang zu beten, werden erstaunliche Dinge geschehen, besonders, wenn Ihre Gebete auf die Bedürfnisse anderer und nicht auf Ihre eigenen ausgerichtet sind.

Hellwach um drei Uhr früh

So wachte ich zum Beispiel unlängst eines Sonntag morgens um drei Uhr auf. Ich war früh zu Bett gegangen, wie ich das an einem Samstag zu tun pflege, wenn ich tags darauf eine Predigt halten muß; und trotzdem war ich zu dieser nachtschlafenden Stunde plötzlich hellwach. Ich probierte alle bekannten Kniffe aus, um wieder einzuschlafen. Ich sagte den Dreiundzwanzigsten Psalm ein halbes Dutzend mal her. Ich zählte Schäfchen (eine ausgesprochen schwache Form aktiver Vorstellungskraft, das gebe ich zu!). Ich konnte noch immer nicht einschlafen. Schließlich stand ich um vier Uhr auf, ging in meine Bibliothek und nahm ein Buch nach dem anderen, eine Zeitschrift nach der anderen zur Hand. Nichts vermochte mein Interesse für länger zu gewinnen.

Vor einigen Jahren hatte ich in der Schweiz einen großen, schönen, aus einem einzelnen Stück Holz geschnitzten Adler gekauft und ihn zu Hause in meiner Bibliothek aufgestellt. Er wurde von einem Schweizer Holzschnitzer der alten Schule geschaffen und ist ein wahres Kunstwerk. Der Adler hat seine Flügel weit ausgebreitet und ist im Begriffe, von irgendeinem hohen Punkt wegzufliegen. Ich saß da und sah den Adler an; ich erinnerte mich, wie ich ihn gekauft hatte, und ich sah den alten Mann wieder vor mir, der ihn geschnitzt hatte; und dann begann ich wie von selbst einen Bibelpassus laut zu rezitieren: ». . . daß ihnen Schwingen wachsen wie Adlern, daß sie laufen und nicht ermatten, daß sie wandeln und nicht müde werden« (Jesaja 40/31).

Dies wiederum ließ mich an einen Freund denken, einen Pfarrer, der nach seinen eigenen Worten dann und wann, wenn er seelische Hilfe braucht, in die Kirche geht und durch die Gänge schreitet. Dann legt er die Hand auf die Stelle in der Bank oder auf den Stuhl, wo eine bestimmte Person sitzt, und betet namentlich für diese Person. Diesen Vorgang wiederholt er bei verschiedenen Stühlen in der leeren Kirche. Der Pfarrer versichert, daß dieses Vorgehen sowohl ihm wie der Person, für die er betet, immer großen Segen bringe. Angespornt vom Beispiel meines Freundes, begann ich somit, allein zu früher Morgenstunde, mir jedermann, für den ich beten sollte, im Geiste zu vergegenwärtigen.

Die erste Person war meine Frau Ruth. Dann betete ich für unsere drei Kinder und ihre Ehegatten, dann für unsere acht Großkinder. Ich betete für sämtliche Verwandten, die mir in den Sinn kamen. Dann wandte sich mein Geist der Kirche zu, und ich betete für die anderen Seelsorger. Ich betete für alle Sekretärinnen, dann für alle Ältesten und alle Diakone, einen um den andern. Zu guter Letzt vergegenwärtigte ich mir die Kirchgemeinde in der Kirche und betete namentlich für jeden, der mir in den Sinn kam. Und zuallerletzt betete ich für alle Leute, mit denen ich auf irgendeine Art zu tun habe.

Ich habe gewiß für rund fünfhundert Personen namentlich gebetet. In der Zwischenzeit war es sechs Uhr geworden. Auf einmal fühlte ich mich so gut wie schon lange nicht mehr. Ich war voller Tatendrang, und grenzenloser Enthusiasmus stieg in mir auf. Für nichts in der Welt hätte ich wieder schlafen wollen. Ich verspürte Heißhunger und ging meine Frau wecken.

»Steh auf! Es ist sechs Uhr«, sagte ich zu ihr. »Ich habe Hunger, und ich will kein mickriges Frühstück, sondern Speck und Eier und alles, was dazugehört!« Und ich aß ein Frühstück wie für einen Schwerarbeiter.

Ich ging zur Kirche, hielt meine Predigt und schüttelte Hunderten von Personen die Hand. Dann ging ich zu einem Mittagessen, bei dem ich eine Rede halten mußte, am Nachmittag hatte ich noch eine anderweitige Verpflichtung, und um elf Uhr an jenem Abend ging es mir noch immer gut. Ich war nicht einmal müde. Ich hatte ein solches Übermaß an Energie, daß ich darob selbst verblüfft war, und damit einher ging ein unsagbares neues Gefühl der Lebensfreude.

Ich verstehe von Psychologie nicht genug, um erklären zu können, was genau geschehen war. Ich glaube, ich wuchs ganz einfach über mich selbst hinaus. Bewußt, ja selbst unterbewußt vergaß ich mich selbst vollständig über der Sorge um all jene anderen Leute und über dem Gebet für sie. Und daß ich all ihre

Bürden auf mich nahm, beschwerte mich nicht, im Gegenteil: Es beflügelte mich! Und ich wurde dadurch glücklich, froh, neu belebt und neu geboren. Es war tatsächlich so, daß mir »Schwingen wuchsen wie Adlern«.

Darum wiederhole ich nun, immer wenn ich mich nervlich schwach oder deprimiert fühle, diesen Betvorgang. Und ich wünsche, diese meine Erfahrung möge Ihnen als Anregung dienen, wie auch Sie durch Beten nicht nur anderen zu helfen vermögen, sondern dadurch auch sich selbst zu wunderbarer neuer Lebenskraft verhelfen können.

Beten ist immer schon die wirksamste Art und Weise gewesen, Gott nahe zu kommen. Wenn Ruth und ich uns in England aufhalten, suchen wir manchmal den Ort auf, wo Wordsworth sein Gedicht »Die Osterglocken« geschrieben haben soll. Wordsworth hat gesagt, an solchen schönen Orten habe er sich jeweils vorgestellt, Jesus sei wirklich und wahrhaftig nahe an seiner Seite. Er habe jeweils einige Worte des Erlösers zitiert und dann nachdenklich zu sich gesagt: »Wie mag wohl die Stimme Jesu getönt haben, als Er das sagte?« Dann habe er »hingehört«, um zu erkennen, wie der Klang der Stimme, das tiefe Gefühl darin getönt haben mochte. Und dann habe er etwa gefragt: »Was für einen Gesichtsausdruck mag Er gehabt haben, als Er diese Worte sagte?« Indem er sich Jesus so lebhaft vergegenwärtigte — mit all diesen Einzelheiten — spürte der Dichter die Wirklichkeit Seiner wahrhaftigen Gegenwart.

Nichts vermag den Glauben so sehr zu stärken wie wenn man betet und sieht, daß die Gebete erhört werden. Ruth und ich haben in unserer Beratertätigkeit gelernt, einem menschlichen Problem, das an uns herangetragen wird, eine religiöse Dimension zu verleihen, indem wir dafür beten. Wenn wir das mit Aufrichtigkeit und Demut tun, so erweist sich hernach vielfach, daß wir in unserem Tun durch große Kräfte unterstützt werden.

Gottes Führung hilft immer

So wurden wir einmal mit einem jener schwierigen menschlichen Probleme konfrontiert, die sich ergeben, wenn ein Mensch mit herausragenden Fähigkeiten einfach nicht in den bestimmten Rahmen paßt, in dem er sich befindet. In dem betreffenden Falle handelte es sich um einen jungen Geistlichen von großartigem Charakter und außergewöhnlicher Begabung, zudem mit einer reizenden Familie. Er war Pfarrer an einer Kirche geworden, doch die Dinge entwickelten sich dort nicht so, wie er erhofft hatte. Er und wir als seine Freunde machten uns Sorgen darüber, wo er hingehen und was er tun sollte.

Während eines unserer Gespräche erwähnte der junge Geistliche ein wenig entmutigt, daß das Ziel, das er und seine hübsche Frau seit Jahren vor Augen gehabt hätten, nun wohl in weitere Ferne gerückt sei als je zuvor. Als er gedrängt wurde, doch zu verraten, was es sei, erklärte er, daß er immer davon geträumt habe, in den Bergen eine Religionsgemeinschaft zu gründen, eine Art Refugium, von dem sich junge Skifahrer im Winter und Sommertouristen während der warmen Jahreszeit angezogen fühlen würden. Er kannte sogar schon einen geeigneten Ort, an dem sich auch ein rustikales Gebäude befand, dessen Besitzer möglicherweise überredet werden konnte, es zu verkaufen. »Aber das ist natürlich nur ein Traum«, fügte er hinzu. »Vielleicht so in fünf Jahren . . .« Seine Stimme verklang in Niedergeschlagenheit.

Ruth hatte schon lange inbrünstig um eine Lösung für das junge Paar gebetet, und sie wälzte nun den Traum der beiden immer wieder im Kopfe herum. Schließlich sagte sie zu ihnen: »Warum auch noch fünf Jahre warten? Warum versucht Ihr es nicht gleich damit?«

»Das möchten wir schon«, meinten sie. »Aber wir haben das Geld nicht dazu. Das ist es eben.«

Wir nickten alle trübsinnig. Kein Geld. Schade.

Doch der Herrgott hatte Ruths Gebete gehört, und Er ließ nicht zu, daß wir es bei dieser negativen Haltung bewenden ließen. Also setzte Er Ruth mitten in der Nacht eine Idee in den Kopf, die so überraschend einfach und einleuchtend war, daß Ruth sich im Bett aufsetzte und mich zu schütteln begann. »Norman«, sagte sie, »wach auf! Ich habe eine Idee!«

»Kann das nicht bis morgen warten?« murmelte ich.

»Nein, unmöglich!« widersprach sie. »Die Bücher von dir, die über *Guideposts* verkauft wurden, du weißt schon, jene, für die du keine Tantiemen annehmen kannst, weil du Präsident einer nichtgewinnorientierten Organisation bist . . .«

»Ruth«, stöhnte ich, »weckst du mich mitten in der Nacht, nur um mich an Geld zu erinnern, das ich verdient habe und nicht bekommen kann?«

»Genau«, sagte sie. »Das Geld ist da, aber du kannst es nicht selbst brauchen. Wir haben es auf der Seite behalten, um es für einen guten Zweck zu verwenden. Jetzt ist die Gelegenheit gekommen: Wir könnten mit diesem Geld doch unseren Freunden helfen, das Gebäude zu kaufen und ihren Traum jetzt zu verwirklichen!«

Es war erstaunlich, wie Gott alles zusammenfügte. Das Gebäude ist tatsächlich zu dem religiösen Begegnungszentrum gemacht worden, von dem das junge Paar so lange geträumt hatte.

Die Moral springt in die Augen: Wenn Sie einem scheinbar unlösbaren Problem die religiöse Dimension verleihen, indem Sie dafür beten, dann heißt es aufgepaßt. Denn jetzt wird vielerlei geschehen — Gutes und Erstaunliches. Was Sie sich bildhaft vorstellen, kann tatsächlich eintreten.

Ich glaube, die Leute weigern sich manchmal zu glauben, daß Beten so schnell zu Lösungen führen kann. Sie sagen etwa: »Ach, das ist bloßer Zufall!« oder »Das wäre wahrscheinlich auch sonst so herausgekommen.« Das ist negative Vorstellung, die nur dazu führt, daß das bißchen Glaube, das die betreffende Person haben mag, noch ganz verwässert wird.

Manchmal jedoch folgen Ursache und Wirkung des Gebets so schnell und augenfällig aufeinander, daß ein Mensch dadurch für den Rest seines Lebens in einen überzeugten Gläubigen verwandelt wird. Unlängst fuhr ich in einem Taxi, dessen Fahrer einen holländisch klingenden Namen hatte. Als ich ihn daraufhin ansprach, sagte er, er komme tatsächlich aus Rotterdam. Ich erzählte ihm deshalb, daß ich Pfarrer an der Kirche sei, welche die Holländer 1628 in New York gegründet hätten, und in der Folge unterhielten wir uns auf angenehme Art ein wenig.

Wie wir so zusammen fuhren, fragte er mich: »Haben Sie Zeit, sich eine kurze Geschichte anzuhören? Sie handelt davon, wie ich Gott zum ersten Mal wahrhaftig begegnete, und beweist, wie gut Gott ist. Ich bin tief gläubig, wissen Sie, und ich weiß, daß mich Gottes Liebe und Fürsorge niemals im Stich lassen werden.

Es war kurz vor Ende des Zweiten Weltkrieges. Ich lebte damals als kleiner Junge in Holland. Unser Land war verwüstet worden. Die Deutschen waren zwar vertrieben worden, doch wir blieben als hilflos Notleidende zurück. Wir hatten Lebensmittelmarken, aber sie waren nichts wert, denn wir hatten keine Lebensmittel. Weder in den Lagerhäusern noch in den Läden noch auf dem Lande gab es irgendwelche Lebensmittel. Holland war leergefegt worden. Wir hatten nichts mehr.

Es blieb uns nichts anderes übrig, als Rüben vom Felde zu essen, und es war eine Rübensorte, die schädlich ist, wenn man sie nicht lange kocht, bevor man sie ißt — und selbst dann darf man sie nur zusammen mit anderer Nahrung essen, weil sonst eine chemische Reaktion stattfindet, die den Magen aufschwellen läßt. Es gab Leute, die an dieser chemischen Reaktion starben.« Er schüttelte den Kopf und schwieg eine Weile. Dann fuhr er fort: »Sie wissen doch, wie schön holländische Tulpen sind? Wir gruben die Zwiebeln aus dem Boden und aßen sie. Es war das einzige, was wir hatten. Wir waren verzweifelt.«

Und wieder schwieg er. Ich spürte, wie ihn diese Erinnerungen tief bewegten. Endlich fuhr er fort. »Unser Pfarrer erließ einen Aufruf zu einer Versammlung in der Kirche. Er meinte, da uns keine andere Hoffnung bliebe, sollten wir uns in der Kirche versammeln und zu Gott beten, Ihm sagen, daß wir Seine Kinder seien, und Ihn bitten, uns zu essen zu geben. Es sei das einzige, was wir tun könnten. Die große Kirche war zum Bersten voll. Zweitausend Personen waren anwesend. Es gab keine Predigt. Es wurde nur gebetet — eine Stunde nach der anderen. Der Pfarrer betete, und die Leute überall in der Kirche beteten laut. Wir saßen dicht zusammengedrängt da und beteten zu Gott.

Ich war damals erst ein kleiner Junge, aber es wurde mir plötzlich bewußt, daß Gott zugegen war — in unserer Mitte. Seine Gegenwart war so stark, daß ich beinahe Angst bekam. Ich konnte Ihn in meinem Herzen spüren. Ich wußte, daß Er da war, und ich wußte, daß Er irgendwie für uns arme Hungerleidende sorgen würde.

Dann sangen wir eines der großen alten holländischen Glaubenslieder und gingen hinaus in die Straßen und kehrten schließlich nach Hause zurück. Mit knurrendem Magen ging ich zu Bett und schlief ein. Früh am nächsten Morgen wurden wir vom Brummen einer riesigen Schwadron Flugzeuge der Alliierten über Rotterdam geweckt, und ein unbeschreiblicher Lebensmittelsegen begann vom Himmel zu fallen. Der Himmel hing voller Pakete, die an Fallschirmen in die Straßen von Rotterdam hinunterglitten und sie mit der langersehnten Nahrung füllten. Und wir aßen und waren gerettet.«

Er blickte von seinem Fahrersitz zu mir zurück und sagte: »Solange ich lebe, werde ich daran glauben, daß Gott unsere

Gebete erhört und Er aus Seiner unendlichen Liebe heraus Seinen Kindern zu essen gab.«

Ich glaube das auch. Und ich bin sicher, auch Sie glauben das. Wie könnte man auch an einer solch herzergreifenden Geschichte zweifeln? Weshalb sollte man versuchen, sie zu analysieren oder in Frage zu stellen oder wegzuerklären? Lassen Sie sich doch einfach davon bewegen, lassen Sie sie Ihren Glauben stärken.

Und seien Sie dankbar.

14

Aktive Vorstellungskraft
und positive Phantasie im Alltag

Bis hierher ist aktive Vorstellungskraft, die positive Phantasie, in diesem Buch als wirksames Mittel zur Erreichung größerer Ziele dargestellt worden. Und das ist sie natürlich auch. Aktive Vorstellungskraft kann jedoch im kleinen angewandt werden, wenn es darum geht, kleinere Unebenheiten im Leben zu glätten.

Mein Freund Dr. Charles L. Allen, der ein beliebter Pfarrer und Schriftsteller ist, erzählt zum Beispiel in einem seiner Bücher von einer Frau, die an Schlaflosigkeit litt. Das ist an sich ja noch nichts Ungewöhnliches; das Interessante daran ist jedoch, wie diese Frau ihrem Problem beikam. Ihre Liebe gehörte den Blumen, und sie verstand sich meisterhaft darauf, sie zu arrangieren. Wenn sie nun jeweils nicht einschlafen konnte und im Dunkeln wach dalag, stellte sie sich im Geiste einen Tisch mit einer schönen Blumenvase darauf vor, neben der zwei Dutzend langstielige rote Rosen lagen. Sie konzentrierte sich so stark auf dieses Bild, bis es nahezu Wirklichkeit wurde: die Maserung der Tischplatte, die geschwungene Form der Vase, die zartgrünen Rosenstiele, die roten Blütenblätter mit ihrem samtigen Glanze.

Dann stellte sie sich vor, wie sie selbst langsam eine Rose nach der anderen vom Tische hob und sie alle in der Vase zu einem Strauß ordnete. Zuerst vergegenwärtigte sie sich die Vase mit einer einzigen langstieligen Blume, dann mit zwei, dann mit drei — jede davon sorgfältig plaziert im Hinblick auf den künstlerischen Eindruck. Jedesmal, wenn sie eine Rose eingefügt hatte, trat sie zurück, um die Zusammenstellung kritisch zu prüfen. Und laut Charles Allen kam sie nie dazu, das Arrangement mit allen vierundzwanzig Rosen zu vollenden, weil sie immer vorher einschlief.

Nehmen wir an, Sie möchten einen Wohnraum neu einrichten oder für den Sitzplatz neue Möbel kaufen. Nehmen wir auch an, Sie glaubten — wie das so oft der Fall ist — Sie könnten sich das im gegenwärtigen Augenblick nicht leisten. Was sollte Sie davon abhalten, den Raum oder den Sitzplatz genau so im Geiste vor sich zu sehen, wie Sie ihn haben wollen? Ergänzen Sie in Ihrem geistigen Bild alle Einzelheiten: die Farbe der Vorhänge, das Muster des Teppichs, die Art des Spiegels. Es macht ausgesprochen Spaß, das zu tun, es kostet nichts, und je lebendiger das Bild ist, desto eher wird es eines Tages Wirklichkeit.

Als der große amerikanische Maler James Whistler jung verheiratet war, waren er und seine Frau so arm, daß das einzige Möbelstück, das sie besaßen, ein Bett war. Sie ließen sich dadurch jedoch keineswegs entmutigen. In jedem leeren Raum ihres bescheidenen Hauses zeichneten sie mit Kreide auf dem Boden die Umrisse jedes einzelnen Möbelstücks ein, das sie eines Tages zu besitzen beabsichtigten. Innerhalb der Umrisse trugen sie eine genaue Beschreibung des Möbels ein. Sie stellten sich ihr Traumhaus genau so möbliert vor, wie sie es haben wollten. Und die Zeit kam, da die Vision zur schönen Wirklichkeit wurde. Warum? Weil sie über die unbestimmten, verschwommenen Sehnsüchte, bei denen viele Leute verharren, hinaus gingen und ihre Wünsche mit intensiver positiver Phantasie klar definierten und vor Augen behielten. Jene Kreidezeichnungen mit den detaillierten Beschreibungen am Boden verliehen dem Traum eine Substanz und eine Wirklichkeit, die er sonst nicht gehabt hätte. Und ihr Unbewußtes machte sich sogleich an die Arbeit und lieferte die Energie, den Elan und die Zuversicht, deren das junge Paar bedurfte, um sein Ziel zu erreichen.

Oder angenommen, Sie möchten eine Reise machen — Sie möchten England sehen oder den Grand Canyon, oder Sie möchten nach Rio fliegen oder in den Fernen Osten. Lassen Sie es nicht bei vagen Wünschen bewenden! Suchen Sie ein Reisebüro auf, lassen Sie sich Prospekte geben, oder noch besser: verschaffen Sie sich Landkarten und zeichnen Sie die Route ein, der Sie folgen möchten. Gehen Sie in eine Bibliothek, und leihen Sie sich ein paar Geschichtsbücher. Informieren Sie sich möglichst gut über den Ort, den Sie besuchen wollen, über seine Geschichte, über die Leute, die dort leben. Und dann stellen Sie sich sich selbst vor diesem Hintergrund vor.

Wenn Sie davon träumen, das Heilige Land zu besuchen, sehen Sie sich im Geiste in Bethanien an der Stelle stehen, wo Jesus Lazarus von den Toten erweckt hat. Sehen Sie sich an den Ufern Galiläas, wo Er dem Wind und den Wellen gebot, still zu sein.

Sagen Sie sich, daß dieselben Wellen und derselbe Wind noch immer dort seien; Sie brauchen sie nur aufzusuchen. Stellen Sie sich sich selbst in Jerusalem vor, wie Sie Ihre Hand an die Olivenbäume im Garten Gethsemane oder an das Grab, von dem der Stein weggerollt wurde, legen. Lassen Sie keine negativen Überlegungen wie Geldmangel zu, weil Ihr Unbewußtes ein negatives Signal genauso willig aufnehmen wird, wie es auf ein positives reagiert.

Leistet nun diese Art des Träumens, die nur eine weitere Form aktiver Vorstellungskraft ist, Gewähr dafür, daß Sie sich tatsächlich eines Tages in Rio oder im Heiligen Land, in England oder im Fernen Osten befinden? Nein; das Leben leistet für nichts Gewähr. Aber es erhöht die Wahrscheinlichkeit so sehr, daß es töricht wäre, es sich nicht zunutze zu machen.

Entscheidend ist, im Gedächtnis zu behalten, daß ein Bild, das man sich lebhaft ausmalt und beharrlich vor Augen hält, eine eigene Wirklichkeit besitzt. Gebaut durch positive Phantasie.

Einmal sprach mich ein junger Mann an, nachdem ich in Los Angeles einen Vortrag über positives Denken gehalten hatte. Er träumte davon, sich auf dem Gebiete der Elektronik zu betätigen und einen kleinen Betrieb zu bauen, den er mir im Detail schilderte. In seinem Kopfe war alles schon ausgearbeitet.

»Aber«, meinte er, »ich habe kein Kapital und keinen Kredit. Ich weiß nicht, ob ich das je bauen lassen kann.«

»Aber es ist ja gebaut«, sagte ich ihm. »Sie haben diesen Betrieb ja schon aufgestellt. Es gibt ihn — in Ihrem Geiste.«

»Es ist bloß eine Vision«, widersprach er, »nur ein Traum.«

»Das ist großartig«, sagte ich. »Das ist der erste Schritt, und zwar der wichtigste. Sagen Sie sich nie, Ihr Betrieb existiere nicht, denn es gibt ihn. Sie haben ihn ja schon gebaut. Sie haben ihn sich in Ihrem Bewußtsein ganz bildhaft vorgestellt. Der nächste Schritt ist der, ihn aus Ihrem Kopf irgendwo auf ein Grundstück zu bringen. Und Sie werden diesen zweiten Schritt so sicher tun wie den ersten. Das ist nur Sache der Geduld, der Ausdauer, der Entschlossenheit und der Zeit.«

»Sie meinen, der Betrieb stehe bereits?« fragte er ungläubig. »Sie meinen, ich hätte ihn schon gebaut? Nein, ist das aber eine aufregende Idee!«

»Am Anfang steht der Traum«, erklärte ich ihm, »Der Traum oder die Vorstellung, die in allen Einzelheiten ausgemalt wird. Die positive Vorstellung, die so lebhaft ist, daß Sie sie als dreidimensionales Bild vor Ihrem geistigen Auge sehen. Dann folgen harte Arbeit, Disziplin, die Bereitschaft, Risiken einzugehen, und die Weigerung, den Traum aufzugeben oder verblassen zu lassen. Setzen Sie diese Elemente zusammen, und Sie können nicht fehlgehen. Sie werden sehen.«

Er ging, und ich erwartete nicht, ihn je wiederzusehen. Doch etwa ein Jahr später, als ich nach einem Gottesdienst in der *Marble Collegiate Church* in New York Leute begrüßte, befand er sich in der Reihe der Wartenden. »Erinnern Sie sich an mich?« fragte er. »Ich wollte Ihnen nur zwei, drei Worte sagen. Der Betrieb ist gebaut!«

»Wunderbar!« entgegnete ich. »Aber vergessen Sie nicht: Er stand schon die ganze Zeit.«

Aktive Vorstellungskraft vermag sozusagen in jedem Bereich des täglichen Lebens ihre Wirkung zu tun. Gesetzt den Fall, ein Schuldgefühl belastet Sie als Folge eines begangenen Fehlers oder Vergehens. Angenommen, Sie haben die bewährten Mittel ausprobiert — Ihre Schuld einzugestehen, den Fehler wiedergutzumachen, Gott um Vergebung zu bitten — und fühlen sich trotzdem nach wie vor unwürdig und unglücklich. Diese Last ungetilgter Schuld zehrt an Ihren Kräften und lähmt Ihre Willensstärke. Kann aktive Vorstellungskraft hier Abhilfe schaffen?

Warum nicht? Versuchen Sie, sich eine Wandtafel mit einem Wirrwarr unzusammenhängender Wörter und Satzteile oder mit einem Durcheinander hingekritzelter mathematischer Aufgaben und falscher Lösungen — kurz, einer kläglichen Anhäufung von Fehlern zu vergegenwärtigen. Dann stellen Sie sich eine leuchtende Gestalt vor, Gott selbst, der mit einem nassen Schwamm über die Tafel fährt und alles darauf auslöscht und sie für einen neuen, besseren Versuch frei macht. Der Herr hat Ihre Sünden und Fehler vergeben. Dann vergeben Sie sich selbst, denn tun Sie das nicht, so wird sich der alte Schuldkreis stets aufs neue wiederholen. Lassen Sie diese Bildsequenz immer und immer wieder vor Ihrem geistigen Auge ablaufen. Was Sie sich damit vor Augen führen, ist Vergebung und ihre Annahme, und falls die Vision davon lebhaft genug ist, wird ihr ein starkes Gefühl des inneren Friedens und Wohlbefindens folgen.

Sehen Sie sich als Menschen mit Selbstvertrauen!

Stehen Sie in Ihrem Beruf einer bestimmten Herausforderung gegenüber, deren Bewältigung Sie sich nicht zutrauen? Stellen Sie sich vor, daß Sie die Herausforderung annehmen und das Problem lösen — und danken Sie im voraus für diese Lösung. Sehen Sie sich getragen von einer Welle von Vertrauen und Tatkraft, die alle Zweifel und Ängste fortspült. Stellen Sie sich vor, wie Ihr Geist sich neu belebt und vor Energie übersprudelt und vor neuen Ideen nur so strotzt.

Wenn Sie sich diese Bilder lebhaft genug ausmalen, so mögen Sie sich nicht nur auf Sie, sondern auch auf die Personen, mit denen Sie zu tun haben, auswirken. Vor ein paar Jahren lernten Ruth und ich in Australien eine dynamische, attraktive Frau kennen. Sie hieß Lorraine St. Clair und war die australische Vertreterin einer Firma, die sich auf Reproduktionen antiker Schmuckstücke spezialisierte. Lorraine hatte die Idee gehabt, diese Schmuckstücke in einer wirklich antiken Vitrine auszustellen; durch die Glasfront konnten sich die Interessenten die Schmuckstücke ansehen, die auf schwarzem und rotem Samt lagen — die Wirkung war einzigartig.

Später besuchte uns Lorraine in New York. Sie erzählte uns, ihre Firma habe die Absicht, sie nach Europa zu schicken, um dort für den Schmuck ein neues Absatzgebiet zu schaffen. Sie hatte dort zwar keinerlei Verbindungen oder Beziehungen, doch hatte ihr jemand gesagt, wenn sie eines der führenden Geschäfte überreden könne, die Ware zu nehmen, so würden andere nachfolgen.

Lorraine hielt sich nun dieses Ziel fest vor Augen. Sie begann sich vorzustellen, wie sie die entscheidenden Marketing-Fachleute treffen und sie überreden würde, die Schmuckkollektion zu führen. Sie konzentrierte sich intensiv auf diese Vision, bevor sie Australien verließ und während sie sich auf dem Flug nach Europa befand.

Nach ihrer Ankunft rief sie den Chef-Einkäufer eines bekannten Geschäftes an. Sie sagte ihm, sie hätte die Geschäftspolitik seiner Firma studiert (was stimmte) und sie bewundere sie. Sie erzählte ihm auch von sich und von der Schmuckkollektion, die sie gerne einführen möchte. Zu ihrem Erstaunen schlug der Mann ein Rendez-vous vor. Das Ergebnis? Genau so, wie sie es sich vorgestellt hatte. Erfolg auf Anhieb.

Wie oft kommt es vor, daß der Chef-Einkäufer eines großen Geschäftes einen unbekannten Schmuckverkäufer empfängt und sich seine Muster ansieht? Nicht sehr oft. Lorraine aber hatte sich im Geiste genau dieses Resultat vorgestellt. War etwas davon spürbar geworden und hatte den Mann am anderen Ende der Telephonlinie beeinflußt? Wiederum: Wer weiß das schon?

Aktive Vorstellungskraft vermag noch auf viele Arten zu helfen. Angenommen, Sie verzehrten sich fast vor Kummer über den Verlust eines geliebten Menschen. Da hilft es gewiß, sich eine künftige Wiedervereinigung mit diesem Menschen im »Land, das heller als der Tag ist«, vorzustellen. War der Betreffende alt oder schwach oder gebrechlich, so stellen Sie ihn sich vital und tatkräftig vor, wie er in der Blüte seiner Jahre war. Stellen Sie sich die schönen Gespräche mit ihm und die Dinge vor, die Sie zusammen unternehmen werden, wenn sie wieder bei ihm sind. Vergegenwärtigen Sie sich seine Augen voller Glück und Freude darüber, daß er wieder mit Ihnen vereint ist — für immer.

Ein-, zweimal habe ich eine Vision von meinem Vater und später von meinem Bruder Bob gehabt, nachdem sie aus diesem irdischen Leben geschieden waren. Beide sahen jung, glücklich und lebhaft aus. Sie schienen zu wissen, daß ich sie sehen konnte, denn sie hoben die Hand zu der altvertrauten Geste des Grußes und der Zuneigung — wie um zu sagen: »Mach dir keine Sorgen um uns. Es ist alles gut. Bis später.« Ich glaube, diese Erlebnisse waren eine Form positiver Phantasie, die einen

209

Schritt weiter geführt wird in eine Wirklichkeit, von der einen Blick zu erhaschen uns selten vergönnt ist. Doch diese Wirklichkeit gibt es in alle Ewigkeit.

Die feste Vorstellung von einem Landhaus

Es gibt noch andere Bereiche der aktiven Vorstellungskraft, in denen Dinge geschehen, die genauso schwer zu verstehen sind. Sie erinnern sich sicherlich an die hellseherische Vision Mary Crowes, die ich im ersten Kapitel beschrieben habe. Etwas Ähnliches widerfuhr vor Jahren guten Freunden von mir, Dr. William S. Bainbridge und seiner Mutter. Dr. Bainbridges Mutter, die verwitwet war, wurde des Lebens in der Stadt New York überdrüssig und begann sich nach einem Haus auf dem Lande zu sehnen. Sie hatte eine ganz klare Vorstellung von der Art Haus, die sie wollte. Sie versicherte, sie sehe es im Geiste genau vor sich — bis ins letzte Detail. Indessen konnten sie und ihr Sohn kein Haus finden, das ihr zusagte oder das demjenigen ihrer Vorstellung glich.

Schließlich begannen sie dafür zu beten, die Bibel zu lesen und Gott zu bitten, er möge sie leiten. Unterdessen bestand das Bild in Frau Bainbridges Geiste so klar fort wie zuvor. Als sie eines Tages in der Bibel las, sprang ihr ein bestimmter Passus förmlich entgegen: »Dann wollen wir uns aufmachen und hinauf nach Bethel ziehen . . .« (Genesis 35,3). Sie spürte, daß das für sie von großer Bedeutung war. Ihr Sohn wußte von keinem Orte namens Bethel in der Umgebung von New York, doch Frau Bainbridge bestand darauf, es müsse einen geben. Darüber hinaus fühlte sie eine seltsame Überzeugung in sich, daß sich dort das Haus befand, das sie suchte.

Schließlich fanden sie heraus, daß es tatsächlich einen Ort namens Bethel in der Nähe von Danbury in Connecticut gab.

Als sie jedoch dort hinauf fuhren und Frau Bainbridge ihr Traumhaus einem Liegenschaftenmakler beschrieb, schüttelte er den Kopf. »Ich kenne kein solches Haus hier in der Gegend«, sagte er.

»Es muß aber eines geben«, insistierte Frau Bainbridge.

Der Liegenschaftenmakler hatte Verständnis, blieb jedoch bei seiner Meinung, daß es kein solches Haus in Bethel gebe. Und damit kehrten die Bainbridges nach New York zurück.

Drei Tage später rief sie der Liegenschaftenmakler an. »Ich habe mich getäuscht«, sagte er kleinlaut. »Es gibt doch so ein Haus, wie Sie es beschrieben haben, nur wußte ich nichts davon. Aber es ist unverkäuflich.«

Und wiederum fuhren die Bainbridges nach Bethel. Als sie das Haus sahen, staunten sie nicht schlecht: Es entsprach genau Frau Bainbridges Bild, das sie immer vor sich gesehen hatte. Nicht nur das, sondern die Besitzer erklärten auch, während der vergangenen achtundvierzig Stunden habe ein unerwarteter Stellenwechsel die Konsequenz mit sich gebracht, daß sie den Wohnort wechseln müßten. Frau Bainbridge kaufte das Haus und lebte viele Jahre glücklich darin.

»Dann wollen wir uns aufmachen und hinauf nach Bethel ziehen.« War das alles nur Zufall? Wer weiß das schon?

Eines scheint gewiß: Der Geist besitzt unerforschte Kräfte, und die meiste Zeit liegen solche Kräfte brach. In unserer tagtäglichen Tätigkeit brauchen wir nicht mehr als einen Bruchteil unserer geistigen Fähigkeiten. Ich habe diese außerordentliche und gewöhnlich brachliegende Geisteskraft selbst schon bei verschiedenen Gelegenheiten erfahren.

Dazu ein Beispiel: Eines Abends bereitete ich mich in einer Stadt im Süden der Vereinigten Staaten auf meine Rede vor und versuchte mich auf den Namen einer gewissen Person zu besinnen, den ich noch brauchte. Er kam mir einfach nicht mehr in den Sinn. Ich sah meine ganzen Unterlagen durch, konnte ihn jedoch nicht finden. Es blieben mir noch fünf Minuten, bis ich die Bühne betreten mußte. Und ich brauchte diesen Namen unbedingt — oder wenigstens glaubte ich das. Ich erinnerte mich, daß ein Psychiater einmal gesagt hatte, wenn man sich entspanne und sich an das tiefere Gedächtnis wende, das niemals etwas vergesse, so werde einem dieses tiefere Gedächtnis das, was man brauche, liefern.

Der Anlaß fand in einem Theater statt, und so traf es sich, daß ich hinter der Bühne einen alten Schaukelstuhl gesehen hatte. Ich erkundigte mich beim Organisator nach dem Ablauf des Programms, und er erwiderte: »Eine Dame wird zwei Lieder singen, und dann werden Sie angesagt.«

»Sagen Sie ihr, sie solle drei Lieder singen«, wies ich ihn an. »Ich setze mich derweil noch etwas in den alten Schaukelstuhl hinter der Bühne.«

Und das tat ich denn auch. »Also«, sagte ich an mein Unterbewußtes gewandt, »wie ich gehört habe, vergißt du niemals etwas, und alles, was ich je getan, gedacht, gelesen oder gehört habe, ist irgendwo in dir drin gespeichert. Ich brauche diesen Namen. Ich weiß, daß in dir größere Fähigkeit steckt, als ich für gewöhnlich brauche, und ich habe mich noch nicht allzu oft mit der Bitte um einen besonderen Gefallen an dich gewandt. Aber jetzt, Unterbewußtes, jetzt will ich diese Information, und zwar sogleich. Ich muß sie haben, und ich glaube auch, daß du sie mir liefern wirst.«

Als ich das gesagt hatte, lehnte ich mich zurück und entspannte mich. Ich spürte förmlich, wie das Unterbewußte tief in mir drin auf Touren kam. Ich konnte beinahe die Räder sich drehen hören. Und als ich mich vom Schaukelstuhl erhoben hatte und nach vorn schritt, tauchte der Name so plötzlich in mir auf, wie ein Toast im Toaster hochschnellt. Ich betrat die Bühne und versuchte mein Unterbewußtes zu bereden, mir noch mehr Material zu liefern, aber das war alles, was es mir an jenem Abend zu geben gewillt war.

Welch seltsames Gewirk ist doch diese aktive Vorstellungs-kraft! So manches Muster, so viele Fäden — alle ineinander ver-schlungen, und zwar auf Arten, die manchmal einer logischen Erklärung zu trotzen scheinen. Ich bin jedoch überzeugt, daß die grundlegende Prämisse, wie sie Emerson formulierte, zutrifft: »Die Seele enthält das Ereignis, das ihr widerfahren soll.«

Was soviel besagt wie: Wenn man sich etwas stark genug vor-stellt, so trägt man dazu bei, daß dieses Etwas auch eintritt. Aktive Vorstellungskraft wirkt tatsächlich auf künftige Ereig-nisse ein. Der Entscheid aber, aktive Vorstellungskraft und posi-tive Phantasie zu betreiben, liegt bei Ihnen.

Schließlich möchte ich darauf hinweisen, daß aktive Vorstel-lungskraft ihre eigene Formel hat: *1. das Ziel, 2. der Zweck, 3. Beten, 4. überlegtes Planen, 5. erneuerndes Denken, 6. Enthu-siasmus, 7. organisierte harte Arbeit, 8. unbeirrbares Sich-vor-Augen-Halten des Erfolgsbildes.*

Wendet man diese Formel getreulich an, so werden die erwünschten Resultate allen Schwierigkeiten und Rückschlägen zum Trotz erzielt.

15

Wie man mit aktiver Vorstellungskraft Freunde gewinnt und behält

Wie sollen Sie Ihr Leben führen, damit sich die Leute von Ihnen angezogen fühlen? Wie erreichen Sie, daß die Leute Ihnen gewogen sind? Wie bringen Sie die Leute dazu, Sie zu lieben oder — was vielleicht genauso wichtig ist — Sie gern zu mögen?

Dies sind für uns alle wesentliche Fragen. Der große Psychologe William James[1] hat gesagt, daß der Drang, anerkannt zu werden, einer der ausgeprägtesten der menschlichen Natur sei, was nichts anderes heißt, als daß jedermann beliebt sein möchte.

Wir alle verspüren diesen Wunsch, und doch ist es bekanntlich so, daß gewisse Leute in diesem Bereich erfolgreicher sind als andere. Sie scheinen leicht und schnell Freunde zu gewinnen. Sie sind bei anderen beliebt. Sie werden für anziehend oder charmant oder hilfsbereit oder liebenswürdig gehalten. Menschen in Schwierigkeiten wenden sich an sie.

Es gibt jedoch Leute, die gar nicht so sind. Irgend etwas scheint sie von anderen Leuten abzuhalten — und andere Leute von ihnen. Sie ziehen nicht an, sondern stoßen ab. Und das ist oftmals eine traurige und schmerzliche Sache, denn sie fühlen sich isoliert und empfinden es, keine Freunde zu haben — ohne zu wissen, warum das so ist.

---

1 William James, 1842—1910; amerikanischer Psychologe und Philosoph. Anm. d. Übers.

Ich mußte unlängst an einer Tagung von Führungskräften aus der Automobilindustrie einen Vortrag halten. Beim Mittagessen, das meinem Vortrag vorausging, saß ich mit verschiedenen Herren an einem Tisch. Einer davon war ein Mann von beachtlicher intellektueller Begabung. Er hatte einen scharfen Verstand und eine schnelle Auffassungsgabe, seine Konversation war geistreich und anregend. Und doch war da etwas, das mich daran hinderte, mich richtig von ihm angezogen zu fühlen.

Später erkundigte ich mich bei einem seiner Geschäftspartner über ihn. »Der arme Bill«, meinte dieser. »Er ist fraglos einer der fähigsten Männer, mit denen ich je geschäftlich zusammengearbeitet habe. Aber vor einiger Zeit kam er zu mir und sagte: ›Charlie, würdest du mir bitte etwas sagen? Warum mögen mich die Leute nicht? Es scheint, ich komme doch so nahe an sie heran, und dann schiebt sich plötzlich eine Schranke dazwischen, die ich nicht überwinden kann. Was ist da bloß schuld daran?‹«

»Und was haben Sie ihm gesagt?« fragte ich.

Er schwieg einen Augenblick. »Ich habe ihm eigentlich nichts gesagt«, antwortete er endlich, »weil ich nicht wußte, wie. Aber ich habe das Gefühl, daß Bill — vielleicht unbewußt — einem immer irgendwie zu verstehen geben will, daß er sich seinem Gegenüber überlegen fühlt. Statt ›Ich schätze Sie‹ sagt etwas in seinem Benehmen ›Ich glaube, ich bin ein bißchen gescheiter als Sie‹. Und das ist er vielleicht auch. Aber es stößt die Leute ab.«

»Sie hätten ihm genau das sagen sollen, was Sie soeben mir gesagt haben«, bemerkte ich. »Sie hätten ihm einen Gefallen erwiesen. Vielleicht hätte er angefangen, ein anderes Bild von sich zu vermitteln. Wenn Sie also je wieder Gelegenheit haben . . .«

»Sie haben recht«, sagte er nachdenklich. »Ich will es mir merken.«

Wenn Sie nun das Gefühl haben, jemand möge Sie nicht leiden und Sie hätten deshalb Ihrerseits Ursache, ihn nicht zu mögen — was sollen Sie da unternehmen?

Das Vordringliche ist, daß Sie sich eingehend und objektiv einmal selbst betrachten. Vor zweitausend Jahren faßte Jesus Christus das Wesentliche an der ganzen Sache in einem einzigen kurzen Satz zusammen: Du sollst deinen Nächsten lieben wie dich selbst. Sind Sie überempfindlich, mißtrauisch, streitsüchtig, distanziert, feindselig, aggressiv, rechthaberisch? Sie werden Ihren Nächsten niemals mögen, weil Sie sich selbst nicht mögen. Sind Sie aufbrausend, eifersüchtig, fordern Sie viel für sich, oder klagen Sie dauernd? Dann gilt dasselbe wie vorher. Wenn Sie mit anderen Leuten auf einer gesunden, freundlichen, normalen, fruchtbaren Ebene verkehren wollen, müssen Sie zuerst an sich selbst arbeiten — bis Sie sich mögen.

Aktive Vorstellungskraft, positive Phantasie, kann dabei von Nutzen sein, weil Sie Ihr Augenmerk auf einen Charakterfehler richten und sich dann vorstellen können, wie Sie gegenteilig handeln. Jähzorn zum Beispiel ist ein äußerst unangenehmer Charakterzug, der Ihnen geradezu als Garantie dafür dient, Freunde zu verlieren und sich Feinde zuzuziehen. Gesetzt, Sie wissen, daß Sie leicht erregbar sind. Wenn Sie spüren, wie die Wut in Ihnen entbrennen will, stellen Sie sich im Geiste vor, wie Sie sie ruhig löschen. Oder, wenn Sie sie nicht gänzlich löschen können, verschieben Sie sie zumindest. Sehr oft ist das beste Heilmittel gegen aufsteigende Wut Verschiebung.

Vor einigen Jahren wurde ich gebeten, in einem Komitee mitzuarbeiten, dessen Zweck es sein sollte, zu untersuchen, auf welche Weise religiöse Organisationen die Sache des Weltfriedens fördern konnten. Es wurde eine Sitzung anberaumt, und es war mit Sicherheit die unfriedlichste Sitzung eines Komitees, die ich je erlebt habe. Verschiedene der Mitglieder hatten genau festgelegte Vorstellungen vom Thema Frieden, und wenn diese

Vorstellungen nicht gebilligt wurden, legten die betreffenden Mitglieder ein beträchtlich Maß an Feindseligkeit an den Tag. Die Gemüter erhitzten sich während der Sitzung immer mehr, man schrie sich gegenseitig an und schlug gar mit der Faust auf den Tisch. Da erhob sich ein Teilnehmer, zog mit Bedachtsamkeit und Bedächtigkeit seine Jacke aus und lockerte seine Krawatte und legte sich auf eine Couch, die sich im Raum befand. Die Diskussion verstummte brüsk, und alle starrten den Mann an. Jemand fragte: »Was ist los? Ist Ihnen nicht gut?«

»Es geht mir ausgezeichnet«, versicherte der Mann. »Ich spürte nur soeben, daß ich wütend wurde, das ist alles. Und ich habe die Erfahrung gemacht, daß es schwierig ist, im Liegen wütend zu werden.« Darauf hielt er uns einen kleinen Vortrag darüber, wie man Emotionen beherrschen könne, wenn man den Körper entspanne. Er sprach dabei sehr leise.

»Sprechen Sie lauter!« verlangte jemand. »Man versteht ja nicht, was Sie sagen.«

»Genau daran krankt diese Sitzung«, erklärte der Mann auf der Couch. »Es wird zu oft zu laut geredet. Man kann eben im Flüsterton keine Streitgespräche führen.« Dann machte er auf seine Hände aufmerksam, die schlaff in natürlicher Stellung dalagen. Er sagte: »Ich bin mir bewußt geworden, daß sich meine Finger verkrampfen, wenn ich wütend werde, und im Nu habe ich sie zur Faust geballt. Und darum stelle ich mir mich dann so vor, mit geöffneten Fingern. Es ist sehr schwierig, mit entspannten Fingern wütend zu werden.«

Ich habe den Mann natürlich nie mehr vergessen. Er stellte sich selbst aus einem Zustand der Feindseligkeit und Aggressivität hinaus vor, und er trug uns alle dabei mit sich.

Eine weitere unschöne und wenig liebenswerte Eigenschaft ist Reizbarkeit, die häufig eine Kombination von Verärgerung und Ungeduld zu sein scheint. Neulich wartete ich in einem überfüllten Flughafengebäude darauf, daß eine der Telefonkabinen frei würde, damit ich telefonieren könne, und bemerkte dabei einen distinguiert aussehenden, silberhaarigen Herrn in einer der Kabinen, der versuchte, mit einem Anruf durchzukommen. Etwa ein halbes Dutzend mal bekam er das Besetztzeichen. Und was tat dieser vornehme Geschäftsherr? Er knallte den Hörer mit solcher Wucht auf die Gabel, daß er davon abprallte und an seinem Kabel in der Kabine hin und her schlug — eine Zurschaustellung reinen, unverfälschten kindischen Verhaltens.

Wir alle erleben Dinge, die uns wütend machen — vom Schnürsenkel, der reißt, bis zum Freund, der eine Verabredung zum Mittagessen nicht einhält. Es gibt da eine Textstelle (Lukas 21,19), die ich mir in solchen Augenblicken gerne in Erinnerung rufe: »Durch eure Standhaftigkeit gewinnet euer Leben!« Wenn Sie religiöse Standhaftigkeit und Geduld üben, können Sie sich über diese unvermeidlichen Unannehmlichkeiten hinwegsetzen. Sie werden sie geistig beherrschen und ausschalten können. Sie müssen entscheiden, wer überlegen sein wird: Sie oder die Unannehmlichkeit. Geduld durch Beten und Gelassenheit sind der beste Weg.

Wenn Sie jemand ärgert

Was tun, wenn Sie jemand ärgert? Auch in diesem Falle kann man lernen, eine objektive, gelassene, wissenschaftlich-kühle Haltung einzunehmen. Falls Sie die beiden Grundsätze der religiösen Standhaftigkeit und Geduld und der objektiven Beobachtung befolgen, wenn jemand etwas tut, das Sie ärgert, so werden Sie dadurch weder gereizt noch wütend werden. Sie werden wie ein Wissenschaftler reagieren. Ein Wissenschaftler handelt als objektive, disziplinierte Person, die nach den Ursachen der Umstände forscht. Er reagiert ohne Leidenschaft, will heißen ohne Heftigkeit. Demnach werden Sie sich als wissenschaftlicher Beobachter des Menschen, dessen Handeln Sie ärgert, fragen: »In was für einem Gefühlskonflikt mag er sich wohl befinden? Was gibt es in seinem Leben für Schwierigkeiten? Leidet er unter irgendeiner Frustration oder irgendeinem Mißerfolg?« Ihre Reaktion wird sodann wissenschaftlich-objektiv und nicht gefühlsbetont sein. Vielleicht gelingt es Ihnen sogar zu versuchen, ihm bei der Lösung seines Problems behilflich zu sein, statt sich über ihn zu ärgern.

Ich gebe zwar zu, daß dies geistige Größe erfordert, neigt man doch von Natur aus dazu zurückzuschlagen. Aber es ist ein wundersam befriedigendes Erlebnis, gelernt zu haben, einen anderen Menschen objektiv sorgsam zu beobachten und dadurch persönliches Ressentiment zu umgehen.

Angenommen, Sie haben mit Ihrem Ehemann oder Ihrer Ehefrau eine Auseinandersetzung, wie das eben überall manchmal vorkommt. Angenommen, er oder sie zeigt sich ausgesprochen schwierig, oder zumindest empfinden Sie das so. Versuchen Sie, ruhig dazusitzen und ihn/sie ruhig und nachdenklich anzusehen. Das mag sich als schwierig erweisen, denn ist er/sie sehr böse auf Sie, wird er/sie sagen: »Warum schaust du mich so an?«

»Ich denke über dich nach«, werden Sie sagen. »Du warst einmal ein so großartiger, zärtlicher Mensch. Du warst immer so lieb zu mir, und darum habe ich dich auch geliebt. Jetzt bist du verärgert und reizbar, und ich frage mich, wieso. Vielleicht ist es meine Schuld. Mag sein, daß ich einfach nichts tauge.«

Wissen Sie, was passieren wird? Er/sie wird beginnen, Sie zu verteidigen. »Du bist in Ordnung, und ich liebe dich«, wird er/sie mit Bestimmtheit erklären.

Und damit ist die Sache erledigt. Sie sind ihm/ihr auf einer psychologischen Basis gegenübergetreten, statt einfach emotional auf seinen/ihren emotionalen Zustand zu reagieren.

Sie werden die Erfahrung machen, daß sich dieses Prinzip auch im Umgang mit Ihren Kindern, Ihren Geschäftspartnern und Ihren Freunden und Bekannten im allgemeinen bewährt. »Ich will diesen Menschen objektiv beobachten«, werden Sie sich sagen, wenn sich Konfliktsituationen oder Schwierigkeiten ergeben. »Er hat eine Seele, also werde ich ihn mit Rücksicht darauf behandeln.« Sie können sozusagen mit jedermann auskommen — friedlich und ohne Reibereien —, wenn Sie sich weigern, verletzlich zu sein, und wenn Sie den anderen von einem objektiven, wissenschaftlichen Standpunkt aus betrachten.

Robert E. Lee[1], der große Südstaaten-Führer, wurde einmal von einem Besucher gefragt, was er von einer bestimmten Person halte.

»Ich halte ihn für einen äußerst feinen Menschen«, antwortete Lee.

»Er erzählt ein paar wenig schmeichelhafte Dinge über Sie in der Welt herum«, sagte der Besucher zum General. »Was halten Sie denn davon?«

»Sie haben mich nicht gefragt, was er von mir halte«, erwiderte Lee ruhig. »Sie haben mich gefragt, was ich von ihm halte.«

Der große General war zu erhaben, um sich auf Kleinlichkeit herabzulassen. Das ist der Grund, weshalb ihn selbst seine Gegner bewunderten und achteten.

»Liebet eure Feinde . . .«, hat uns Jesus Christus gesagt. ». . . bittet für sie . . .« (Matthäus 5,44). Es hört sich schwierig an. Es ist schwierig. Doch wenn Sie sich dazu überwinden können, so wird es Haß und Wut aus Ihrem Herzen vertreiben und oft aus einem Feinde einen Freund machen. Christus sagt uns

---

1 Robert Edward Lee, 1807—1870, Oberbefehlshaber der »Konföderierten Armee« im Sezessionskrieg 1861—1865.

eigentlich, wir sollten den Groll gegen jemanden aufgeben und uns vorstellen, daß eine Versöhnung stattfinde.

Wenn Sie sich zwingen können, dies zu tun, so ist der Lohn dafür groß.

Ich erinnere mich eines großen, harten, rauhen, aggressiven Geschäftsmannes, der eines Tages nach dem Gottesdienst zu mir kam und erklärte, er wolle sich die seelische Kraft aneignen, von der ich in meiner Predigt gesprochen hätte. Er finde, die Sache töne gut. Wie er dazu kommen könne? Ich zählte ihm die üblichen Antworten auf solche Fragen auf, er versicherte, er werde tun, wie ich gesagt hätte, und ging.

Ein paar Wochen später jedoch erschien er wieder bei mir und erklärte, es habe alles zu nichts geführt. Er habe gebetet, in der Bibel gelesen und einige nicht ganz »lupenreine« Bereiche seines Lebens in Ordnung gebracht, und trotzdem fühle er noch keinerlei seelische Kraft. Er wollte von mir wissen, was denn nicht stimme.

Diesmal ging ich im Gespräch mit ihm in die Tiefe, und nach und nach erwies sich, daß sein Sinn von Haß und Groll auf einige seiner Geschäftskonkurrenten erfüllt war. Er war ein wuchtiger Mann, und es war ein wuchtiger Haß. Als religiöser Seelendoktor war mir klar, was er zu tun hatte, wenn er die Kraft erlangen wollte, die er suchte; ich wußte aber auch, daß er auf die Verordnung störrisch reagieren würde, und genau so war es dann auch. Unser Gespräch verlief ungefähr so: »Es gibt schon eine Antwort, wenn Sie sie hören wollen und wenn Sie das haben, was es braucht, um sie auch anzunehmen«, kündigte ich ihm an.

»Natürlich will ich sie hören. Wie heißt sie?«

»Sie müssen diese Konkurrenten lieben.«

»Was?«

»Sie müssen sie lieben.«

»Sind Sie von Sinnen? Haben Sie die Kerle je gesehen?«

»Nein, ich habe sie noch nie gesehen. Aber die Bibel sagt, wir sollten unsere Feinde lieben.«

»Das ist zuviel verlangt! Das ist unmöglich!«

»Ich dachte, Sie wollten seelische Kraft.«

»Das will ich auch!«

»Ich dachte, wir seien uns einig, daß ich der Doktor bin.«

»Das sind Sie auch!«

»Also gut, ich verordne Ihnen, sie zu lieben.«

»Wie soll ich sie lieben, wenn ich sie doch hasse?«

»Ich werde Ihnen sagen, was Sie zu tun haben, und es wird nicht leicht sein. Jeden Tag, und zwar dreimal jeden Tag, müssen Sie Gott darum bitten, diesen ›Kerlen‹ zu helfen und sie zu lieben und ihnen ein besseres Geschäftsjahr zu geben, als Sie es haben werden.«

»Das werde ich nicht tun!« schrie er.

»Nun«, meinte ich, »wenn Sie seelische Kraft besitzen wollen, dann müssen Sie es tun.«

Etwas wußte ich von diesem Mann: Wenn er ein Versprechen abgab, hielt er es auch. Und schließlich willigte er widerstrebend ein. Etwa zehn Tage später kam er zurück und erzählte mir, was geschehen war. »Ich ging nach Hause«, hub er an, »und versuchte, für diese Soundsos zu beten, und ich brachte es einfach nicht über mich. Als ich am nächsten Morgen aufstand, brachte ich es wieder nicht über mich und am Mittag auch nicht. Aber an dem Abend wußte ich, daß ich es einfach tun mußte, sonst hätte ich mein Versprechen Ihnen gegenüber gebrochen. Also kniete ich mich hin und sagte: ›Herr, segne diese Kerle‹ — und ich nannte jeden beim Namen — ›und gib ihnen ein besseres Geschäftsjahr als mir.‹ Dann hielt ich inne und blickte auf und sagte: ›Herr, hör mir nicht zu. Ich meine kein einziges Wort von alledem ernst!‹«

Ich mußte mich beherrschen, nicht laut herauszulachen. Ich wußte, daß Gott einen Burschen wie diesen gern haben mußte.

»Doch schließlich«, fuhr er fort, »sagte ich: ›Also gut, Herr, ich meine es nicht ernst; aber ich wünschte, Du würdest machen, daß ich es ernst meine.‹ Und so habe ich mich die ganze Woche hindurch abgemüht, und gestern abend nun ist endlich etwas Wunderbares geschehen. Während ich betete, war es plötzlich, als käme eine große Hand herab und nähme das ganze große Gewicht von mir, das mich so lange bedrückt hat, und jetzt muß ich Ihnen sagen, daß ich vor Glück zerspringe!«

Genau so hatte es kommen müssen! Er hatte getan, was uns der Herr zu tun geheißen hat, und die Folge davon war ein tiefes, wunderbares Glücksgefühl.

Helfen Sie anderen, sich selbst zu lieben!

Dieser Mann hatte am Ende mit sich selbst Freundschaft geschlossen, und als das geschehen war, vermochte er seinen Nächsten zu lieben. Das ist folglich der erste Schritt, wenn man Freunde gewinnen und behalten will: mit sich selbst ins reine zu kommen. Und der zweite Schritt? Er besteht darin, dem Nächsten zu helfen, sich selbst höher zu achten. Wenn Ihnen das gelingt, so brauchen Sie sich nie nach Freunden umzusehen. Sie werden von selbst kommen. In Scharen!

Lord Chesterfield, der weise Engländer, war sich dessen wohl bewußt. In seinen berühmten Briefen an seinen Sohn schrieb er dem Sinne nach: »Mein Sohn, so wirst Du die Menschen dazu bringen, Dich gern zu haben: Sorge dafür, daß jeder einzelne sich selbst ein wenig lieber hat, und ich verspreche Dir, daß er dich sehr gern haben wird.«

Das ist eine große Wahrheit. Erinnern Sie sich, daß ich weiter vorn in diesem Buche von dem Universitätsprofessor berichtete, der mich so ernsthaft tadelte und mich zu einer besseren Leistung anhielt? Warum denke ich nach all den Jahren noch immer an ihn und bin ihm noch immer dankbar, obwohl ich damals böse wurde? Weil er in mir ein besseres »Ich« sah und etwas unternahm, um es ans Tageslicht zu bringen. Er spornte mich zu besserer Leistung an, und als ich sie erbrachte, mochte ich mich selbst besser, und ich lernte den Mann gern haben, dem ich das zu verdanken hatte, obwohl es ein harter Prozeß war. Emerson hat das treffend in einem seiner denkwürdigen Aussprüche ausgedrückt: »Was wir im Leben am allermeisten brauchen, ist ein Mensch, der uns dazu bringt, das zu tun, was wir können.« Und das ist in der Tat die Aufgabe eines Freundes.

Haben Sie keine Freunde? Nehmen Sie sich einen Bekannten oder eine Bekannte oder auch verschiedene Bekannte vor, und studieren Sie sie ein wenig, wählen Sie dann ihre beste Eigenschaft und loben Sie sie dafür. *Das hat nichts gemein mit übermäßiger oder falscher Schmeichelei.* Es bedeutet ganz einfach eine ehrliche und freundschaftliche Anerkennung eines lobenswerten Zuges an ihnen. Diese Anerkennung wird ihre Selbstachtung heben. Und sie werden ihre Freundschaft nur allzu gerne demjenigen schenken, der das für Sie tut.

Wohin man auch schaut, überall sieht man Menschen, die nicht entsprechend dem Besten in ihnen leben. Der Mensch liebt es, wenn dieses beste Element anerkannt und aus ihm herausgefordert wird. Manchmal allerdings leistet er Widerstand. Es ist paradox: Er will, daß das Beste aus ihm herausgezerrt wird, und doch wieder nicht. Ich sehe das recht häufig, wenn ich predige (und was ist Predigen anderes als der Versuch, das Beste aus den Menschen herauszuholen?). Einige Mitglieder der Kirchgemeinde kommen zur Kirche, weil sie wissen, daß sie einer Besserung bedürfen, und dennoch halten sie sich zurück, als ob sie sagten: »Versuch es doch aus mir rauszuholen, wenn du kannst!« Wird ihr Leben dann tatsächlich verbessert, so geschieht das nicht durch den Geistlichen. Es geschieht durch

Gott, dessen Diener der Geistliche sich zu sein bemüht. Und das ist einer der vielen Gründe, weshalb die Menschen Gott lieben: Er bringt das Beste aus ihnen heraus und ist deshalb ihr bester Freund.

Eine weitere einfache, doch grundlegende Methode, Freunde zu gewinnen, besteht darin, den Menschen zu helfen — nicht bloß, wenn sie einen um Hilfe bitten, sondern auch dann, wenn man sieht, daß sie Hilfe brauchen. Ich habe einmal in einer Zeitung einen Bericht über einen Tankwart namens Sam gelesen. Als der Winter vor der Tür stand, verkaufte jemand Sam einen Schneepflug, den man an der Frontseite eines Wagens befestigen konnte. Als der erste große Schnee kam, pflügte Sam damit seine Tanksäulen frei. Es war eine Angelegenheit von wenigen Minuten. Dann blickte er über die Straße und sah, daß die Zufahrt eines Mannes völlig eingeschneit war. Der Mann versuchte vergeblich, seinen Wagen hinauszufahren. Sam fuhr hinüber und pflügte die Zufahrt frei. Dann fuhr er zum nächsten Haus. Nach kurzer Zeit hatte er die Zufahrten von neunundzwanzig Häusern gepflügt.

Und wohin, glauben Sie, gingen all die Leute, als sie das nächste Mal Benzin brauchten? Sie alle suchten selbstredend ihren Freund Sam auf. Irgendwann später, so hieß es in dem Bericht, hielt der amerikanische Verband der Kleinunternehmer in Washington eine Versammlung ab, die sich mit erfolgreichen Verkaufsmethoden befassen sollte. Die Veranstalter hatten von Sam gehört, denn mittlerweile pflügte er jeden Winter die Zufahrten von mehreren hundert Häusern. Ja nicht nur das, sondern jeder in der Gemeinde, der irgendein Problem hatte oder einen Botengang verrichtet haben wollte, wandte sich an Sam, der alles annahm — vom Kinderhütedienst bis zu Lebensmittel-Hauslieferungen an Kranke oder Behinderte. Der Verband der Kleinunternehmer hatte erfahren, daß Sam mehr Benzin als irgend sonst jemand in der Gegend verkaufte, und darum lud er ihn zu der Versammlung ein, damit er seine Zauberformel verrate. Zu ihrer Verwunderung erklärte Sam den Anwesenden schlicht und einfach, er habe sie in der Bibel gefunden, wo es heiße: »Das gebiete ich euch, daß ihr einander lieben sollt« (Johannes 15,17).

Das ist in der Tat der zweckmäßigste, vernünftigste und realistischste Rat der Welt! Geschäftsleute pflegten mich aufzusuchen und sich bei mir darüber zu beklagen, daß das Christentum so theoretisch sei. Es ist zwar theoretisch, aber es ist die gesündeste Theorie, weil sie funktioniert. Ich verspreche Ihnen, daß jegliches Geschäft, das von Leuten geführt wird, die ihre Angestellten lieben, welche die Leute lieben, die sie bedienen, und die sie alle mit liebevoller Freundlichkeit behandeln, in den schwarzen und nicht in den roten Zahlen stehen wird. Das ist ein Gesetz, das so unumstößlich ist wie das Gesetz der Schwere.

Es gibt demnach vier Schritte, die Sie tun müssen, wenn Sie Freunde gewinnen und behalten wollen: Erstens müssen Sie sich selbst unter die Lupe nehmen und sich der Eigenschaften entledigen, die andere Leute von Ihnen fernhalten. Zweitens müssen Sie sich willentlich anstrengen, anderen zu höherer Selbstachtung zu verhelfen. Drittens müssen Sie ihnen behilflich sein, die Unebenheiten auf dem Lebensweg zu überwinden. Viertens — und das ist das Wichtigste von allem — müssen Sie sie lieben, aufrichtig lieben.

Die Menschen werden Sie lieben, wenn Sie sie lieben

Die Menschen spüren immer, wenn Sie sie lieben — und sie werden mit Liebe reagieren. Das ist letztlich die Grundlage aller Freundschaft. Das ist, was die Menschen verbindet und zusammenhält.

Ich kannte einst einen ruhigen, liebenswerten Mann namens

Charlie, der in Pawling, New York, dem Dorf, wo Ruth und ich unser Bauernhaus aus dem Jahre 1830 haben, einen Lebensmittelladen führte. Pawling hat rund 4000 Einwohner. Charlie führte etwa zwanzig Jahre lang die Filiale einer großen Lebensmittelgesellschaft; dann zog sich die Firma aus dem Ort zurück. Charlie sprach mit mir darüber und fragte mich: »Glauben Sie, ich könnte einen eigenen Laden führen? Ich habe nicht viel Kapital, aber die Firma hat gesagt, ich könne die Einrichtung übernehmen und sie würde mir ein Startinventar geben.«

»Aber natürlich können Sie das«, versicherte ich. Ich wußte, daß Charlie die Leute mochte und daß die Leute ihn mochten. Charlie übernahm den Laden denn auch, und am Tage nach der Eröffnung ging ich hin. Charlie führte mich in einen der hinteren Räume, wo wir uns zwischen den Harassen und Kartonschachteln hinsetzten, und sagte: »Ich will diesen Laden Gott weihen.« Und so sprachen wir zusammen ein Weihegebet.

Später beobachtete ich ihn jeweils, wenn er seine Kunden bediente. Eines Nachmittags kam eine Frau in den Laden, die müde und abgekämpft aussah. Charlie sagte zu ihr: »Mary, ich freue mich, daß Sie von diesem Käse gekauft haben. Das ist eine ganz ausgezeichnete Sorte, und ich weiß doch, was für eine gute Köchin Sie sind. Ihr Mann und Ihre Kinder werden heute abend ein feines Essen bekommen. Makkaroni mit Käse, von liebender Hand zubereitet — etwas Besseres gibt es nicht!«

Die Frau richtete sich sichtlich auf, und ein wunderbares Lächeln ging über ihr Gesicht. Sie hob ihre Tasche auf und ging hinaus, von der Gewißheit gestärkt, daß der Mann, der ihr die Lebensmittel verkauft hatte, an ihr als Mensch interessiert war.

Ein, zwei Jahre später wurde unweit von Charlies kleinem Laden einer jener gigantischen modernen Supermärkte eröffnet. Charlie fragte mich: »Glauben Sie, daß ich neben dieser Konkurrenz weiterbestehen kann?«

Ich erwiderte: »Fahren Sie nur fort, die Menschen zu lieben, Charlie, und Sie werden keinerlei Schwierigkeiten haben.«

Und so war es dann auch. Als Charlie schließlich starb, wurde ihm eines der größten Begräbnisse zuteil, die Pawling je erlebt hatte. Es machte den Anschein, als sei das ganze Dorf zusammengeströmt, um einem ruhigen Lebensmittelhändler, der seine Mitmenschen geliebt hatte, die letzte Ehre zu erweisen.

Denken Sie immer daran: Der Weg zu Freundschaft und Glück führt über die Weisheit des weisesten Menschen, der je gelebt hat und der gesagt hat: »Ein neues Gebot gebe ich euch, daß ihr einander lieben sollt . . .« (Johannes 13,34).

Befolgen Sie diesen Grundsatz, und Sie werden Erfüllung eines der tiefsten Bedürfnisse der menschlichen Natur finden: des Verlangens, geachtet und geliebt zu werden.

16

Die wichtigste aller Vorstellungen

Ich habe in diesem Buch vom Wert der aktiven Vorstellungskraft oder positiven Phantasie in manchen der Hauptbereiche des Lebens gesprochen. Es gibt jedoch eine Vorstellung, die wichtiger als alle anderen Vorstellungen zusammen ist: die Vorstellung, die man von sich selbst hat. Denn so, wie man sich selbst sieht, so ist man auch.

Wenn Sie sich fest vorstellen, daß Sie ein Mensch sind, der zum Erfolg bestimmt ist, dann werden Sie letztlich auch erfolgreich sein. Wenn Sie überzeugt sind, daß Sie versagen werden, so wird Mißerfolg Sie begleiten, wohin Sie auch gehen mögen. Wenn Sie andauernd an Mangel denken, so wird er für Sie eintreten. Wenn Sie sich Überfluß vorstellen, so wird er Ihnen zuströmen.

Das Universum ist wie ein riesiger Echoraum: was Sie aussenden, wird früher oder später zurückkommen. Wenn Sie die Menschen lieben, so wird diese Liebe auf Sie zurückstrahlen. Wenn Sie Zorn und Haß säen, ist Zorn und Haß, was Sie auch ernten werden. Wenn Sie vor allem an sich selbst und Ihre eigenen Interessen denken, werden die Menschen sich niemals von Ihnen angezogen fühlen. Wenn Sie zuerst an andere denken und sich selbst hintanstellen, wird jedermann Ihr Freund sein. Wenn Sie im Geiste ein Bild von sich als einem minderwertigen Menschen tragen, so *werden* Sie minderwertig sein, weil Sie auf schüchterne, unwirksame Weise handeln. Wenn Sie zu einer

Versammlung in der Überzeugung gehen, daß alle anderen Anwesenden geistreicher oder besser informiert seien als Sie, so werden Sie dasitzen und den Mund nicht auftun, obwohl Sie vielleicht gute Ideen und Überlegungen beisteuern könnten. Ihre eigene schlechte Meinung von sich wird Ihnen die Zunge lähmen.

Auf unserer letzten Reise nach Hongkong hatte Ruth eine Verabredung mit einer Schneiderin, und ich mußte mir derweil die Zeit allein vertreiben. Wie ich so durch die engen Seitengassen von Kowloon schlenderte, stieß ich auf einen Tätowierungssalon, der von einem älteren, in dieser Kunst geübten Chinesen geführt wurde. Im Schaufenster waren die verschiedenen Verzierungen ausgestellt, die man sich in die Haut einbringen lassen konnte, wenn einem der Geschmack nach dieser Art Verschönerung stand: Flaggen und patriotische Schlagworte, Anker und Dolche, Totenköpfe und gekreuzte Knochen, Meerjungfrauen und so weiter. Was aber meine Aufmerksamkeit ganz besonders auf sich zog, war eine düstere Aussage: *Born-to-lose* (Zum Verlieren geboren).

Das beschäftigte mich so sehr, daß ich den Laden betrat und den Besitzer fragte, ob er Englisch spreche, was er schlecht und recht tat. Sodann erkundigte ich mich nach der *Born to lose*-Tätowierung. Verlangten die Leute tatsächlich, daß ihnen das für immer aufgedrückt wurde?

Ja, meinte er, gelegentlich wollten sie das. Der letzte Kunde, der das verlangte, hätte es sich auf der Brust aufmalen lassen.

»Wozu in aller Welt sollte jemand mit einem so schwermütigen Schlagwort gebrandmarkt werden wollen?« fragte ich ihn.

Der alte Chinese antwortete mit einem orientalischen Schulterzucken: »Bevor Tätowierung auf Brust, Tätowierung in Kopf.«

Wie wahr, dachte ich, *und wie traurig*. Der geborene Verlierer war in keiner Weise so *geboren* worden. Doch wenn er zuließ, daß ein Minderwertigkeitsgefühl von seinem Geiste Besitz ergriff, wenn er zuließ, daß sein Selbstbild mit den düsteren Farben von Unzulänglichkeit und Mißerfolg verfärbt wurde, dann war es gar nicht zu vermeiden, daß er ein Verlierer wurde.

Wie gewinnt und behält ein Mensch eine starke, zuversichtliche, positive Vorstellung von sich? Das ist eine wichtige Frage, und es gibt darauf eine zweiteilige Antwort: Man tut gewisse Dinge, die dieses Bild verstärken, und man vermeidet gewisse Dinge, die es schwächen. Befassen wir uns zuerst mit dem zweiten!

Es gibt drei tödliche Gefühle, die einen Menschen des so wichtigen normalen Maßes an Selbstachtung berauben. Die unheilvollen, unerwünschten Besucher heißen *Furcht, Schuldgefühl* und *Zweifel*. Nimmt einer davon in Ihrem Leben schließlich eine vorherrschende Stellung ein, so wird Ihr Selbstbild Schaden erleiden. Wir wollen auf jeden einzelnen davon näher eingehen und aufzeigen, wie ihre verderbliche Macht unschädlich gemacht werden kann.

Ein altes russisches Sprichwort lautet: »Ein Hammer zertrümmert Glas, aber schmiedet Eisen.« *Die Hämmer des Lebens treffen unweigerlich einen jeden von uns früher oder später.* Und einer dieser Hämmer ist jene uralte Schwierigkeit, mit welcher die menschliche Seele zu kämpfen hat und die sich *Furcht* nennt.

Von der Zeit an, da sie kleine Kinder sind, die sich im Dunkeln fürchten, müssen die Menschen mit diesem Gegner ringen, und der Kampf dauert ein Leben lang fort. Zuweilen ist die Furcht so groß, daß sie die Menschen vernichtet. Sie verlieren ihr Selbstvertrauen, sie ziehen sich aus dem Leben zurück, ihre Meinung von sich selbst schrumpft dermaßen zusammen, bis sie sich nicht mehr in der Lage fühlen, mit Härten, Krankheit, finanziellen Engpässen oder was immer sie bedrohen mag, fertig zu werden. Ist ihr Glaube an ihre eigene Fähigkeit erst einmal verlorengegangen, so ist es schwierig, ihn zurückzugewinnen.

Andere Menschen aber, welche sich den gleichen Schwierigkeiten gegenüber sehen, reagieren anders, weil sie Vertrauen haben. Wenn sie der Hammer der Furcht trifft, zerbrechen sie nicht. Im Gegenteil: Sie werden zu stärkeren Menschen geschmiedet. Durch dieses »Geschmiedet-Werden« kann ein Mensch entschlossen dastehen, jeglicher Furcht ins Auge sehen und sagen: »Im Namen Gottes fürchte ich mich nicht mehr.«

Wie herrlich, diesen Zustand zu erreichen! Und wie erreicht man ihn? Wie erhält man ein Selbstbild aufrecht, das einen befähigt, der Furcht Herr zu werden? Das ganze Geheimnis liegt in einem einzigen Wort: *Vertrauen*. Angenommen, Sie erreichen einen Punkt, wo Sie glauben, das nicht mehr zu besitzen, was es braucht, um mit einer Situation fertig zu werden. Ihr Selbstbild ist geschwächt. Sie fürchten, das Vertrauen in die eigene Fähigkeit zu verlieren. Was sollen Sie tun? Nun, Sie überlassen die Situation, die Ihnen Angst macht, Gott. Sie legen sie in Seine Hände. Und Sie vertrauen ganz auf Ihn, denn Sie erinnern sich, daß Er gesagt hat: »Fürchte dich nicht, denn ich bin mit dir! Blicke nicht ängstlich, denn ich bin dein Gott! Ich mache dich stark, ja ich helfe dir . . .« (Jesaja 41,10). Das ist das feierliche Versprechen des Allmächtigen Gottes. Er hat es abgegeben, damit wir ängstlichen Menschen es glauben, es annehmen und dadurch gestärkt werden.

Vollkommenes Vertrauen — das ist von allen Gefühlen, welche die menschliche Seele haben kann, dasjenige, das am meisten Schutz und Halt verleiht. Wir erfahren das als kleine Kinder, wenn ein böser Traum uns in Angst und Schrecken versetzt oder wenn ein Gewitter mitten in der Nacht losbricht. Dann stehen wir auf, von Panik ergriffen, und eilen ins Schlafzimmer unserer Eltern, wo Mutter oder Vater uns zu sich ins Bett nimmt, die Arme um uns legt und uns tröstend zuredet, um uns schließlich wieder in unser eigenes Zimmer zurückzubringen, und beruhigt kehren wir zum normalen Leben zurück. Die Eltern weisen uns nicht ab, und sie machen sich über unsere Ängste auch nicht lustig. Sie geben Liebe und leisten Beistand, bis die Gefahr und der Schrecken vorbei sind.

Unser Gott, der Vater unser aller, ist genau so. Ein einfacher Vergleich, gewiß, *doch das ist das Wesentliche an den meisten tiefgründigen Ideen: daß sie einfach sind.*

Manchmal zeitigt vollkommenes Vertrauen Ergebnisse, die nicht mit dem menschlichen Verstand erfaßt werden können. Ich las unlängst eine Sammlung von Berichten, die von Angehörigen der amerikanischen Streifkräfte geschrieben worden waren. Armee-, Marine- und Luftwaffe-Veteranen erzählten darin von außergewöhnlichen Erlebnissen, die sie gehabt hatten.

Wind und Wellen des Pazifiks preisgegeben

Einer der Berichte war von Pete Mesaro, einem Marine-Hilfsmaschinisten, verfaßt worden. Pete befand sich auf einem Patrouillen-Torpedoboot weit draußen im Pazifik. Die See war stürmisch. In den frühen Morgenstunden, als es noch immer dunkel war, wurde er irgendwie gegen eine Stütze geschleudert, verspürte einen starken Schmerz im Bein und stürzte ins Meer. Niemand hatte ihn über Bord gehen sehen. Als er wieder auftauchte, war das Torpedoboot im Begriffe, sich in schneller Fahrt von ihm zu entfernen. Er war allein in der unendlichen Weite des Ozeans.

Endlich erhellten die ersten schwachen Streifen der Morgendämmerung den Himmel und sandten ein dünnes Licht schräg über das Wasser. Petes Bein schmerzte; es blutete. Dann erblickte er mit Entsetzen die schwarze, dreieckige Rückenflosse eines Hais keine zehn Meter von ihm durch die Wasseroberfläche pflügen. Langsam kreiste sie um ihn herum. Sein Körper verkrampfte sich vor Furcht so, daß er kaum mehr atmen konnte. Er wußte, daß das Blut, das aus seinem Bein floß, den Hai angezogen hatte — und weitere anziehen würde.

Pete war ein gläubiger Christ. Er betete — nicht um seine Rettung, denn die schien ihm unmöglich. Er betete bloß zu Gott, Er möge sein Ende beschleunigen und seine Seele dann in den Himmel nehmen.

»Doch als ich betete«, stand in seinem Bericht, »geschah etwas Merkwürdiges«. Seine Gedanken wandten sich über die Jahre hinweg zurück zu dem Klassenzimmer, in dem er als Kind die Sonntagsschule besucht hatte. In einer Ecke jenes Zimmers hatte eine lebensgroße, aus Karton ausgeschnittene Jesusfigur gestanden, und darunter hatte es in Großbuchstaben geheißen: UND SIEHE, ICH KOMME BALD (Offenbarung 22,7). Doch jetzt wurde ihm bewußt, daß die Figur keineswegs aus Karton war. Es war Jesus selbst, der wirklich und wahrhaftig diese Worte sprach und mit ausgestreckten Armen über das Wasser auf ihn zukam. Vom Anblick in unbeschreiblichem Maße über sich selbst hinaus getragen, begann Pete Jesus entgegenzuschwimmen.

So unglaublich es schien, der Hai wich zur Seite, als Pete vorwärts schwamm. Dann tauchte ein zweiter Hai auf, und beide näherten sich ihm von verschiedenen Seiten. Aber die Hoffnung, die ihm das Bild Jesu verliehen hatte, war stärker als seine Angst vor den Haien. Er spritzte und schlug wie wild mit allen vieren um sich.

Dann geschah das Unwahrscheinliche. Ein amerikanischer Zerstörer war über den Horizont heraufgekommen. Ein Ausguck sah das wahnsinnige Gespritze und erkannte, daß da etwas nicht stimmte. Mit voller Geschwindigkeit fuhr der Zerstörer heran und ließ ein Boot mit Gewehrschützen herab, welche die Haie vertrieben. Pete konnte sich hinterher kaum daran erinnern, wie ihn starke Arme in das Boot hievten. Ehe er jedoch vor Schock und Erschöpfung das Bewußtsein verlor, sah er noch einmal die Gestalt Jesu mit ausgestreckten Armen.

Ein Wunder? Was ist ein Wunder überhaupt? Eine herrliche, außer Reichweite unseres analytischen Verstandes liegende Begebenheit. Ich glaube, in diesem besonderen Falle verlor ein Mann sich selbst völlig in einer ekstatischen Bewußtwerdung der Liebe und schützenden Gegenwart Gottes. Wäre er gestorben, so wäre er in Frieden gestorben. Nun aber lebt er in Frieden — in der Gewißheit, daß es im Leben nichts zu fürchten gibt, solange man auf Gott vertraut.

Vertrauen vermag Furcht in der Tat zu vertreiben. Kürzlich befanden Ruth und ich uns eines Abends auf dem Heimflug von Albuquerque über Dallas nach New York. Das Wetter in Texas war gut gewesen, doch je näher wir New York kamen, desto schlechter wurde es. Undurchdringliche Wolken umhüllten unser Flugzeug wie Dampf. Es wurde von heftigen Windstößen nur so geschüttelt und gebeutelt. Man wies uns an, uns für die Landung auf dem Flughafen von La Guardia bereitzumachen, und so schnallten wir uns an, konnten jedoch nichts sehen. Auf einmal teilte sich der wirbelnde Nebel für einen Augenblick, und ich konnte unter uns die Lichter einer der großen Brücken von New York sehen. Die hohen Brückentürme schienen zum Greifen nahe. Dann plötzlich stieg das Flugzeug steil hinauf. Der Pilot hatte vom Kontrollturm Weisung erhalten, einen Bogen zu machen und neu zur Landung anzusetzen. In der Kabine war es ganz still. Niemand sagte ein Wort, doch man konnte die Spannung in der Luft spüren. Die Gesichter des Kabinenpersonals waren angespannt.

Ich bin gewiß kein Held der Lüfte. Doch diesmal, in einer — gelinde gesagt — nervenaufreibenden Situation, verspürten seltsamerweise weder Ruth noch ich irgendwelche Angst. Wir beteten im stillen für den Piloten, auf daß ihm Ruhe und Urteilskraft gegeben werde. Wir beteten für die Leute am Boden, die uns über die unsichtbare Radarpeilung lenkten. Ich dachte, daß es eigentlich erstaunlich sei, wie vielen Leuten wir vertrauten, die wir nicht sahen: den Entwerfern des Flugzeugs, den Unterhaltsequipen, der Hydraulik, dem Funknetz, den Meteorologen . . . wir vertrauten ihnen allen unser Leben an, ohne uns dessen richtig bewußt zu werden.

Der Pilot setzte neu an. Und wieder zog er die Maschine brüsk hoch. Diesmal teilte er uns ruhig, ja beinahe lakonisch mit, er habe im letzten Moment ein anderes Flugzeug auf der Piste erblickt, für die wir Landeerlaubnis erhalten hatten. Die Spannung in der Kabine stieg weiter, und trotzdem hatten Ruth und ich keine Angst. Wir spürten, daß wir in Gottes Händen waren und daß uns diese starken, liebenden, kundigen Hände beim dritten Versuch in einer sicheren Landung aufsetzen würden. Ich glaubte daran. Ich war überzeugt, daß es so sein würde. Ich stellte mir mit positiver Phantasie bildhaft vor, wie es geschah.

Beim dritten Versuch, setzte der Kapitän seinen großen Vogel mit kaum wahrnehmbarem Stoß auf. Erleichtert brachen alle Passagiere in herzlichen Applaus aus. Später sagte mir der Ehemann einer der Stewardessen, seine Frau habe erzählt, diese beiden ersten Landeversuche seien die kritischsten und schrecklichsten Momente in ihrer zehnjährigen Zeit in der Luft gewesen.

Möglicherweise verlieren wir mit zunehmendem Alter die Angst vor dem Tode, die gewiß eine der grundlegenden, weitestverbreiteten Ängste ist. Es ist eine Furcht, die bis zu einem gewissen Grad von der Glaubenslosigkeit der Welt aufrechterhalten wird, die den Tod als das Ende aller Dinge betrachtet. Ich bin gewiß in keiner Eile, diese Welt zu verlassen. Ich freue mich sehr am Leben. Ich genieße es. Es ist eine schöne Welt, und nur wenige von uns wünschen sie gegen den Tod einzutauschen, der von uns nur zu oft mit Trauer und Düsternis verbunden wird.

Vertrauen vermag indessen selbst diese elementarste aller Ängste zu überwinden. Können Sie glauben, daß ein Gott, der uns diese schöne Welt gegeben hat, uns bei unserem Tode an einen Ort der Häßlichkeit bringen würde? Können Sie glauben, daß der Gott, der uns hier auf Erden solch wertvolle Erlebnisse schenkt, uns plötzlich wie ein Kerzenlicht auslöschen würde? Glauben Sie, daß ein Gott, der sich hier in lauter Leben und Lebenskraft offenbart, sich plötzlich ändert und uns alle dem Tode und der Vernichtung ausliefert? Ich habe nie Anzeichen dafür gesehen, daß Gott so unbeständig wäre. Gerade die Ordnung des Universums spricht dagegen. Die Jahreszeiten folgen einander in schöner Regelmäßigkeit. Die Sterne erscheinen jede Nacht in denselben alten wunderbaren Mustern. Selbst die Himmelskörper, die nur periodisch erscheinen, kehren auf die Minute genau wieder.

Als Kind sah ich den Halleyschen Kometen. Es war viele Jahre zuvor angekündigt worden, daß er genau zu der Zeit wiederkehren würde, und das tat er denn auch. Und in wenigen Jahren wird er nun wiederum erscheinen. Pünktlich auf die Sekunde.

Können Sie glauben, daß ein Gott von solch vortrefflicher Ordnung mit einem Mal zu einem Gott der Unordnung wird, daß Er einmal gütig und ein anderes Mal grausam zu Ihnen ist? Solches Denken entbehrt jeglicher Logik. Auch der Glaube lehnt es ab. Sowohl der Glaube wie die Vernunft antworten mit einem klaren *Nein* auf eine solche Darstellung. Die geheimnisvollen, wundersamen Erfahrungen des Lebens sprechen dagegen. Je länger ich lebe, je mehr ich über den Tod nachdenke, desto überzeugter bin ich, daß der Tod, wenn wir schließlich vor ihm stehen, nur ein weiterer Ausdruck der grenzenlosen Liebe und Schönheit Gottes ist.

Lassen Sie also nicht zu, daß Furcht irgendwelcher Art das Bild, das Sie von sich haben, verzerrt oder schwächt. »Siehe, ich bin bei euch alle Tage bis an das Ende der Welt«, hat Jesus gesagt (Matthäus 28,20). Mit einer solchen Zusicherung brauchen wir uns niemals zu fürchten.

Die schädliche Einwirkung eines Schuldgefühls

Das zweite Gefühl mit schädlichem Einfluß auf das Selbstbild ist zwar nicht so häufig wie Furcht, doch ebenfalls weit verbreitet: es ist das *Schuldgefühl.* Wie soll es Ihnen möglich sein, von sich selbst eine gute Meinung zu haben, wenn Sie Ihr eigenes Gewissen verurteilt? Das ist unmöglich. Selbst wenn Sie die Stimme des Gewissens zu ersticken suchen (und viele Leute versuchen sich einzureden, daß sie genau das tun könnten), so wird das Gefühl, sich eines Vergehens schuldig gemacht zu haben, dennoch auf die eine oder andere Art seinen Tribut fordern. Manchmal geschieht es in Form eines physischen Leidens, manchmal findet eine Veränderung der geistigen Fähigkeiten statt, manchmal kommt es zu einer tiefgehenden, unerkannten seelischen Erkrankung: Vitalitätseinbuße, schwindender Enthusiasmus oder Verlust des Selbstvertrauens. Es kann genauso wenig umgangen werden wie das Gesetz der Schwere.

Noch vor einer Generation waren sich die Menschen dessen mehr bewußt als jetzt. Die Kirche sorgte dafür. Zur Zeit, als ich in meiner Jugend im Herzen Amerikas lebte, wurde dort von der Kanzel herab viel über Sünde gesprochen. Die Prediger nahmen da kein Blatt vor den Mund. Sie erfanden keine beschönigenden theologischen Begriffe für Vergehen. Sie nannten Sünde beim Namen, und wenn sie auf die Bibel schlugen und versicherten, daß der Lohn für Sünde der Tod sei, so wußte jeder, was gemeint war. Ehebruch, Unzucht, Trunkenheit, Unehrlichkeit, Arglist, Selbstsucht, Habgier, Wollust, Faulheit. Die Liste war lang und genau. Wenn man einem dieser Dinge erlag, dann war man ein Sünder, und das Wort kam hernieder, hart und unumwunden, daß man sich gescheiter eines Besseren besinnen und sich ändern solle, sonst laufe man Gefahr, seine unsterbliche Seele zu verlieren. Man werde auf direktem Wege zur Hölle fahren, war die unverblümte Art, wie es formuliert wurde.

Ich habe über die Jahre hinweg manchen Fall gesehen, in dem sich ein heimliches Schuldgefühl im körperlichen Befinden des betreffenden Menschen niederschlug. Ich entsinne mich einer Frau, die jedesmal, wenn sie einen Gottesdienst besuchte, einen gräßlichen, juckenden Hautausschlag bekam. Warum? Das war nichts als die sich veräußerlichende tiefsitzende seelische Krankheit, an der die Frau litt, zur Hauptsache ein Schuldgefühl wegen gewisser Vergehen, das sie zu unterdrücken und zu verstecken suchte. Der Besuch der Kirche brachte dieses Schuldgefühl an die Oberfläche und erhöhte es noch. Nur durch Beichte und Buße war es für sie möglich, ihr inneres Problem zu kurieren. Als sie diesen Schritt tat, verschwand der Hautausschlag.

Ein anderer Fall trug sich vor Jahren in Syracuse zu. Ein guter Freund von mir, ein Hals/Nasen/Ohren-Spezialist, erzählte mir von einer Frau, die starke Nebenhöhlenbeschwerden hatte, die sich offenbar durch keine ärztliche Behandlung lindern ließen. Der Arzt war scharfsinnig genug zu vermuten, daß diesem physischen Problem eine seelische Verwirrung zugrunde liege, und er fragte mich, ob ich ihm bei dem Fall nicht helfen würde. Nach verschiedenen Gesprächen wurde klar, daß die Frau ihre Mutter haßte, die schon vor langer Zeit gestorben war. In gewissem Sinne hatte sie guten Grund, ihre Mutter zu hassen. Als nämlich ein anderes Kind in der Familie — der Liebling ihrer Mutter — starb, schrie die Mutter ihr entgegen: »Oh, warum konntest nicht du es sein? Ich wünschte, du wärst es gewesen!« Das ist grauenvoll und zutiefst verletzend. Doch die Schuld, welche die Frau ob ihres gegen die Mutter gerichteten Hasses verspürte, war so stark, daß sie sich in einer Entzündung äußerte. Als wir sie überredet hatten, ihrer Mutter zu verzeihen, zu verstehen, daß die kummerbeladene Frau nicht die volle Verantwortung für das trug, was sie gesagt hatte, begannen die chronischen Beschwerden abzuflauen.

Wenn Sie ein schöpferischer Mensch sind, so ist Ihr Selbstbild von ausschlaggebender Bedeutung für Sie. Wenn Sie Schriftsteller oder Schriftstellerin sind, so müssen Sie daran glauben, daß Ihre Gedanken und Ideen Achtung und Aufmerksamkeit verdienen. Wenn Sie jedoch Ihre Selbstachtung verlieren, so werden Sie sich fragen, warum Ihnen überhaupt jemand Aufmerksamkeit schenken sollte. Sie werden denken, Ihr Werk sei es nicht wert, gelesen zu werden. Das Ergebnis kann Lähmung der schöpferischen Kraft sein.

Vor ein paar Jahren rief mich ein bekannter Schriftsteller an, den ich persönlich gut kannte. »Norman«, sagte er, und seine Stimme war heiser vor Anspannung, »ich muß dich sehen. Ich habe große Schwierigkeiten.«

Ich fragte, was er damit meine, aber er wollte mir keine Erklärung geben. Er sagte nur immer wieder, er müsse mich sofort sehen. Er wohnte in einer Ortschaft in der Nähe, und so hieß ich ihn schließlich mich in meinem Bauernhaus in Pawling aufsuchen.

Als er kam, erschrak ich über die Veränderung, die in ihm stattgefunden hatte. Er war abgehärmt und verbissen. Er sah krank aus — und er war in der Tat krank, seelisch schwer krank. Er erklärte mir, er könne nicht mehr schreiben. Das habe finanzielle Schwierigkeiten nach sich gezogen, die so akut seien, daß er nicht mehr schlafen könne. Ich hatte das Gefühl, er trage eine überschwere Schuldlast, daß er sie seit Jahren getragen habe und daß sie für ihn schließlich untragbar geworden war. »Du solltest es dir gescheiter von der Seele wälzen«, sagte ich zu ihm. »Für den Augenblick zumindest bin ich dein Seelsorger. Also beichte mir! Aber«, warnte ich ihn, »du kannst nichts verheimlichen, sonst verschwendest du deine Zeit und meine. Du wirst mit allem herausrücken müssen, was es auch sei.«

Ich führte ihn hinaus und in einen kleinen Raum oben in unserer Scheune, wo wir ungestört waren. Und hier begann er zu sprechen. Es ergoß sich ein Sturzbach widerlicher Erinnerungen aus ihm, zumeist an sexuelle Fehltritte, die Jahre zurückreichten. Es war ein scheußlicher Bericht. Ich fragte mich, wie sein Bild von sich selbst als einem Schriftsteller überhaupt so lange hatte bestehen können. Nun war dieses Bild zerschlagen, und es würde einer befreienden Reinigung bedürfen, um es wiederherzustellen.

Und so begannen wir mit dem Verfahren und wandten die bewährte Methode von Beichte, Reue und Buße, denen das Versprechen der Vergebung folgte, an. Ich hieß ihn auf den groben Bretterboden der alten Scheune niederknien, und ich kniete neben ihm, während er vor Gott, dem Allmächtigen, seine Schuld, sein Elend und seinen Wunsch, sich zu ändern, ausschüttete. Ich machte ihm klar, daß Gott getreulich Sünden vergebe, wo man ehrliche Reue zeige, und daß ich als Gottes Stellvertreter ihm versichern könne, daß ihm diese Vergebung gewährt sei. Es war ein bewegendes und zugleich anstrengendes Erlebnis für uns beide, doch ein neues Leuchten erhellte sein Gesicht, und ich wußte, daß er einen neuen Anfang machen und am Ende auch seine Kreativität wiedergewinnen würde.

Er kam wieder zu Kräften. Doch wieviel Schmerz hätte sich vermeiden lassen, wenn er nur die Vernunft gehabt hätte, sich zu sagen, daß moralische Gesetze nicht ungestraft gebrochen werden können — nicht wenn man will, daß das Selbstbild, das unseren Lebenslauf bestimmt, stark und sicher bleibe.

Der dritte große Stolperstein auf dem Weg zu einem positiven, sicheren Selbstbild ist *Zweifel*. Der amerikanische Arzt Dr. Charles Mayo von der berühmten Mayo-Klinik hat gesagt: »Ich habe nie erlebt, daß ein Mensch an Überarbeitung gestorben wäre, aber ich habe erlebt, daß viele an Zweifel gestorben sind.«

Zweifel ist der Feind des Vertrauens. Menschen, die sich wahres Vertrauen aufgebaut haben, besitzen eine Quelle wirklicher Lebenskraft. Vertrauen führt einem die geheimnisvolle Kraft zu, die Gesundheit, Vitalität und Energie erzeugt und erneuert.

Zweifel jedoch kann diesen Kraftstrom unterbinden. Ein Zweifler schließt sich selbst aus dem Zauberkreis aus. Wenn Sie die Wirklichkeit und die Macht Gottes nicht anerkennen, so erkennen Sie in Tat und Wahrheit alles nicht an — Ihre eigene Bedeutung und den Sinn Ihres eigenen Daseins inbegriffen.

Wenn Sie ein Zweifler sind, vermögen Sie auch die Grundfragen des Lebens nicht zu beantworten, die da heißen: Wer bin ich? Woher komme ich? Wohin gehe ich? Was tue ich hier? Und selbstverständlich wird dann auch Ihr Unbewußtes verwirrt und entmutigt. »Wenn dieser Mensch da nicht weiß, was er hier tut«, sagt es sich, »was soll ich mir denn da noch die Mühe machen, ihm in diese oder jene Richtung zu helfen? Es ändert ja doch nichts, also werde ich mir die Mühe sparen.«

Fehlendes Vertrauen kann mithin ein tiefes existentielles Unbehagen schaffen. Ein ausnehmend starker Mensch vermag sich vielleicht auch so durchzukämpfen; es bedarf indessen einer gewaltigen Anstrengung, und wenn ein solcher Mensch dann doch einen Erfolg von Bedeutung erringt, so geschieht dies gewissermaßen seiner Person zum Trotz, weil ja sein Selbstbild keine solide, unerschütterliche Basis hat.

Doch selbst wenn Vertrauen an sich vorhanden ist, zweifeln viele Leute stark an sich selbst. Manchmal denke ich mir, solche Leute sollten mindestens einmal jeden Tag das Gebet sprechen, das einem alten Schotten zugeschrieben wird: »O Gott, gib mir eine bessere Meinung von mir selbst.« Ich sage nicht, wir sollten arrogant oder eingebildet sein. Ich meine nur, wir sollten uns des enormen Potentials bewußt sein, mit dem Gott einen jeden von uns versehen hat, und uns mit der Art Sicherheit und Selbstvertrauen durchs Leben bewegen, die wir nach Seinem Willen haben sollen. Wenn ich etwas wie Mutlosigkeit oder Trübsinn in den Menschen spüre, so möchte ich ihnen zuweilen zurufen: »Wacht auf! Nur Mut! Ihr könnt mehr, als ihr glaubt! Hört auf, an euch zu zweifeln! Habt Vertrauen — Vertrauen auf Gott, Vertrauen in euch selbst, Vertrauen in die Zukunft. Und nichts wird euch unmöglich sein!«

Wenn Ihr Selbstbild durch Zweifel geschwächt ist, so neigen Sie sehr stark dazu, die Größe der Schwierigkeiten, denen Sie sich gegenüber sehen, zu übertreiben. Kennen Sie die Geschichte von dem kleinen Jungen, der in der Schule von einem viel größeren Raufbold geplagt wurde, der an derselben Straße wohnte wie er? Eines Tages saß dieser Junge bei sich zu Hause vor dem Hauseingang und hielt ein Fernrohr in den Händen, das ihm sein Vater gekauft hatte; er schaute jedoch durch das größere Ende hinein.

»Bill«, sprach sein Vater zu ihm, »du hältst das Fernrohr ja verkehrt rum. Du mußt beim anderen Ende hineinschauen. Dann siehst du den Zielgegenstand größer.«

»Ich schau' mir aber Harry an«, erklärte der Junge, »und ich will ihn gar nicht größer sehen. So mache ich, daß er klein aussieht, und ich habe keine Angst vor ihm.«

Die beste Art, Schwierigkeiten zu sehen, ist, sie mit Hoffnung und Zuversicht zu betrachten. Wie trostlos ist es doch, wenn Menschen immer und überall jammern. »Oje! Ich bin so krank! Ich werde alt! Ich habe es so schwer!« Würden sie doch bloß ihr seelisches Fernrohr anders einstellen, indem sie ihren Geist und ihre Seele mit Vertrauen und mit Liebe zu Gott füllen, so würden Sie sagen: »Ich bin zwar krank gewesen, aber jetzt geht es mir ganz schnell besser! Ich bin nicht; alt im Gegenteil: ich fühle mich besser als vor zehn Jahren! Ich habe zwar mit vielen Schwierigkeiten zu kämpfen, aber ich habe die Klugheit und die Kraft, sie zu überwinden!«

Erinnern Sie sich noch an die Geschichte von der kleinen Lokomotive, die wir als Kinder hörten? Sie ist ein recht tiefsinniges Gleichnis, wie das Kindergeschichten oft sind. Die kleine Lok sollte einen schweren Wagenzug über einen steilen Berg ziehen. Ihre Brüder und Schwestern waren alle der Meinung, die Anstrengung sei für sie zu groß; sie gaben auf oder weigerten sich, überhaupt den Versuch zu machen. Die kleine Lok jedoch hatte eine andere Vorstellung von sich. Sie spannte sich vor den Zug und begann zu ziehen. »Ich glaub', ich schaff's, ich glaub', ich schaff's, ich glaub', ich schaff's«, schnaubte sie, langsamer und immer langsamer, während sie sich mühsam den Berg hinauf bewegte. Und als sie die Kuppe erreichte und die andere Seite wieder hinunter zu fahren begann, pustete sie triumphierend, schneller und immer schneller: »Ich hab's geschafft, ich hab's geschafft, ich hab's geschafft!« Sie hatte sich selbst als Hindernisüberwinderin gesehen — und das war sie dann auch!

Acht Wege zu einem besseren Selbstbild

Gesetzt der Fall, Ihr Selbstbild sei nicht ganz so, wie es sein sollte. Können Sie dagegen etwas tun? Gewiß! Ein schwaches Selbstbild ist nicht ein natürlicher Geisteszustand. Sie sind nicht damit geboren worden. Ein Baby hat ja eine völlig gesunde Meinung von sich. Nein, Sie haben es sich mit der Zeit zugelegt. Sie haben es so erworben, wie Sie jede andere Eigenschaft, ob gut oder schlecht, entwickelt haben: Sie haben es geübt. Sie haben es in Ihren Geist hereingeübt, und was Sie sich hereinüben, können Sie auch wieder hinausüben. Im folgenden nun finden Sie acht Vorschläge, die Ihnen helfen sollen, genau das zu tun.

1. *Sehen Sie sich selbst stets als Kind Gottes.* Das ist das wirksamste aller Mittel gegen Furcht. »Ist Gott für uns, wer mag wider uns sein?« hat Paulus gesagt (Römer 8,31). Es ist eine Frage, die keiner Antwort bedarf, weil die Antwort auf der Hand liegt.

   Sich als Kind Gottes zu sehen erfordert von Ihnen natürlich den Glauben, daß es Gott gibt, daß Er Sie erschaffen hat und daß Er für Sie da ist. Wie Sie zu diesem Glauben gelangen? Sie entschließen sich, ihn zu wollen, ihn zu brauchen, und Sie werden ihn haben. Und dann folgen Sie ihm.

   Sie können auf verschiedene Weise Glauben einnehmen — wie Arznei. Durch das Auge, zum Beispiel. Sie können die Bibel lesen und ihre großen Glaubens- und Heilsbotschaften die Gedanken des Zweifels und der Furcht vertreiben lassen. Oder durch das Ohr. Sie können zur Kirche gehen und den bewegenden Liedern und Gesängen zuhören. Sie können Bibellesungen hören. Sie können eine Predigt hören. Sie können aber auch Glauben aufnehmen, indem Sie ganz einfach die Wunder der Schöpfung um sich herum betrachten. Den sternübersäten Himmel, die weite, ruhelose See, die erhabenen Berge, die Blütenpracht im Frühling — kann denn überhaupt jemand glauben, daß sie alle durch Zufall oder einfach so entstanden sind? »Lasset ab«, sagt die Bibel, »und erkennet, daß ich Gott bin« (Psalmen 46,11). Sehen Sie sich in Ihren stillen Momenten als Sein Geschöpf, als Sein Kind, und Ihr Selbstbild wird auf einem Fundament stehen, das durch nichts erschüttert werden kann.

2. *Stellen Sie sich vor den Spiegel, und betrachten Sie sich genau.* Prüfen Sie zuerst Ihre äußere Erscheinung. Sehen Sie mutlos oder niedergeschlagen aus? Geben Sie sich Mühe, gerade zu stehen. Ersetzen Sie den finsteren Blick durch ein Lächeln. Wenn Ihre Kleider elend und schäbig scheinen, tun

Sie etwas dagegen. Ihre Erscheinung spiegelt Ihr Bild von sich selbst wider und beeinflußt dieses wiederum; wenn Sie eines von beiden verbessern, beginnen Sie damit auch das andere zu verbessern.

Nehmen Sie sich dann Ihr Inneres vor. Leiden Sie an mangelnder Energie oder mangelndem Vertrauen? Sind Sie überzeugt, daß Ihre Hauptziele außerhalb Ihrer Reichweite liegen? Zweifeln Sie an Ihrer grundlegenden Fähigkeit, mit dem Leben fertig zu werden? Wenn Sie solche Zweifel oder Unsicherheiten plagen, so geben Sie es zu — aber sagen Sie sich auch, daß Sie mit Gottes Hilfe etwas dagegen unternehmen werden. Sprechen Sie ein kurzes Gebet, und bitten Sie darin um ein normales Maß an Selbstachtung und Selbstvertrauen. Denken Sie daran, daß ein schwaches Selbstbild in jeder Lebensphase zu einem starken Selbstbild gemacht werden kann. Es ist nie zu spät — und der Zeitpunkt, damit zu beginnen, ist jetzt. Stellen Sie sich sich selbst mit einem verbesserten Selbstbild vor! Glauben Sie daran, daß es sich bezahlt machen wird, und es wird sich bezahlt machen.

3. *Fassen Sie den Entschluß, Ihre Fähigkeit zur positiven Phantasie, zur aktiven Vorstellungskraft zu verdreifachen.* Wenn Sie sich konsequent vergegenwärtigen, daß Ihnen das Beste — und nicht das Schlimmste — widerfährt, so werden mächtige Kräfte dahin wirken, das, was Sie sich bildhaft vorstellen, zuwege zu bringen. Dies ist das zentrale Thema und die Botschaft dieses Buches, und es ist wahr, doch werden Sie erst erfahren, daß es wahr ist, wenn Sie es selbst erprobt haben.

Zweifeln Sie nie daran. Was als Vorstellung in Ihrem Geiste besteht, strebt nach der Verwirklichung in einer Tatsache. Die ägyptischen Pyramiden, die Akropolis, die Peterskirche in Rom, die imposanten Brücken New Yorks — sie alle gibt es wirklich. Doch einmal gab es sie erst als Idee in jemandes Geiste — und damit hat ihr wahres Dasein begonnen. Jemand hat sie sich vorgestellt — und am Ende nahmen diese Vorstellungen Gestalt an. Dies ist die Abfolge: zuerst die Idee, dann die bildhafte Vorstellung, dann die Tatkraft und Entschlossenheit, sie zu verwirklichen, und endlich die glorreiche Wirklichkeit. Machen Sie von dieser Abfolge Gebrauch für sich, und Ihr Selbstbild wird wachsen und sich stärken.

4. *Üben Sie, was Sie gut können, und lernen Sie dann aus ihren Erfolgen.* Nichts vermag das Selbstvertrauen so zu heben — und damit ein starkes Selbstbild zu schaffen — wie die Wiederholung einer schönen Leistung. Alle guten Sportler sind sich dessen bewußt. Ein Elite-Tennisspieler verharrt im Geiste nicht bei einem schlechten Schlag. Er hält sich die Gewinnschläge vor Augen, die ihm in der Vergangenheit gelungen sind, und ist sich dabei bewußt, daß ihm die Erinnerung daran helfen wird, sie in Zukunft zu wiederholen. Wenn Sie eine besondere Fähigkeit haben — und jeder hat etwas, das er gut macht —, so nehmen Sie jede Gelegenheit wahr, diese Fertigkeit zu üben. Wenn Sie besonders gut backen, so tun Sie das, sooft Sie nur können. Wenn Sie das Gebackene nicht selbst brauchen, so verschenken Sie es: der Dank und das Lob, die Sie ernten, werden Ihr Selbstbild stärken. Nach einem etwas unsicheren Anfang vor vielen Jahren bin ich zu einem ziemlich geübten Redner in der Öffentlichkeit geworden. Jetzt gewinne ich Kraft und Bestätigung daraus, eine Zuhörerschaft zu erreichen und ein Echo zu spüren. Es verstärkt meine positive Vorstellung von mir als einem Menschen, dessen Aufgabe es ist, anderen über die Unebenheiten des Lebens hinwegzuhelfen.
Üben Sie demnach, was Sie gut können — und gewinnen Sie Kraft und Vertrauen aus Ihren Erfolgen.

5. *Prägen Sie Ihr Unbewußtes mit Glaubensgrundsätzen.* Am besten läßt sich dies verwirklichen, indem man Schlüsselstellen aus der Bibel auswendig lernt und sie immer und immer wiederholt, bis sie sich dem Unbewußten so einprägen, daß sie zu einem Teil davon werden. Nimmt Ihr Unbewußtes diese Grundsätze auf, so können ungeheure Energien freigesetzt werden — Energien, die Ihr Leben und Ihr Selbstbild vollständig zu verändern vermögen.

An einem Rotary-Club-Essen in Hongkong vor ein, zwei Jahren hielt ein chinesischer Geschäftsmann eine bemerkenswerte Rede. Er war als mittelloser Flüchtling mit seiner Frau und acht Kindern aus Rotchina nach Hongkong gekommen. Sie hatten weder Geld noch Besitz noch Freunde — nichts als die zerlumpten Kleider, die sie auf dem Leibe trugen.

Diese Menschen waren jedoch tiefgläubige Christen. Der Mann trug in seiner Tasche ein abgenutztes Exemplar des Neuen Testaments. Und in diesem kleinen Buche stand eine Zeile der Heiligen Schrift, die er sich eingeprägt hatte, Worte, die neunzehnhundert Jahre zuvor von Paulus geschrieben worden waren: »Alles vermag ich durch den, der mich stark macht« (Philipper 4,13).

Jener chinesische Flüchtling glaubte an diese Worte, weil er sie seinem Bewußtsein eingeprägt hatte. Und sein Unbewußtes hatte sie ebenfalls aufgenommen. Er glaubte daran, daß er mit Gott als seinem Verbündeten und Leiter alles zu tun vermochte — nicht nur ein paar Dinge, sondern *alle* Dinge. Und so sah er sich im Geiste trotz aller Widrigkeiten sich in Hongkong durchsetzen. Er stellte sich vor, wie er aus der Armut zu bescheidenem Wohlstand und schließlich zu Reichtum aufsteigen würde. Er stellte sogar eine Art verbalmathematischer Gleichung auf, die er seinen Zuhörern an jenem Essen weitergab; sie lautete: Ich glaube plus ich kann plus ich werde ist gleich ich tat.

Diese erfolgreiche Gleichung löschte gemeinsam mit jener starken Aussage aus Paulus sämtliche Zweifel aus dem Geiste und der Seele dieses Flüchtlings. Und als der Zweifel aus seinem Selbstbild verbannt war, war es ihm möglich, mit gewaltigen Schritten vorwärts zu schreiten.

6. *Sensibilisieren Sie sich für die Schönheit und Vielfalt des Lebens.* Nehmen Sie das alles nicht einfach als selbstverständlich an. Kommt es vor, daß Sie von der unendlichen Vielfalt an Formen und Farben, an Licht und Schatten, die Sie umgeben, fasziniert sind? Kommt es vor, daß Sie abends hinausgehen, nur um den Zauber und das Geheimnis der Sterne zu bewundern? Entzückt Sie der Anblick der Mondsichel, die durch die Äste eines Baumes scheint, oder über einem dunklen Dache steht? Begeistern Sie sich für die großartigen Entdeckungen, die in der Welt gemacht werden? Interessieren Sie sich für neue Bücher, die Ihnen die Gedanken führender Persönlichkeiten von heute näherbringen? Verfolgen Sie die politischen und gesellschaftlichen Bewegungen auf internationaler Ebene? Mit anderen Worten: Nehmen Sie am Leben teil? Wenn nicht, muß ja etwas nicht stimmen. Das Leben ist so spannend, daß es uns wie ein sich stets wandelndes, herrliches Theaterstück erscheinen müßte.

Was das mit dem Selbstbild zu tun habe? Sehr viel. Wenn Sie das Gefühl haben, ein wesentlicher Bestandteil des wunderbaren Lebensgefüges zu sein, wenn Sie es wahrnehmen und darin aufgehen, dann werden Sie mit Begeisterung, Vertrauen und Sicherheit handeln. Wenn Sie sich jedoch bloß als Statisten, als Zuschauer, als unschlüssigen Beobachter sehen statt als aktiv Teilnehmenden, so wird Ihr Selbstbild diese Vorstellung widerspiegeln.

Das Leben ist ein wunderbares Geschenk. Nehmen Sie es

an. Sehen Sie es, hören Sie es, berühren Sie es, riechen Sie es, schmecken Sie es . . . leben Sie es!

7. *Beherrschen Sie Ihre Emotionen.* Tun Sie das nicht, so können sie Sie in Situationen treiben, die das Bild, das Sie von sich selbst haben, ernsthaft zu schädigen oder zu schwächen vermögen. Sie können Ihnen auch physisch Schaden zufügen. So zum Beispiel Wut. Auf einer Südseeinsel — ich glaube, es ist Tahiti — gibt es ein Sprichwort, das besagt: »Wer rasch wütend wird, wird rasch alt.«

Wenn Sie zulassen, daß Ihre Emotionen Ihren Verstand beherrschen, geraten Sie vielleicht in Situationen, die sich auf Ihre Selbstachtung verheerend auswirken können. Ich erinnere mich an den Fall einer Frau, deren Mann an die Westküste Amerikas hinüber reiste, um sich dort nach Arbeit umzusehen. Er ließ sie und das kleine Kind an der Ostküste zurück, bis er sicher sein würde, die richtige Stelle gefunden zu haben. Drei oder vier Monate verstrichen. Sie fühlte sich allein und unglücklich, und als sie ein ehemaliger Verehrer zum Nachtessen einlud, nahm sie die Einladung an. Die Emotionen gewannen die Oberhand, und bald schon war sie in eine Affäre verwickelt.

Da kam von ihrem Mann unerwartet die Nachricht, er habe eine gute Stelle gefunden, und er forderte sie auf, ihm mit dem Kind nachzureisen, damit die Familie wieder vereint sei. Und auf einmal wurde ihr klar, daß sie nun ihrem Mann ins Gesicht sehen werden müsse, und ihr Selbstbild brach auseinander. Sie war schuldig. Sie hatte Angst.

Fast von Stund an war sie nicht mehr in der Lage zu sprechen. Sie verlor die Stimme und konnte nur noch in schwachem Flüstertone sprechen. Es war, als versuche ihr Geist, ihr aus der Patsche zu helfen, indem er das Geständnis verunmöglichte, was sie getan hatte.

Der Ehemann wurde benachrichtigt, daß seine Frau an einem Halsleiden erkrankt sei und sich Untersuchungen durch Spezialisten unterziehen müsse. Die Fachärzte konnten nichts finden, weder ein Gewächs noch einen Tumor; sie stellten bloß fest, daß die Stimmbänder der jungen Frau leicht geöffnet waren, so daß fast kein Ton herauskam, wenn sie zu sprechen versuchte.

Die Ärzte kamen zum Schluß, daß die Störung psychisch und nicht physisch bedingt sei, und sie hatten damit recht. Die Aussicht, ihren Mann zu treffen, erfüllte die Frau mit solchem Schrecken und Schuldgefühl, daß sie buchstäblich sprachlos vor Angst war. Als sie sich dann endlich überwinden konnte, ihr Vergehen zu beichten und um Verzeihung zu bitten, legten sich die Stimmbänder wieder aneinander. Es war nicht einfach, ihr Selbstbild eines liebenden, treuen, aufrichtigen Menschen wiederherzustellen. Doch schließlich gelang es ihr.

Es ist demnach klug, auf seine Gefühle achtzugeben und sie zu beherrschen. Sehen Sie sich als Menschen, der sich selbst jederzeit in der Gewalt hat, und erhöhen Sie so die Chancen, daß Sie auch so ein Mensch sein werden.

8. *Mein letzter und wichtigster Vorschlag lautet ganz einfach: Bleiben Sie Gott stets nahe.* Vertrauen Sie ihm Ihr Leben an. Er hat als erster die Macht der aktiven Vorstellungskraft, der positiven Phantasie, gelehrt. Er hat Seinen Jüngern ganz klar gesagt, daß das, was sie sich mit Glauben vorstellten, auch eintreten werde. Nun, nach mehr als neunzehn Jahrhunderten, beginnen Wissenschaftler, Psychologen und Psychiater endlich zu verkünden, was die Gläubigen schon die ganze Zeit gewußt haben: Er hatte recht.

Christus ändert sich nicht; Er ist derselbe gestern, heute und immerdar. Und die Wahrheit Seiner Lehre ändert sich ebenfalls nicht. Sie können sich darauf verlassen. Sie können Ihr Leben darauf setzen.

Das Wunderbarste, was einem widerfahren kann, ist dieses tiefste aller Erlebnisse: Jesus Christus persönlich zu kennen. Sie können Ihr ganzes Leben lang von Ihm hören und Ihn doch niemals richtig kennenlernen. Sie können glauben, daß Er gelebt hat, und Ihn als große Geschichtsfigur achten und ehren und kennen Ihn dabei doch immer nur theoretisch.

Doch wenn Sie Ihn dann schließlich finden und Seine Wirklichkeit erfahren, wenn Er für Sie aus den bunten Kirchenfenstern herab- und aus der Geschichte heraustritt und Ihr persönlicher Erretter wird, dann können Sie getrost durch jegliches Dunkel und jeglichen Schmerz und jegliche Mühsal schreiten und brauchen sich nicht zu fürchten. Mit Ihm an Ihrer Seite können Sie die erhabenste aller positiven Vorstellungen haben und einen sicheren Sieg in diesem und im nächsten Leben erringen.

Sachbuch

Als Band mit der Bestellnummer 60250 erschien:

Bisher galt Streß als Krankmacher Nummer eins. Dr. med. Peter Hanson erklärt jedoch in diesem Buch, wie Streß, richtig dosiert und gehandhabt, Spaß machen und die Lebensqualität erhöhen kann.

Sachbuch

Als Band mit der Bestellnummer 60233 erschien:

Die Gewißheit, daß der Tod kein endgültiger Schlußpunkt ist, sondern der Anfang von etwas ganz Neuem, läßt die Menschen, die bereits einmal klinisch tot waren, aber ins Leben zurückgeholt werden konnten, ihr gegenwärtiges Leben intensiver, selbstsicherer und aufgeschlossener erleben.